U0488666

于赓哲 著

陕西师范大学出版总社有限公司

图书代号　SK12N1026

图书在版编目（CIP）数据

狄仁杰真相 / 于庚哲著. —— 西安：陕西师范大学出版总社有限公司，2013.1

ISBN 978-7-5613-6644-8

Ⅰ.①狄…　Ⅱ.①于…　Ⅲ.①狄仁杰（630～700）—生平事迹　Ⅳ.①K827=42

中国版本图书馆CIP数据核字(2012)第221582号

狄仁杰真相

著　　者 / 于赓哲
出版统筹 / 侯海英　郭永新
责任编辑 / 姚蓓蕾　杨继顺　张　立
责任校对 / 王丽敏
装帧设计 / 门乃婷工作室
内文版式 / 田　丹　蒋宏工作室
出版发行 / 陕西师范大学出版总社有限公司
西安市长安南路199号（邮政编码710062）
网　　址 / http://www.snupg.com
印　　刷 / 西安新华印务有限公司
开　　本 / 720mm×1020mm　1/16
印　　张 / 16.75
插　　页 / 1
字　　数 / 230千
版　　次 / 2013年1月第1版
印　　次 / 2013年1月第1次印刷
书　　号 / ISBN 978-7-5613-6644-8
定　　价 / 32.80元（含光盘）

读者购书、书店添货或发现印刷装订问题，请与本社营销部联系、调换。
电话：（029）85307864 85251046（传真）

序言

展现在读者面前的这本小书是我在中央电视台《百家讲坛》栏目中的讲座《狄仁杰真相》的文字版本，较之电视版增加了30%左右的内容。希望能把在电视上有限的时间里无法完全展开的内容呈现给读者们。

在登上《百家讲坛》之前，我一直浸淫在学术象牙塔之中，所受的教育也是系统的科班教育。历史学是一门严肃的学科，讲究的是老实的态度、严谨的作风，而且中国的现代历史学自梁启超时代开始就是显学，故而已经形成了自己的“文化”，很多学者的研究始终与社会保持距离，这保证了他们思想的独立与不偏倚的学术立场。举个例子，在“文革”时期，凡是积极“预流”的历史学家几乎毫无例外地陷入“影射史学”的窠臼，唯有少数沉默的学者才保留了自己的思考，因此与社会的脱节在当时来说是学术清白的前提。

但是此一时彼一时也，改革开放以来，思想获得解放，历史学获得了新生，尤其是近些年来，文史热在中国悄然兴起。这表明小康之后的国人已经开始关注精神层面的需求。文史热中虽然不乏猎奇，但是“我们是谁，我们从哪里来，我们向何处去”，这才是文史热背后深层的思想问题，百年来始终在温饱线上打拼的国人终于可以坐下来打量自身，思考未来。《百家讲坛》的出现可谓“应运而生”，它的长盛不衰证明了文史热的兴盛，同时给文史热添加了强劲的燃料。

《百家讲坛》节目组向我发出邀请，我首先要感谢那些我到现在都不知姓名的推荐者，他们应该都是陕西师范大学的同事和同学，这是他们对我讲课能力的肯定。我以后当以更大的工作热情回报他们的厚爱。节目组的盛情邀请促使我思考自己学术活动的落脚点，安静独立的学术活动无疑可以提高我的学术素养，但是学术活动如果一直局限在象牙塔中无疑将导致与社会的脱节，历史学说到底是“人学”，是与社会息息相关的，不为社会做出贡献迟早会被淘汰，而一味的媚俗则会导致学术的庸俗化，在这两者之间找到一个平衡点无疑是我辈的责任。

就全世界范围而言，学术发达国家的历史学研究者都高度重视史学成果向大众的推广、普及，比如Discovery探索频道、BBC纪录片中活跃着大量历史学家的身影，剑桥大学历史学教授们将自己的著作被BBC第四频道（该频道以文化类节目为主）宣读视为极大的荣誉，而社会则回报给他们更多的关注和鼓励，从而形成了良性循环。中国历史学家与普罗大众之间的相学相长也是势在必行，《百家讲坛》无疑已在这方面走出了良好的第一步。也正因为如此，2010年6月，我怀着忐忑的心情踏上了赴京试录的旅途。

来到大名鼎鼎的《百家讲坛》蓝色演播厅，一切都与学校环境大有不同，电视的需求也和课堂迥然有异，以往的经验有时需要归零。但是在专业化、高效率的节目组帮助之下，我很快进入了角色，顺利完成了试录。过了几天，编导兰培胜先生打电话告诉我试录通过。此后一年多时间里，我来回奔波于西安、北京之间，忙碌而又有很强的充实感。

读者在电视上以及本书中看到的每一讲的文稿都曾经过我和节目组反复的斟酌，细节的核对、文字的校正以及电视所需要的悬念与节奏都是我们考虑的要素。虽然是普及性节目，但是下的工夫不亚于写专业论文。举个小例子——有一讲里涉及唐代一斗小米折合多少市斤（现代标准），虽然学界已有相关的研究成果，但是这些成果互有抵牾，虽然差别并不大，对于一般读者来说完全可以忽略，但是本着老实的态度，我还是决定自己动手测量。因为涉及小米的比重问题，我选择了中等干燥程度的小米，跑到学校生物实验室测量了比重，这是我自中学毕业以后第一次走进实验室。这个数字在文稿中只占短短几个字节，但是却耗费了我半天的时间。最后这个“成果”却因为文稿的修改而被删除了，乍看是做了无用功，但是本着对观众、读者负责的态度，这样的工作是我义不容辞的责任。

即便如此，由于口误以及学识的局限，讲座中还是不可避免地出现了错误，这一点敬请观众们原谅。

节目最终于2011年录制完成，在这个过程中，我充分感受到了央视《百家讲坛》节目组的专业和高效。他们不愧是中国电视业的精英，对细节的关注体现出他们的职业精神，从地图上的地名到字幕中的每一个字，编导们都仔细斟酌，其认真程度令人感慨。在此我特别感谢节目组的制片、编导、摄录人员和后期制作人员，是他们的辛勤劳动使我有了和观众、读者见面的机会。

现在节目即将播出，我的内心忐忑不安，希望观众、读者喜欢我的节目，喜欢我的书。狄仁杰是非常有人气的唐代名人之一，假如您喜欢《狄仁杰真相》，我相信这是狄仁杰的个人魅力使然。希望我的书成为一座桥梁，能带着您触摸狄仁杰，触摸唐代那充满魅力的面庞。

于赓哲

2012年10月11日于长安光盐斋

目
录

尽管狄仁杰是一位杰出的政治家，但他也有短处。在民族、外交和国防方面，他前后提出的两个建议最终都没有被武则天采纳，那么以儒家思想为基本理念的狄仁杰都提出了哪些建议呢？为何有人批评他的这些主张是妇人之仁、“小慈为大慈之贼”？

狄仁杰虽然在武则天的武周王朝中官至宰相，但他的内心中，一直坚持李唐复国的理想。到晚年的时候，他预感到自己来日无多，所以就致力于发现人才，推荐人才，狄仁杰希望他亲自推荐的这些人，能够实现自己李唐复国的理想。那么，狄仁杰究竟推荐了哪些人？这些人最终实现了狄仁杰的愿望吗？

公元697年，68岁的狄仁杰被武则天召回朝中，第二次担任宰相一职，此时距离他去世还有三年时间。在这段时间里，经过狄仁杰等大臣的力劝，武则天最终立李显为太子，困扰已久的继承人问题，看似和平地解决了。年事已高的武则天越来越沉迷于享乐而疏于朝政，武家子弟、太平公主、二张兄弟等各股势力都蠢蠢欲动。那么一心想要匡复大唐的狄仁杰，在他人生的最后三年里，面对波云诡谲的政治局面，都做了哪些巧妙安排呢？

第一讲 女皇第一臣

狄仁杰是武则天最信任的大臣，七十高龄仍然在武周政权中身居高位，参与一系列重大决策。但也正是狄仁杰深谋远虑的人事安排，最终颠覆了武周政权。在儒家的传统观念中，这样的狄仁杰难以定位，他忠于李唐王朝，但又在武周政权中位极人臣。他竭尽全力辅佐武则天，但又不遗余力促成武周政权回归大唐。那么，在这一系列看上去相互矛盾的行为背后，我们能读到一个怎样的狄仁杰呢？

公元 705 年正月二十二日，东都洛阳。

巍峨的宫廷笼罩在一片肃杀的气氛中，刚刚过去的新年所带来的喜气已经烟消云散，每一块莲花砖、每一片琉璃瓦似乎都在战栗着。长生殿外，一场政变正在紧锣密鼓地展开，全副武装的军人们包围了这里。当久病的武则天缓步走出来的时候，原本喧嚣的场面顿时安静了下来，原本面带杀气的人们，竟没有一个敢冲过去。相反，多数人都保持沉默，空气似乎要凝固了，气氛紧张到了极点。

女皇的气场似乎仍足以控制帝国的一切。被军人们簇拥着的名义上的政变领导——太子李显更是战战兢兢缩在后面。

武则天简单地环顾了四周，叱咤风云数十年的女政治家在她政治生活的最后一幕中没有表现出丝毫的慌乱与愤怒。她知道——一切已成定局。几句简单的对话以后，女皇平静地接受了既成事实。她转身走入寝殿，将政变者和一切往事都关在了门外。

10 个月以后，武则天去世，中国历史上的传奇一幕就此闭幕。我们从史籍中无法得知临终的武则天在想些什么，但是有一个人一定反复出现在她的脑海里。这个人从她的丈夫唐高宗时期开始就成为国之重臣，他的干练与耿直令她无比信任；这个人帮助她驾驶帝国的航船，多次驶过了激流和险滩；他两度担任宰相，前后加起来不过数年，但是却对朝廷产生了重大影响；这个人已经逝去数年，但也正是他决定了政变的那一幕。

这个人就是狄仁杰。

狄仁杰的名字大家很熟悉，电影、电视剧里也常有他的身影。但那是艺术创作，不是真正的历史。唐代很多传奇文学拿狄仁杰当主角，编了很多故事，后来清朝人写过《狄公案》，荷兰有个汉学家高罗佩写过《大唐狄公案》，把狄仁杰塑造成了一个神探。但是，历史上真实的狄仁杰可不是一个刑事侦探那么简单。他断过案没有？断过，不过细节已经不清楚了。这里顺便说一下，唐代留给今天的史料是比较少的，远没有宋代以后那么详尽。唐代虽然有了印刷术，但是早期的印刷术主要用来印刷佛经、历书之类，技术也不够成熟，对于普通书籍传播的贡献还不显著，所以唐代的史料往往给人“不解渴”的感觉，很多名人的故事语焉不详。本书也很想描述一下狄仁杰断案的细节以飨读者，但是很遗憾，史籍中只有他一年断案17000余起的记载，但是却没有细节留下来。

我们重视狄仁杰，主要是因为他的一生贯穿了唐朝前期风云变幻的历史，大唐成为大周，再由大周变成大唐，这段历史缺了狄仁杰将是不完整的历史。他生前能对武则天重大决策产生影响，他死后，甚至还能决定武则天和她的大周朝的历史命运。要让我说的话，我认为狄仁杰是武则天时期的“天下第一名臣”。

如今有些精英碰到文史研究者称赞古代某君某臣就会大加斥责，意思是为“封建独裁”唱赞歌。您放心，对封建独裁我比您还痛恨，只是有一条您别忘记了——古人是没法按照今天的世界观生活的，狄仁杰这样的人以他的那个时代标准来衡量就是一个能臣、清官，尤其在武则天时期官场日渐复杂、人员良莠不齐的背景下，更是显得鹤立鸡群。至于他的历史作用，随着后面书卷的展开会给您一一呈现。

狄仁杰出生于唐太宗贞观四年（630），这一年，唐太宗的儿子李治两岁，李治就是后来的唐高宗，他的皇后就是鼎鼎大名的武则天。狄仁杰出生的这一年，武则天已经5岁了。5岁的武则天和狄仁杰当然没有什么关系，要说有关系的话也只有一个——他们都是山西人。武则天祖籍山西文水。狄仁杰是并州人，也就是今天山西太原人。

狄仁杰在高宗显庆年间（656—661）赶考，那么狄仁杰中举应该是在26—31岁之间。他考上的是明经科。唐代科举，最主要的两个科目就是进士科和明经科。明经科主要考儒家经典，狄仁杰能高中，说明他经学功底相当不错。不过坦白地说，明经科不是唐朝科举中最厉害的科目，最厉害的是进士科，唐人有云："三十老明经，五十少进士。"[①] 意思就是说进士科难考，50岁考上了算是年轻的；相比而言，明经科由于只考经学，有个好脑子善背诵就能考上，因此30岁考上算是老的。[②] 不过话说回来，很多时候一个人能干不能干不是看书读得多少，对于狄仁杰这样的技术性官吏而言，书生气反倒会束缚其手脚，狄仁杰一生做事手段多样，有时甚至不惜虚与委蛇。

此时的武则天，已经是唐高宗的皇后了，而这个时候的唐高宗身体不好，他有严重的高血压，发作起来头晕目眩，所以武则天开始帮助他处理国务，逐步掌握了核心权力。狄仁杰这时候出来当官，他的命运自然也就与武则天分不开了。可以说，狄仁杰这一生，是武则天最好的助手，又是她唯一的对手，正是狄仁杰，最终把武则天的大周又带回了大唐。这种君臣关系在中国历史上是绝无仅有的。更有趣的是，武则天晚年，谋划李唐复国的人不止狄仁杰一个，但是后代人评价这段历史，都将首功归于他。这首先当然是因为发动政变的人多数是他推荐当大官的，其次就是因为他光明磊落，甚至包括李唐复国这件事，他在武则天面前搞的是阳谋，而不是阴谋。他不谋求个人利益，是个真正的政治家，而不是政客。政治家什么样？政治家就是要有自己的政治理想，为理想而奋斗。政客什么样？政客没原则性，墙头草随风倒，唯一的原则就是谋求私人利益。

我们可以这么总结一下，狄仁杰一生有四个闪光点，一个基本理念。

哪四个闪光点呢？

第一个闪光点：品德高尚

狄仁杰一生一身正气，为官清廉且勇气十足，他的所作所为都是为了顾全集体或者国家利益。

年轻时狄仁杰就显示出了很高的情商。他很孝顺，有一次去并州当官，登上太行山，看到南边有一朵白云，于是潸然泪下："吾亲所居，在此云下。"[③]我的尊亲就住在这朵白云下面啊！于是悲泣，站了许久，一直等云朵远去才重新上路。这种大孝子在唐代很受人器重的。古人认为人生舞台无非是家庭、朝廷，对家庭要讲究孝，对朝廷要讲究忠，除此之外一切都是浮云。以后人们教育孩子，就经常讲狄仁杰这个故事，叫做"白云望亲"。

不仅对自己的长辈孝顺，对别的老人他也孝顺，这就是儒家常说的"老吾老，以及人之老"，对待别的老人要像对待自己的长辈一样，那时候也没"碰瓷"这一说，所以看到别人家的老人倒地还是有人敢扶的。在并州，狄仁杰有个同事叫郑崇质，家里老母多病，郑崇质又接到命令，要求他出使国外，那时出使国外可不是美差，走一趟短的要数月，长则好几年，而且路途充满艰险，什么事都有，死人也是经常发生的事情。当时唐朝政府专门有规定，什么级别的使臣出使国外死了享受什么级别的抚恤，可见这差事实在不好干。所以碰到出国这种事，常有人推诿，但是狄仁杰仗义，他对同事说："太夫人有危疾，而公远使，岂可贻亲万里之忧！"[④]你家老母有病，怎么能让她对万里之外的儿子怀有忧愁！因此狄仁杰提出代替郑崇质出使，郑崇质的感动可想而知。而且受到感动的还不止他一个，当时狄仁杰的上司蔺仁基正与司马李孝廉闹矛盾，听说此事后主动对李孝廉说："吾等岂独无愧耶？"[⑤]我们两个听说这事难道不羞愧吗？于是两人竟然由此和好了。这就叫榜样的力量。一个单位团结一致很困难，因此要立榜样树典型。

狄仁杰到哪里任职，都能为民做主，走的时候老百姓都感恩戴德，给他建立德政碑甚至生祠。

狄仁杰一生不以物喜，不以己悲，一切行为都以大局为重。有一次武则天曾经在他面前回忆往事，说："以前曾有人诬告过你，你想知道他的名字吗？"狄仁杰的回答是："他告我，我有则改之，无则加勉，无碍大局。您告诉我他的姓名，则不利于同僚的友爱团结。请求您还是别说了。"武则天听了后大为感叹。

正因为一身正气，所以历代对狄仁杰评价极高。刚才说了，同样一件事——比如奉劝武则天立李家人为太子，不立武家人为太子——有的人被历代历史学家们批评是借机给自己谋求长远利益，而狄仁杰，则被认为是为苍生社稷谋福利。这就是行为端正带来的善果。

第二个闪光点：才能非凡

狄仁杰有优良的气质和才干。史书上说狄仁杰"倜傥不羁"，也就是说他是个气质洒脱的人，从以后的文字中我们能看到，狄仁杰的确是个不墨守成规，很有性格的人。另外，狄仁杰可能长得不咋样，要不史书怎么只夸他气质不夸长相呢？一般人长得不行，别人就只好夸你气质好，介绍对象就那样。

潇洒之余，狄仁杰的性格也很沉稳，从小就这样。小时候有一天，狄家发生了一起杀人案，一个门人被杀了，县吏跑来破案，全家人都接受询问去了，唯独小小的狄仁杰坐在书房读书。县吏见状很生气："小孩子，你为什么不动弹？"狄仁杰回答："黄卷之中，圣贤备在，犹不能接对，何暇偶俗吏，而见责耶！"[6]书本之中，我正想和圣贤对话，这还忙不完呢，我哪里有空跟你们这些俗人说话！搁着一般的小孩子，看热闹还来不及呢，哪能坐得住。县吏相当于警察，警察来质问，他还如此对答如流，一点也不怵，很酷。这就是狄仁杰的性格——有主见，沉稳，同时又执拗。

狄仁杰有很好的教育背景，而且写得一笔好字。《法书要录》记载说武则天曾当众夸奖狄仁杰“能书”，字写得好，要知道武则天有很高的文化修养，她可不会随便夸赞谁。

还有史料说狄仁杰很善于医道，会针灸，而且水平很高。《集异记》记载说，唐高宗显庆年间狄仁杰去赶考，在华山脚下看到一大堆人围在一处，个个伸长脖子观望，人群中间坐着一个十四五岁的孩子，鼻子上长了一个大瘤子，瘤子很大，坠在脸上，把眼睛扯得都翻白了。孩子的家人坐在旁边，万分焦急，背后有一个大牌子，上面写着：“能疗此儿，酬绢千匹”。看得出来这家没少求医问药，但是都没奏效，所以到官道上来悬赏求治。狄仁杰上前自告奋勇：“我能治疗！”孩子父母赶紧请他施术，史籍上说他在孩子脑后扎针，然后一拔，瘤子应手而落，孩子得救了。这有点神，肯定是传说者的夸张，这哪里是针灸啊，明明是激光刀嘛。不过不能因为这件事就轻易否认故事本身，因为古人的传说里，神医的医术总是被夸大，说得神乎其神。他们认为神医肯定有天赋异禀，跟凡人不一样，所以你去看扁鹊、华佗的正传，里面有不少夸张的地方，但是你不能就此说扁鹊、华佗完全是假的。估计这个书生治病还是靠手术加药物的方式。这个故事的重点在后面，狄仁杰治好了孩子的病，孩子父母赶紧把一车的绢拉过来要送给他。一千匹绢在当时可是一笔巨款，折合人民币计算怎么都在 200 万以上，这个巨型红包被狄大夫毅然拒绝了。他说：“我给你家孩子治病是看他可怜，你的钱我不能要，我非‘鬻技者’也。”然后上马头也不回地走了。

刚出道的时候，狄仁杰也和其他官员一样，是从基层任职开始的，但是很快就显示出他非凡的才干和品质，经常创造些政坛纪录出来。他还是个低级官员的时候同事就称赞他说：“狄公之贤，北斗以南，一人而已。”[7]意思是狄仁杰这样的贤能之士，北斗星以南，就此一人而已。为什么强调“北斗以南”呢？因为古人认为，紫微星是皇帝的象征，而北斗七星是诸侯大臣的象征。《甘石星经》说：“北斗星谓之七政，天之诸侯。”也就是说，狄仁杰的同事们认为他是天下臣子中最贤能的，要知道此时狄仁杰只是个七品官，他的同事们已经把他推举到这样一个高度了，不得不说他的同事们眼光独到。

狄仁杰非常善于断案。上元二年（675），他被召入长安，当了大理寺丞，不久就创造了一个纪录，一年断案17800起。这个数字很惊人的，这意味着一年不休息的话，平均每天要断案49起。那是审理卷宗，不是看小说，我敢担保多数读者看小说的速度都没这么快。一年下来，上级来考核政绩，宰相看狄仁杰是个新来的，随便给了个低等级。狄仁杰的上级大理寺卿张文瓘赶紧找宰相说："这不行啊，你给狄仁杰这个成绩不公平。"宰相问："他很能干吗？一年审了多少案子？"张文瓘说："一万七千八百。"宰相大惊失色，可见这个数字多惊人。结果他把狄仁杰的成绩改为上下等。一个新手能达到上下等，可谓出类拔萃。

后来狄仁杰那个神探的美名，就与他在地方和大理寺善于断案有关系。不过可惜的是，这些案子在史籍中基本都没有留下细节。

这里顺便要说一句，唐代的司法程序和今天的有类似的地方，一般刑事案件（当然，也包括部分民事案件，我国古代历来"刑民不分"）都是先交由事发地方政府审理（古代政府就是司法机关），然后上报中央各个司法机关，其中狄仁杰所在的大理寺一般负责审理京师判处"徒"（唐代刑罚分笞、杖、徒、流、死五个等级）以上案件，以及金吾卫查办的案件，还有就是地方移送的死刑案件。唐代官场有个好传统，就是并不讳言政府办案会有冤假错案，官员如果能纠正冤假错案，往往会被当做政绩加以宣传，而不是出于官官相护的目的而加以掩饰。所以您要是翻开《旧唐书》、《新唐书》中很多官员的传记，都会看到他们"为民申冤"的事迹，其中就包括狄仁杰。唐代司法机关也有办事效率低下的弊端，据说很多案犯因为案件迟迟得不到审理，在环境恶劣的监狱里辗转哀号，度日如年，天长日久案件越积越多，被称为"滞狱"。

所以说，狄仁杰以极快的速度审案，本身就是一种德政，他的到来大大提高了大理寺的工作效率，减少了"滞狱"现象，他因此获得了广泛的赞誉。

从以上描述可以看出来，就大理寺丞的职责而言，大部分案件应该不是狄仁杰亲手侦破，虽然唐代大理寺官员也时不时直接参与重大案件审理，但多数案件是在基层官吏审理完毕后交由大理寺复审。所以我估计狄仁杰的主要功劳在于审阅卷宗，从中发现疑点或者真凶，避免冤假错案，提高审判效率。

第三个闪光点：胆量过人，原则性和灵活性相结合

前面说过，狄仁杰从小性格执拗，一生坚持原则不动摇。这是他成功的要素之一。

他引起皇帝关注的第一件事情就和他的性格有关。有两位将军，一个叫权善才，一个叫范怀义，误砍了昭陵的柏树，高宗知道后勃然大怒。你到人家老爸坟头上砍树，人家能不愤怒吗？何况还是皇上的老爸。高宗下令，一定要严办这两个人。

案件交给狄仁杰，狄仁杰按照律法条文一审，认为应该免官。高宗一听就炸了："权善才砍昭陵的树，是使我陷于不孝的境地，必须杀头。"狄仁杰据理力争，保住了他们，那话说得有艺术，他先给皇上戴高帽："人都说劝谏皇帝难，我看要是碰到桀纣那样的昏君就难，碰到尧舜那样的明君就不难，我今儿觉得跟您说这事应该不难。"

好，给皇帝把套设下了——您不想当昏君，所以您肯定听我的，对吧？然后继续给领导树典型找差距："您看人家汉文帝，有人偷了高祖庙的玉环，文帝一定要把这人满门抄斩，执法大臣坚持按律法只能处死盗贼本人，最后文帝不也答应了？"

"您再看人家曹丕当年，一个大臣劝谏他不要向河南移民，曹丕不听，这个大臣上去一把抓住曹丕的衣襟，曹丕最后还是答应了。今儿这事我要是劝不动您，我都羞见前人了。"

然后再晓以利害："您今天为了一棵树杀两位将军，千年以后人们怎么评价您？我今天坚持原则，是为了不让您以后被人戳脊梁骨啊！"

我全是为您好啊。高宗让他又是戴高帽又是给台阶的搞得说不出话来，最后干脆要个赖："我就是想杀这俩人，你今天给我来个法外施刑如何？"

狄仁杰一听，冷笑一声说："律法是您制定出来的，就要遵守，哪能随便改变，朝令夕改，那天下岂不是要大乱？您非要法外施刑，行！那干脆就从今天开始好了。"气氛越来越紧张，皇帝气得不得了，大臣们吓得不敢说话，皇上有高血压，把皇上气出个好歹你狄仁杰负得起责吗？

狄仁杰上司张文瓘手里拿着笏板，使劲朝着狄仁杰挥动，那意思是：行了，别说了，下去吧，皇上都急眼了。狄仁杰还是不管，硬顶。最后还是唐高宗让步了，他说："卿能守法，朕有法官。"[⑧]你能如此坚持原则，我有好法官了，于是命令史官把这事编入史书。然后授予狄仁杰侍御史的官衔。唐高宗这人真是不错，性格是软了点，但是气度还是比一般皇帝强。

这件事使得狄仁杰第一次走进了武则天的视野。当时唐高宗高血压日趋严重，病重时连眼睛都暂时失明了。唐朝皇室的高血压是个家族病，很多皇帝都有这个病，除了高宗外还有高祖、太宗、顺宗、穆宗、文宗、宣宗等，其他皇帝有没有不清楚，没有的都应该拉去做个亲子鉴定，血统可疑啊！高宗病了，武则天开始帮助处理一些政务，这人绝顶聪明能干，处理得很得当，高宗对她很放心，由此开始将一些决策交给她去做。《资治通鉴》说武则天这时候"权与人主侔矣"，意思是权力和皇帝一样大。那么狄仁杰的举动，武则天自然是看在眼里。若干年后在任命狄仁杰为宰相的诏书里，武则天是这么说的："雅达政方，早膺朝寄"[⑨]，意思是狄仁杰很能干，早就担当朝廷重任了，可见她很早就开始注意狄仁杰了。

权善才事件后，狄仁杰再去奏事，唐高宗一见他就赶紧答应，还跟他说："卿得权善才便也。"意思是你知道我为什么答应你的奏请吗？因为权善才那件事我服了你了。换句话说，狄仁杰在皇帝那里都有气场了，一过去皇帝就被他的气场拿住了。

狄仁杰在倔犟之余，也是很懂得灵活变通的，并不教条。比如说，当时有个现象——“儒门不愿持宪”，就是有一些儒生不愿意当执法官，有杀气嘛。但是狄仁杰做过大理寺丞、御史等法官，不论在地方还是在中央，都很善于断案。他就不受那个教条的束缚，假如你怀有仁爱之心，不去做实际的工作，怎么能救民于水火？狄仁杰一生什么事没遇到过啊，但是他在坚持原则的同时，能很好地保护自己，使得自己的政治理想能最终实现。狄仁杰的一生，以匡复李唐社稷为己任，当时有这种念头的人还有不少，为什么大家认为他最成功？那就是他这种性格和行事方式决定的，狄仁杰把原则性和灵活性把握得恰到好处，很平衡。明代思想家李贽曾经这么评价狄仁杰：“悟于黄帝、老子之旨，同尘合污，与世委蛇。对主褫裘，当朝纵博，非但全唐，亦以完躯，其事伟矣。”[10]李贽的意思是狄仁杰的最高理想是恢复大唐，所以他就必须有点手段，不能事事刚硬，因此狄仁杰最后做到了既恢复大唐，又保全了自己，很伟大。

我们可以用一个字总结狄仁杰的一生——水。老子说：“上善若水，水善利万物而不争。”柔弱胜刚强啊。水表面看起来很柔弱，但是很有原则性，流向很坚定，遇到艰难险阻，水可以推倒它，也可以绕过它，也可以持之以恒水滴石穿，最后胜利的一定是水。狄仁杰就是这样战胜了许多敌人。具体的事例后面会讲到。

狄仁杰一生遇事除了会拿捏事情的“度”以外，更明白做人应该坚持底线不放松。武则天时期大行酷吏政治，狄仁杰也没能幸免，被投入监牢，酷吏威逼他，让他承认谋反，说这样可以免死。狄仁杰被迫违心承认了，只有保住命才能有机会翻盘。可是酷吏们见他服软了，又让他当“污点证人”，诬告另一个大臣，这下子触动了狄仁杰的为人底线：自污可以，你让我诬告他人，办不到！于是狄仁杰选择了自杀，以头撞柱，血流满面。人倒没死，但酷吏们都吓住了，再也不敢难为他。

第四个闪光点：出身恰逢其时

狄仁杰什么出身？科举上来的非贵族家庭子弟。时代需要这种人。

说到这一项，就不能不说说当时的历史大背景了。

狄仁杰所处的唐前期，正是一个新旧交替的时代。前面的魏晋南北朝，贵族势力很强大，在这些贵族的眼睛里，家族比国家更重要，他们当官靠的是家族的势力，只要家族势力在，即便改朝换代也不耽误他们的荣华富贵。忠意味着国家利益，孝意味着家族利益，孰轻孰重，那可不一定。而且那时的皇帝建国往往依赖这些大贵族，延续统治也需要他们的帮助，所以在忠君这方面不敢提出太严格的要求。三国时有这么个故事，曹丕有一次宴请群臣，提出一个问题让大家讨论："君父各有笃疾，有药一丸，可救一人，当救君邪，父邪？"你的君主和父亲都得病快死了，这时有一颗药，谁吃了谁能活，该给君主吃啊还是该给父亲吃？大家议论纷纷，有说给君主的，有说给父亲的，有个叫邴原的重臣一直不吭声，结果曹丕特地问他的意见，邴原当时声色俱厉，大声回答："给父亲！"曹丕也不敢难为他。邴原出身不是贵族，但是他为当时贵族所推崇，代表着他们的思想。由此可见，贵族对于忠，起码可以说不是放在绝对第一位的。

隋唐时代，情况有变化了，尤其是武则天时期，变化更大，武则天是在普通地主官僚支持下，打倒贵族集团登上皇后位的。当时反对她当皇后的主要是关陇贵族集团，支持武则天的多半是一些出身非贵族或者没落贵族家庭的普通中低级官员，结果这些人胜利了。自此以后，东汉后期以来持续数百年的中国贵族政治宣告瓦解，普通地主家庭出身的官员占据了主流。这些人没有显赫的出身，没有大家族可以依靠，君主就是他们的衣食父母，他们当官是靠着皇帝的所谓恩泽，他们升迁要靠皇帝提拔，所以对皇帝就要忠诚。您要是皇帝，您喜欢贵族还是喜欢这种普通官僚？肯定是后者，他们好控制，听话啊。

狄仁杰此时当官，可谓恰逢其时。为什么这么说呢？因为狄家属于普通地主，非贵族，狄仁杰先祖据说是孔子七十二弟子中的狄黑，是否可信尚不清楚。狄家世代居于甘肃，在地方上还算有影响力，但是到了

十六国时期，家族衰落了，狄仁杰先祖把家族迁到了太原，所以狄家说自己是太原人。这是唐代官方说法。

但是考古新发现展示了另外一种可能，即狄仁杰很有可能是少数民族羌人后代。2000 年 7 月初，太原市迎泽区王家峰村某砖厂生产时挖毁一座古墓，出土地点距传说中狄仁杰的老家狄村仅 3 公里，且墓主正是狄姓，名叫狄湛。此人生活在北朝时期，比狄仁杰早 100 多年，东魏时期曾官拜将军，《新唐书・宰相世系表》里有他的名字，明确记载为狄仁杰的祖先。联系墓志中此人生平，再综合其他文献考证，有学者认为狄湛是羌族首领，这就意味着狄家是羌人豪强后裔，辗转迁徙至太原，并且逐步汉化。[11]隋唐之前的南北朝是各民族大融合的时代，华北地区有很多少数民族定居并汉化，狄家有可能也是如此。那么狄家为何说自己是孔子弟子后代？这个在古代一点也不稀奇。古人追述自己的先祖，总是习惯贴金，姓张的多半是汉留侯张良后代，姓孙的多半是孙武后代，姓姜的自然是姜子牙后代，就连有着胡族血统的唐朝皇室也给自己拉了个老子李耳做先祖，狄家大约也未能免俗。所以您看到古人墓志追溯远祖的那些话，假如没有其他证据辅证，大可置之一笑，从五世祖、四世祖那里才基本可信。说到这里我想起时常能看到的一些新闻，某地挖出古墓，记者看了墓志就急忙发消息：“×× 地惊现张良后人墓穴”、“×× 地惊现姜子牙后裔墓穴”。证明我国国民文史知识素养还有待加强。

说来有趣，几百年后，狄仁杰也差点被他人冒认作祖先。《邵氏见闻录》记载宋代名将狄青生性朴实，出身平凡。建功立业之后，有人劝他说“当推狄梁公为远祖”，您应该认狄仁杰为远祖。狄青笑道：“某出田家，少为兵，安敢祖唐之忠臣梁公者。”[12]我就是一农家子，打小当兵，怎么敢冒充狄仁杰之后呢？这人很真诚。

狄仁杰的父亲知逊担任过夔州长史，但是政绩似乎并不显赫，狄仁杰出道的时候他父亲已经退休了。狄仁杰的母亲这一系是什么出身不太清楚，史籍记载狄仁杰母亲的堂妹姓卢，那么狄母应该也是卢姓。当时天下显赫的氏族是博陵崔氏、清河崔氏、陇西李氏、赵郡李氏、荥阳郑氏、范阳卢氏、太原王氏，号称“五姓七家”。还有就是打天下时期有功的关陇集团军功贵族。狄家不是大族，假如他的母亲是范阳卢氏，狄仁杰列传里一定会有记载，因为按照古人习惯做法，对“五姓七家”这样的显赫出身定会浓墨重彩大书一笔。可是没有，可见其母系也非贵族。

但是坏事变好事，虽然贵族风光无限，怎奈三十年河东，三十年河西。武则天时期贵族走背运了，普通家庭出身的官员，尤其是科举上来的更受重视。武则天一生讨厌贵族，武家是小姓，因此武则天受到了贵族很多的阻挠和鄙视。

当年要立她为后，站出来反对她的是关陇贵族集团的几个主要代表，领头的是高宗皇帝的舅舅长孙无忌以及褚遂良、于志宁等。当时高宗召集宰相们开会，要商讨废王皇后、立武则天为后，长孙无忌等激烈反对。他们此时当然不可能看出武则天想当女皇，反对的主要原因就是王皇后家族地位高（她正是“五姓七家”中的太原王氏）而武则天家族地位低。褚遂良当时就说：“皇后名家，先帝为陛下所娶。先帝临崩，执陛下手谓臣曰：‘朕佳儿佳妇，今以付卿。’此陛下所闻，言犹在耳。皇后未闻有过，岂可轻废！臣不敢曲从陛下，上违先帝之命！”[13]王皇后家族地位高，怎可轻易废弃，更何况太宗皇帝去世前把你们小夫妻交托在我们手里了，所以坚决不行！这场斗争是武则天政治生涯第一场激烈的正面斗争，众所周知，最后胜利者自然是她了，由此也种下了对贵族的仇恨种子。当权之后她采取了很多措施来打击、限制贵族的特权和影响力，比如消灭长孙无忌集团，大力提拔低级普通家庭出身的官员，修订《姓氏录》等。与此同时，武则天对科举做了很多重大改革，比如创设殿试、开办武举。为什么？就是为了撇开贵族，给自己从民间挑选人才。她在潜意识里器重狄仁杰这样的人，因此他可谓生逢其时。

一个基本理念：儒家理念

虽然武则天一生欣赏、尊重狄仁杰，狄仁杰也全心全意辅佐她，但是狄仁杰说到底是一个正统的儒家，他的心其实还在大唐那一面。武则天知道这一点，但是她也无可奈何。正统的儒家讲究忠孝，狄仁杰在这方面自然是无可挑剔的，与此同时，儒家是无法接受女性当权的。《尚书》说："牝鸡之晨，惟家之索。"母鸡打鸣了，是一家的灾祸，所以自古中国就没有女性君主，本就很稀少的几段女人当政时期也被看做是乱政时期，比如著名的西汉吕后。就连唐高宗的父亲太宗皇帝也觉得女人当政是不可想象的事情。曾经有一次，新罗国善德女王派使者来求援，说高丽在打自己，请唐军援助。太宗坐在宝座上说了一大通，总之一句话："尔国以妇人为主，为邻国轻侮，失主延寇，靡岁休宁。"[14]谁让你们是女王当政呢，国家咋能有女主呢，要不邻国咋欺负你们呢？想想有意思，您可知道自己的后宫里就有个更厉害的角色吗？

狄仁杰承认武则天是个伟大的政治家，是合法的君主，但是辅佐女皇还是为他带来了困扰，他对此是十分苦恼的。据说他后来担任宰相的时候，在一个雪天里去洛阳城外看望自己的堂姨，这位堂姨对待他总是不冷不热的。刚到门口，碰到表弟打猎回来，这位表弟见到贵为宰相的表哥，随便作个揖就走了，态度很傲慢。狄仁杰倒也没在意，跟姨妈说："我现在是宰相了，弟弟要想做官，我能帮忙。"结果这位姨妈回答："你姨妈我就这一个儿子，不想让他伺候女主。"这是在讽刺狄仁杰啊，据说当时狄仁杰十分尴尬，这反映出他自己也有些不够理直气壮。后面我们会看到，这种矛盾的心情贯穿了狄仁杰的一生。

这里顺便说一下，有的读者看到这段故事可能会想：狄仁杰是在搞裙带关系，任人唯亲。的确，他给姨妈打包票的那番话按今天标准来说就是搞裙带关系。不过在唐代，五品以上官员有权力保举至亲子弟，经过一定的程序可以为官，称为"门荫"制度。原本举荐的都是至亲，可是久而久之，官场上举荐其他亲属的风气蔓延开来，大家习以为常。这就是人治的弊端。堂姨的儿子按理说不在权力范围内，狄仁杰有滥权的嫌疑，这一点我们不必替他讳言。

对于狄仁杰来说，忠君思想和反对女性当权的思想纠结在一起，这两种思想都来自他从小受到的教育，非常矛盾。周朝取代唐朝，不像其他的朝代更迭伴随着战争和动乱，一朝天子一朝臣，武则天是采取渐进的方式逐步建立大周的。温水煮青蛙，臣子们和她的关系是长久发展出来的，很多人对新王朝既无法做到完全地接受，又无法完全地背离，去做出激烈的反抗殉国之举。可以说，狄仁杰一生对唐朝很忠，这是对国家的忠，对武则天也忠，这是对她个人的忠。这是狄仁杰一生的主线。他在帮着武则天治理国家的时候，认为自己是尽忠，是为了武则天好。他临终布下棋子，甚至对政变预先有所安排的时候，仍然认为自己是尽忠，而且也是为了保全武则天的名节。

狄仁杰的耿直、才干和原则性为他带来了人生的成功，但是也给他多次带来危险，他刚出道当官不久，就遭遇到了一次险情，而且还遇到了一件扑朔迷离却又事关重大的案件，自己却无可奈何。具体是怎么回事呢？我们下讲再讲。

注释

①《唐摭言》卷一。

②在狄仁杰考明经科的时候，明经科和进士科的地位差别还不是很显著，武则天以后则日渐显著。

③《旧唐书》卷八九《狄仁杰传》。

④《旧唐书》卷八九《狄仁杰传》。

⑤《旧唐书》卷八九《狄仁杰传》。

⑥《旧唐书》卷八九《狄仁杰传》。

⑦《新唐书》卷一一五《狄仁杰传》。

⑧《大唐新语》卷四《持法》。

⑨《全唐文》卷九五。

⑩《藏书》卷九《狄仁杰》。

⑪参见渠传福：《破解狄仁杰家世之谜》，《山西日报》，2002年9月5日。

⑫《邵氏见闻录》卷八。

⑬《资治通鉴》卷一九九。

⑭《三国史记》卷五《新罗本纪·善德王》。

第二讲 初识政坛险恶

狄仁杰初入政坛，得到了大臣阎立本的赏识。在阎立本的提携下，狄仁杰在仕途上可谓是一帆风顺，先是官职升迁，后来又被调到唐朝首都长安任职。就在狄仁杰要大展宏图的时候，他目睹了一个案子，这个案子还和他的恩人阎立本的家人有关，阎立本的侄子阎庄莫名其妙死亡。但被后世称为神探的狄仁杰，面对这个案子却无计可施，那么，这究竟是一个什么案子？狄仁杰为什么无法参与破案呢？

前面讲到狄仁杰考明经科中第，从此踏上仕途。按照唐代规定，明经科上来的人，根据考试成绩，授予不同品级的官职。狄仁杰被派到汴州担任判佐，从七品下的官。汴州就是河南开封。当时这一带属于经济发达、人口稠密的地方，年轻人有这样的起点是相当不错的，此时的狄仁杰可谓春风得意。不过很快他就遭受了仕途上第一个打击——有人向上级诬告他，让他经历了不大不小的一番折腾。

为什么事告他，告他什么罪名，史籍里没有明确的记载。根据两唐书的记载，是汴州一个“吏”告他的。在唐代官场上经常爆发“官吏矛盾”。官和吏不是一回事儿。官的等级高，出身好，前途光明，相当于领导。吏呢，等级低，升迁的机会也少，相当于办事员。但是吏却有个长处，就是长年累月在一个岗位上工作，很熟悉法律文书和行政运作。在唐代，吏的人数要大大多于官。这些人由于出身寒微，干的工作又多又累，而且前途也不光明，所以心理上很不平衡，和官这个阶层有天然的矛盾。在官的眼睛里，这些刀笔吏都是些“性非良善”的小人；在吏的眼睛里，这些官都是些迂腐书生。

唐代的年轻官员，尤其是科举上来的这些，多数都要到地方担任低级官员，他们一到地方就会面对数量众多的吏。这些人仗着自己是本地

人，熟悉行政程序，经常欺负这些初来乍到的官员。谁让你少年得志，谁让你前途光明？我就跟你过不去！举个例子，《启颜录》记载说有的小吏善于做手脚，以权谋私，一旦有新的县官来了，他要搞点小手腕，试验一下你这个人聪明不聪明。新官一来，他就给人家念民夫名单，名字一听就是胡编的，什么“宋郎君、成老鼠、张破袋”，你要是光是“嗯嗯”地听，他就知道你是个糊涂蛋，以后就放心大胆地继续为非作歹。

我估计狄仁杰到了汴州遇到的也是这号货色。一个新来的官，能不能镇住这些吏，是一门学问呢。古人把官员镇住小吏们的手段划分为三个等级：低的等级——人不能欺，你很聪明，小吏欺负不着你；中间的等级——人不敢欺，你很厉害，小吏不敢欺负你；最高等级——人不忍欺，你这人德行太好了，太仁义了，以至于小吏们不忍心欺负你。以狄仁杰的个性和睿智，再加上此时的他年轻气盛，我估计他属于“人不能欺”那一类，谁要手腕他就给你揭出来，这些吏一看，好，你厉害，斗不过你，我捏个罪名告你。这一告，可能罪名还不小，以至于惊动了一位大人物来处理此事。

谁来了呢？阎立本。阎立本这个人鼎鼎有名。在历史上他以画家的身份而著称，现藏于故宫博物院的《步辇图》就是他的大作。阎立本也是一位重要的大臣，他担任过将作大匠、工部尚书等职，后来还担任过宰相。

要是您能穿越时光，见到了阎立本，您可别恭维说：“阎老，您的画画得真好”，阎立本非给你个白眼不可。为什么呢？阎立本本人很忌讳别人说他是个画家，因为画家在唐代被称为“画师”或者“画工”，是卑贱行业。唐太宗在世的时候，有一次和大臣们泛舟池上，看到景色优美，于是命令阎立本来画像。阎立本当时担任主爵郎中，正经八百的官，可是那帮子宦官、侍卫什么的传唤阎立本时喊什么？“传画师阎立本！”阎立本跑得大汗淋漓，画完回家，感慨地对孩子们说：“你们以后可千万别学画画啊，看看我，都被人家当杂役使唤了。”后来他担任宰相，又被人们讽刺，说他是“右相驰誉丹青”，意思是他的声誉就在画画上。《旧唐书》说他“非宰辅之器”，不是称职的宰相。不过在狄仁杰这件事儿上，阎立本可谓独具慧眼。

当时阎立本担任河南道黜陟使。什么叫黜陟使？唐代前期为了监察地方官，经常派遣官员担任黜陟使，不定期巡察各地，惩处违法官员。狄仁杰被告了，那么刚好由阎立本来处理，阎立本把这个事审查了一番，得出了结论——狄仁杰不但不是个坏官，而且是个大大的好官。于是他找来狄仁杰，对他说：“仲尼云：‘观过知仁矣。’足下可谓海曲之明珠，东南之遗宝。”[①]所谓“观过知仁”是孔子的话，原话是“观过，斯知仁矣”，意思是人的品性不同，看这个人犯的过错，可以看出这个人是个什么样的人——从你狄仁杰的所谓过错来看，你是个好官，是被埋没的珍宝啊！

于是狄仁杰非但没有受到处分，反倒升官了，阎立本保荐他担任了并州都督府法曹参军。并州就是狄仁杰的老家太原，在唐代可是很重要的地方，它是北方军事重镇，华北的核心，唐王朝的龙兴之地，当年李渊就是从这里起兵夺取长安建立大唐的。在唐代，并州还被称为“北京”，是长安、洛阳之外的另一座都城。并州都督府法曹参军是正七品上的官员，狄仁杰因祸得福了。担任法曹这样的官职对狄仁杰来说是个极好的锻炼，日后他断案的能力极有可能就是在并州培养起来的，在这里他工作了 10 年以上，为他日后的行政生涯积累了宝贵的经验。我想他对阎立本大概是怀有终生的感激，一个人在年轻时关键时刻受到的帮助往往能左右这个人的一生，令他终生难忘。

在并州狄仁杰干得很出色，但是由于史料的缺乏，我们无法再详细进行描述。上元二年（675）他被调到了长安担任大理寺丞。由法曹到大理寺丞，都是司法官员，他获得此职，一定是因为在法曹任上的杰出表现。可见历史上狄仁杰善于断案的美誉不是浪得虚名。就在他一帆风顺要大展宏图的时候，朝廷中发生了一件大事，此事使得狄仁杰第一次目睹了政坛的险恶。

这件事，和阎立本还有点关系，而且也正在狄仁杰的职权范围内，但是他偏偏一点力都使不上，因为这一次的事，捅到了天。

是什么事呢？高宗和武则天的儿子——太子李弘死了，死因有些蹊跷。过不多久，阎立本的侄子阎庄也死了。阎庄是太子李弘的管家，当时的职务叫太子家令。

1995 年，陕西西安出土了一块墓志，现藏陕西师范大学博物馆。墓志的主人就是阎庄，阎庄是在太子李弘死后 5 个月去世的，死的时间有点微妙。而李弘的死，后面我们会说到，是唐代历史上一件著名的悬案。

太子和他的管家接连死亡，这里面有什么玄机呢？这块墓志虽然说阎庄也是病亡，但仔细看墓志的文字，里面一些话似乎暗示着什么："缠蚁床而遘祸"、"随鹤版而俱逝"。什么叫"蚁床"？就是灵柩的意思，也就是说阎庄因为某个人的死给自己招来了祸事。谁的死？"鹤版"，志文说了，"随鹤版而俱逝"嘛，"鹤版"是个典故，特指太子的棺椁。也就是说是因为太子李弘之死给自己带来了祸端，似乎在暗示阎庄死于非命。

这件悬案要从头说起。太子李弘之死，《旧唐书》说他是正常死亡，根据是他死后皇帝发布的文告，说他有瘵疾，也就是肺结核，这个病在当时是不治之症。《新唐书》直接说李弘是被毒死的。谁干的？武则天。《新唐书》的作者是宋代欧阳修等人，他们对武则天很反感，所以此话很难说是不是出于成见。司马光主编《资治通鉴》的时候面对一大堆史料，有的说是正常死亡，有的说是毒死的，司马光也犯难，最后来个模糊处理："时人以为天后鸩之。"意思是当时人认为是天后武则天毒死的，这是他们说的，不是我司马光说的。

如果是正常死亡，那没什么可说的，要是被毒死的，就要问一句为什么。"毒死说"认为，是李弘为自己的两个姐姐请命得罪了武则天。这两个姐姐是唐高宗以前的爱妃萧淑妃所生。唐高宗的原配王皇后嫉妒萧淑妃，两个人斗得很厉害。王皇后偶然听说皇上在感业寺有个相好的小尼姑叫武媚娘，武媚娘就是武则天，她原本是唐太宗的妃子，太宗驾崩后按照规定，去感业寺出家为尼。太宗病重的时候，太子李治就已经和武则天有私情了。后来唐高宗借上香的机会还去感业寺私会武则天，王皇后于是怂恿唐高宗把武则天接回宫里，分散唐高宗对萧淑妃的爱。她哪里想到，她和萧淑妃的斗争属于土枪土炮级别的，武则天是属于原子弹级别的。武则天一回来，没多久王皇后和萧淑妃一起失宠了，不久被废，死掉了。萧淑妃生的两个女儿也被幽禁，岁数不小了还被关在后宫里，后来有一天被李弘偶然发现，据说李弘十分震惊，大哭一场，为此跟母亲发生冲突，他要求解除监禁，让姐姐嫁人过正常日子。武则天很生气，但是这事情闹开了，再继续监禁两个公主也没有正当理由，于是武则天随便找两个卫士把公主嫁出去了。据说就是因为这个，武则天决心杀死李弘。

可是这个理由太牵强了，就为这点事值得杀人，尤其是杀害太子——未来的皇帝吗？武则天哪有那么冲动幼稚啊。要说李弘是被毒死的话，只能有一个原因——唐高宗的病。前面已经说过了，唐高宗这阵子高血压病情较重，感到自己力不从心了，于是想传位给太子，自己当太上皇。可是这阵子的武则天在协助处理国政的过程中权力欲望无比膨胀，当女皇的心思也开始动了。

要说武则天一开始就打算当女皇那也不客观，开始时她争夺的不过是女人的最高位置——皇后，但是在协助处理国政的过程中，她开始品尝到权力的滋味，这个滋味可是不同于中宫皇后的滋味啊，这是国家最高权力的滋味。估计这时候武则天的心脏开始扑腾扑腾地跳了。要知道武则天这人很迷信的，据说武则天当皇帝是有预兆的，著名术士袁天罡给幼儿时期的武则天看过相，因为当时武则天穿着男孩衣服，袁天罡就说这个孩子会富贵，要是个女孩呀，就能当天子。这是一个。

还有一个故事，说是唐太宗时期另一个奇人李淳风推算出后宫里有女人会出来当皇帝，而且会大杀李唐宗室。唐太宗问找到她杀掉她能不

能避免祸事。李淳风说不行，这个人当权虽然会让宗室倒霉，但是唐朝还能延续，你要是杀了她，她投胎变为男性，李唐就绝后了。唐太宗只好作罢。

这两个故事我觉得基本没有可信度，更有可能是武则天当皇帝之后人们编出来的，尤其是后面那个故事，更像是武则天下台以后有人倒推历史写成的。但是值得相信的是，武则天还是个才人的时候，社会上就有“女主武王代有天下”的谶言，因为这个谶言，导致大将李君羡被杀。正是这个谶言，对武则天本人产生了影响。

唐太宗李世民也听到那个谶言了，但是他压根不相信真的会有个女人当皇帝，旷古未有的事情啊。唐太宗想来想去就猜大臣里会有这个“女主武王”。有一次宴请武将们喝酒，要行酒令，太宗让大家都把自己的乳名报一下。乳名嘛，一般都比较搞笑，狗剩二柱三胖子什么的，说出来大家乐一乐。轮到李君羡，他说他的乳名叫“五娘子”，唐太宗刚开始还哈哈大笑，说哪里有女人能如此威武啊，结果回去越想越不对劲，李君羡是左武卫将军，值玄武门，封爵是武连县公，又是武安人，最关键的是，他的乳名叫“五娘子”，什么都带个“武”字，还“娘子”，谶言说的就是他吧，于是唐太宗找个罪名把他杀了。数十年以后，武则天称帝了，李君羡家人才来喊冤：“我家将军可是替您死的啊！”武则天也承认这个事，下令把李君羡重新风光大葬。李君羡这人也纯粹是倒霉催的，就因为个乳名被杀了，都说男孩起女孩名字是因为贱名好养活，这养到哪儿去了!

谶言这个东西历史悠久，它就是一种政治预言，有时是人们有意伪造的，假托从什么神人或者异象而来，为的是谋求某种政治利益。秦末陈胜、吴广起义时就编造了个谶言，夜间派人学狐狸叫“大楚兴，陈胜王”，结果迅速传播开来，据说“卒皆夜惊恐。旦日，卒中往往语，皆指目陈胜”[②]，起到了收服人心的良好效果。王莽篡汉也是利用了谶言，据说有人在疏浚水井时打捞出一块石头，石头上有“告安汉公莽为皇帝”[③]

的字样。王莽此人很迷信的，也不知道他是真信假信，反正大大激动了一把。说实话，用大脚趾都能想明白，这就是拍马屁的人所为。王莽最后上台就是靠这样一大堆的谶言异象。明末李自成起义，也借助了“十八子，主神器”[④]这样的谶言，用以降服人心，增加自己君权神授的合法性。

有的则说不清谁编的，为什么编的。反正古往今来总是有一批闲得发慌的人编点玩意儿出来磨牙，很有趣的一点是，这种不知所出的谶言往往有更奇妙的效果。古人都迷信，一旦某个谶言流传开来，名应谶言的人就难免有想法，野心膨胀，就会坚定地朝谶言预测的方向走下去。有了野心和决心，事情就有了成功的可能，哪怕只是一丝丝可能性。而一般群众遇到这样的人，往往会自然而然地受到谶言的影响，认为这人就是老天注定成大事的人，从而心甘情愿服从甚至帮助他。

前面说了，王莽是靠谶言起家的，有趣的是其对手刘秀恰恰是听说了“刘秀发兵捕不道，卯金修德为天子”[⑤]这样一句谶言才坚定决心来夺取天下的。当时刘秀不过是一个宗室远亲，毛头小伙，社会上流传这样的谶言，别人都觉得不过是凑巧，或者说的是别人，刘秀却由此下定了干大事的决心。后来果然建立了东汉王朝。

我想武则天刚听到谶言的时候有着跟刘秀类似的心理历程，“女主武王代有天下”的谶言刚开始她即便听到过，也只敢悄悄心里想“说的该不是我吧”，等到立后成功了，接着高宗身体又不行了，她就难免信心爆棚了——“谶言说的就是我”。这时候她要的可就不是皇后这种女人的最高职位了，而是国家最高权力。

正在这个时候，唐高宗高血压日益严重，据说发作起来头晕目眩，眼睛甚至接近失明（这是高血压病情严重时的体现），实在是力不从心，于是要传位给太子。武则天眼看大权要旁落，而且李弘这个人虽然是武则天的亲生儿子，但是为人处世和武则天很不对付。这人是个正统的儒家，平时看书，看到奸臣谋反的事情都不忍心看，觉得是大逆不道。有一次看《左传》，里面有弑君的故事，于是不读了，换书吧，换《礼记》

读。有一年闹饥荒，李弘发现自己的卫士饿得晕倒了，就主动拿出自己的粮食给卫士们吃。看到同父异母的姐姐落难，就一定要主持公道，甚至和母亲争吵，很有儒家提倡的仁爱之心。这种正统的儒家对皇后或者太后弄权的事情历来是十分反感的，而且李弘和武家人有私仇，这个事情咱们以后会说到。总之，李弘上台对武则天十分不利，于是武则天狠下心下了毒手。这是唯一合理的解释。

太子死了为什么导致管家死于非命？只能有两个原因，非此即彼：第一，太子之死是你的责任。可是前面说了，官方说法李弘是病死，没理由办人家的太子家令。第二，最有可能的是，你说了不该说的话，惹恼了某些人。因为阎庄是太子身边的人，太子之死他一定清楚原因，他可能说出了真相，导致被人灭口。阎庄被处死这件事在史书上没有任何记载，官方一声不吭，他死后，名字也被从阎家的家谱里除掉了，可见此事非常重大，但是又很隐秘。

沾上皇权争斗的事，狄仁杰再是神探，他也管不了了，只能是作壁上观的配角了，武则天成了这件事的主角。我们知道，只要是武则天当主角的事情，那都是这种惊天动地的大事。

不过一千多年以来对这事情质疑的人也不少，有如下几点意见：

第一个质疑，一个母亲怎么可能对自己的儿子下手？我觉得，武则天要是没这点狠劲也就当不成女皇了。

第二个质疑，史书上不是说李弘得的是肺结核吗？那病早晚是个死，武则天犯不着着急吧？但是问题在于，肺结核是个慢性病，也许一两年就死了，也许十几年不死。李弘死前还和父母一起巡幸合璧宫，这宫殿位于今天洛阳远郊涧西区辛店镇。可见身体还没差到一病不起的地步，他即位了，假如身体再有了起色，甚至再生个儿子，武则天不就更没戏了吗？

第三个质疑，杀了李弘，李弘下面还有三个弟弟，不是照样可以当太子、当皇帝？那你杀李弘有什么意义呢？我觉得是这样的——武则天用这种残酷的手段是要吓阻唐高宗，阻止他再传位给其他儿子。你再传位我还杀。李弘死后，唐高宗果然提出要武则天代理国政，正式把她推向前台。大臣们反对，这事儿没成，可是杀李弘的预期效应已经体现出来了。

阎庄的墓志是个有力的证据，让我倾向于太子李弘是被武则天毒死的。正因为李弘死于非命，他的管家阎庄才在激愤之余说了不该说的话，导致自己也死于非命。正因为此事事关重大，而且杀人者正在掌权，所以给他撰写墓志的人不得不用婉转、隐晦的文笔叙述他的死亡。

这个解释，很可能接近历史真相。历史为什么那么让人着迷，就是因为真正的历史虽然不能再现，但是根据实物和推理，可以让我们无限接近真相。

话题再拉回来，阎庄是阎立本的侄子，他父亲以前也是宰相，但很早就去世了，此时阎家的大家长就是阎立本。那场血雨腥风的惨案发生的时候，阎立本估计也是急在心里，不敢吭声。阎庄死后不是从家谱里被除名了吗？估计也是阎立本的无奈之举。这事儿太大了，直接牵扯到武则天，闹不好全家跟着一起倒霉啊。

那么狄仁杰呢？按理来说，此事正在他的职权范围内，为什么这么说呢？因为此时他担任大理寺丞，唐代按照规定，遇到重大案件，必须实行三司推事，也就是大理寺、刑部、御史台三个司法机关一起审理，这就是后来戏文里经常说的“三堂会审”（现代也有学者认为高宗时期的“三司”指的是中书舍人、给事中和御史台。或者说“三司”本身是一个灵活的临时组成的审判机构）。阎庄这个事儿，那当然是大事儿，应该由三司会审。狄仁杰有机会参与。依狄仁杰的耿直性格，估计他会为阎庄说话，那倒不是他以公谋私，给阎立本报恩，而是因为这个事情本来就不合法，既然宣布太子是死于疾病，那你办人家太子家令干什么？人家说什么了，说出来大家听听嘛。

您想想，杀死阎庄的人，能让这事情摆到明面上大张旗鼓公审吗？

所以，此事绕开了三司，秘密进行了。狄仁杰纵使知道这件事，也是爱莫能助。大概他会对自己的恩人阎立本怀有一丝歉意吧。

这就是中国古代专制社会的悲哀，表面看起来有律法，不痛不痒的事情可以在律法框架内进行，一旦涉及统治者核心利益了，他就能绕开这套律法，擅自行动。这种局面一百个狄仁杰也无能为力。

这件事是狄仁杰步入仕途之后亲身经历的第一次重大政治斗争。就在此事之后，发生了上一讲说到的权善才事件，狄仁杰劝谏皇帝成功，一时间名声大噪，由此当了侍御史，这更让他如鱼得水。唐代御史台是负责监察官员的，官员贪污腐化、渎职失职，甚至包括私生活都在御史台监察范围内。御史威风八面，谁见谁怕，他们有捕风捉影的特权，什么意思呢？就是说御史们有权在没有明确证据的情况下弹劾官员，说错了也有豁免权。你上朝要接受御史的监督，嬉皮笑脸了、帽子戴歪了都不行。蜜蜂蛰了你也得忍着，否则要罚俸。你下班了，觉得自由了，还想夜总会 KTV？美得你。曾有个官员，下朝了肚子饿，路边买了个蒸饼一边走一边吃，恰巧让御史看到了，对不起，弹劾。为什么弹劾？穿着朝服大街上吃蒸饼什么样子，成何体统！御史弹劾到武则天那里，武则天知道了也很生气，本来此人要升迁的，就此黄了。吃个饼都不行，你看监察有多严。曾有个监察御史叫韦思谦，每次出巡都盛排仪仗，威仪赫赫，一时人们议论纷纷，说这人怎么这么臭显摆，他解释说："御史出都，若不动摇山岳，震慑州县，诚旷职耳。"[⑥]也就是说御史们还有意摆个架子吓唬吓唬大家。人人都怕御史台官员，唐代大诗人杜牧也当过御史，结果非常尴尬，别人请客吃饭，谁都请到了，就不请他，为什么？谁愿意在宴席上坐个定时炸弹啊。噢，我们吃饭，你盯着我们，我嘬个牙花子回头你再告我个有失仪态？

监察体系对官员们有了威慑力，就能保证清正廉明。唐朝前期政治大体上还算清明，御史台功不可没。御史台这样的做派是皇帝需要的，皇帝需要刚直不阿的人担任御史，这回权善才事件让皇帝看到了——狄仁杰就是这种人啊，敢顶我，还有谁不敢顶的？于是乎，狄仁杰就走上新的岗位了。不久，狄仁杰就盯上了一个人，而且这个人还不一般，是唐高宗眼前的大红人，狄仁杰要找这个人的麻烦，这会带来什么后果呢？请看下讲。

注释

①《旧唐书》卷八九《狄仁杰传》。

②《史记》卷四八《陈涉世家》。

③《汉书》卷九九《王莽传》。

④《明史》卷三〇九《李自成传》。

⑤《后汉书》卷七《祭祀》。

⑥《旧唐书》卷八八《韦思谦传》。

第三讲 模范消防员

狄仁杰直言敢谏的性格，受到了唐高宗的赏识，唐高宗让狄仁杰担任了侍御史的官职。在新的岗位上，狄仁杰同样工作很出色，这不仅使唐高宗重视他，连武则天也注意到了这个刚直不阿的大臣。在不同的历史时期，唐高宗和武则天分别委派狄仁杰去处理一些重大事件，那么，狄仁杰能处理好这些事件吗？

上一讲讲到狄仁杰担任了侍御史，负责监察官员，举报不法。狄仁杰这个人疾恶如仇，很快又办了两件大案子，使得他在社会上好评如潮。

一个案子是参倒了高宗面前的红人韦弘机，此人早期从事过外交工作，担任过檀州刺史，业绩出色，应该说还是个很有能力的官员。后来担任了司农卿，慢慢地他开始发生变化了（和基建有关的工作看来自古就是官场陷阱）。他主持过几项大工程，这人在这方面有癖好，总是撺掇着高宗大兴土木，太子李弘的陵墓就是他修的。高宗嫌洛阳宫殿比较破旧，想修又担心预算不足，韦弘机在旁边使劲撺掇："没问题！没问题！以前司农寺都是雇佣工匠砍伐木材，现在我们用户奴采伐，省下好大一笔钱，足够修宫殿的了。"高宗一高兴就任命他主持动工。高宗在这事儿上也是犯糊涂，省下的那笔钱难道不是国库的钱吗？

韦弘机一动工就是大手笔，不仅修缮了旧宫殿，还额外增建了几座宏伟的新宫殿，非常壮丽豪华，其中上阳宫沿着洛水的长廊就长达一里。高宗看了非常高兴。底下大臣都明白，这里面肯定有猫腻，伐木省下的那点钱肯定不够修这么大宫殿的，预算肯定突破了。韦弘机这么喜欢搞工程，肯定是趁机谋私利，捞油水嘛。这种猫腻想必大家都清楚，可是韦弘机在高宗面前很红，大臣都不愿意挑头。宰相刘仁轨就是这样，看

不惯韦弘机，自己又不愿出头，他去找狄仁杰，说：“古天子陂池台榭皆深宫复禁，不欲百姓见之，恐伤其心。而今列岸謻廊亘王城外，岂爱君哉？”[①]意思是这个韦弘机太不像话，新修的宫殿就在洛水岸边，隔着河老百姓都能看到宫殿里的状况，皇帝还有威严可言吗？古代认为皇帝不能轻易让平民看见，否则无法保证威严。你看刘仁轨这人够滑头，他只说宫殿选址不对，不提贪污的事情，为啥？因为选址问题是秃子头上的虱子——明摆着的，贪污这个事情即便大家都能猜到，你也要拿出证据，所以他不愿惹这个臊，于是到狄仁杰面前说，盼着狄仁杰去出头。

狄仁杰不可能看不透他的意思，但是侍御史职责所在，再加上刚直不阿，所以狄仁杰毅然出面弹劾，结果果然查出韦弘机的问题了——韦家人盗取公物，也就是贪污公家物资钱财。高宗想保他也保不住了，韦弘机就此被免官了。

另一件案子涉及高宗面前另一个红人王本立，这人善于拍马，仗着高宗宠信，胡作非为，大臣们都比较怕他。狄仁杰弹劾他，高宗有点舍不得，说这人是个人才，留着吧。反正爱拍马屁的人在皇帝眼里一般都是人才。结果狄仁杰倔劲上来了，他对高宗说：“国家虽乏英才，岂少本立之类！陛下何惜罪人而亏王法。必欲曲赦本立，请弃臣于无人之境，为忠贞将来之诫！”[②]朝廷再缺人才，也不缺王本立这样的，您要是非保他不可，干脆把我流放了，让以后的人看看忠贞之人的下场，引以为戒。要他还是要我，您看着办吧。大家看到了吧，这阵子的狄仁杰比以前更强硬了，说话更干脆直接。高宗只得妥协，王本立也被弹劾倒了。

经过这两件事，朝野上下对狄仁杰交口称赞，都觉得这人是个强势人物。当然，也保不齐有的人觉得狄仁杰比较“二”，比如刘仁轨可能就是这样看的。不过话说回来，历史上成大事的都不是唯唯诺诺、中规中矩之人。

朝中这些事儿还不是狄仁杰的主要功勋，这个阶段的狄仁杰乃唐王朝模范“消防员”。为什么说他是消防员呢？消防队就是哪里有火情就到哪里去，要的是干练、神速。高宗和武则天一有麻烦事就想起狄仁杰，狄仁杰四处出动帮助朝廷灭火善后，可不就是个模范“消防员”吗？

那么他都去哪里灭火了呢？

第一场火：抵御吐蕃，整顿岐州军政

吐蕃就是今天藏族的祖先。唐太宗时期，吐蕃有一位伟大的赞普，就是大名鼎鼎的松赞干布（唐人称为“弃宗弄赞”）。吐蕃在他手里强大起来，崛起于高原之上。贞观年间，松赞干布向唐朝求婚不成，于是发兵攻打松州，被唐军击退。然后唐太宗答应了松赞干布的请求，将宗室女文成公主嫁给他，成就了汉藏关系史上的一段佳话。但是唐太宗去世后不久，松赞干布也去世了，形势有变化了，唐朝和吐蕃在今天的新疆、青海等地展开对峙，公元670年在青海大非川战役中，吐蕃大败唐朝名将薛仁贵率领的10余万大军，这是唐朝建立以来最大的一场败仗。

到了狄仁杰担任侍御史的时候，吐蕃再次攻打唐朝边境，唐军要反击，派谁当将领呢？派了李敬玄，这个李敬玄是个文臣，本不应该去打仗，可是有人故意要他丢脸，谁呢？就是刚才提到的宰相刘仁轨。

要说刘仁轨这个人，也是唐朝历史上的一个传奇人物。当年唐朝水军登陆朝鲜半岛南部，消灭了夙敌高丽的盟国百济（百济就是今天西半个韩国），目的是开辟“第二战场”，援助新罗，南北夹击高丽。亡国后，百济残余势力固守几个依山傍水、易守难攻的据点，然后派使者联合日本反抗唐军，日本自古就是百济的盟友，接到请求后几乎倾巢出动，天皇还谋划着御驾亲征。唐军腹背受敌，而且粮草也接济不上，时间岌岌可危。面对困境，高宗已经决定撤军。

刘仁轨当时年纪已经很大了，是在军中戴罪立功的官员，他先前因为督运军粮失误遭到处罚了。话说落魄的凤凰不如鸡，刘仁轨由青州刺史被一免到底，难免遭到一些势利眼的鄙视。有一次大军攻城，刘仁轨得病不能起身，于是在远处卧地斜倚着观看战况，一个士兵大大咧咧走过来，一屁股正好坐在刘仁轨前面，刘仁轨刚表示了点不满，人家却大骂：

“你欲看，我亦欲看，何预汝事？”正说着，忽然城头高丽军一枚流矢飞来，不偏不倚正中那个士卒的心脏，要不是他挡着，这一箭肯定射中刘仁轨。[③]刘仁轨当时大呼幸运，由此可能有了“大难不死，必有后福”的信心。

此时临危受命，负责指挥当地部队。一般人接手这个烂摊子还不愁坏了，可是人家刘仁轨却觉得那个“后福”终于来了，他仰天大笑：“天将富贵此翁矣！”老天要让这个老头子富贵起来了，我可等到这一天了。

面对高宗撤军的命令，他拿出“将在外，君命有所不受”的勇气，对全军演讲：

> 且人臣进思尽忠，有死无贰，公家之利，知无不为。主上欲吞灭高丽，先诛百济，留兵镇守，制其心腹。虽妖孽充斥，而备预甚严，宜砺戈秣马，击其不意，彼既无备，何攻不克？战而有胜，士卒自安。然后分兵据险，开张形势，飞表闻上，更请兵船。朝廷知其有成，必当出师命将，声援才接，凶逆自歼。非直不弃成功，实亦永清海外。今平壤之军既回，熊津又拔，则百济余烬，不日更兴，高丽逋薮，何时可灭？且今以一城之地，居贼中心，如其失脚，即为亡虏。拔入新罗，又是坐客，脱不如意，悔不可追。……唯宜坚守观变，乘便取之，不可动也。[④]

意思是现在撤军前功尽弃，不仅高丽难灭，百济死灰复燃，连我们自己能否安全撤回国也是个问题，面对困难，我们要知难而上，用“成功”来说服皇上，让他继续派出援军。全军被他感动，决心留在百济继续作战。

事实证明，刘仁轨还真是个帅才。在白江口战役中利用敌人的骄狂，兵分两翼诱敌深入，借助江口地形以少胜多，经过艰苦的战斗终于大败日本、百济联军，四战四捷，日军战舰四百余艘被唐军纵火焚毁，浓烟遮天蔽日，日军主将阵亡，士兵伤亡十分惨重，据说海水都变成了红色。

这是历史上有记载的中日第一次战争，中方取得了压倒性的胜利。日军狼狈逃离朝鲜半岛，举国上下惶惶不可终日，以为刘仁轨一定会来报复攻打日本本土，于是在对马岛、壹岐岛、筑紫国等地紧急构筑大批城防和烽火台。不过刘仁轨还真没那个闲心去日本泡温泉。此战后百济彻底灭亡，从而为后来消灭高丽打下了一个雄厚的基础。所以说，刘仁轨绝对是个很有才干的人，对国家有大贡献，后来官拜宰相。

可是这人毛病也不小，首先他比较滑头，前面告贪官那件事，也能体现他的这个特点，自己不出头，想把狄仁杰当枪使。其次这个人人际关系差，比如他和亲弟弟都搞不到一起去。他当官，他弟弟刘仁相在家务农，两人关系势同水火，有人劝他弟弟求哥哥照顾一下，免除徭役负担什么的，当时五品以上官员的亲属有这个特权，但是他弟弟不干，说了这么一句话："我不愿意在狗尾巴底下乘凉！"你看看这关系处的。刘仁轨在朝里对头也多，其中有一个就是宰相李敬玄（唐朝是多宰相制，目的是避免宰相权力坐大），听说吐蕃进犯，刘仁轨在皇帝面前推荐李敬玄带兵打仗，这是使坏，是想让李敬玄丢人，可是这也是损害国家利益啊，打仗是闹着玩的事情吗？无奈唐高宗这人很信任刘仁轨，真的委派李敬玄，李敬玄赶紧说："臣是文臣，不会打仗。"高宗说："刘仁轨推荐你，你就去，他就是要朕去，朕也得去！"李敬玄没办法，率领着 18 万大军上了青藏高原。

一上高原，唐军和吐蕃在青海湖附近打起来了。李敬玄果真不是个打仗的材料，前锋刚刚有一点挫败，他就吓得撤军，吐蕃军队在后面紧追不舍。眼看着唐军要全军覆没了，幸亏有将领挺身而出，召集 500 人的敢死队夜袭吐蕃。黑暗之中吐蕃人一时间也不知道唐军有多少人，陷入混乱，这样唐军大部队才得以逃脱。

唐军在青海战败，这下子长安骚动起来了，为什么呢？当时唐军在青海的大本营是鄯州，也就是今天的青海乐都县，一旦吐蕃乘胜追击，攻克鄯州，那么就可以一马平川，沿着河湟谷地进入今天甘肃东部，直

接威胁到关中地区——唐王朝的核心地带，长安城就危险了。于是沿途州县纷纷动员，积极备战。关中地区的西大门就是岐州，在今陕西凤翔。要是吐蕃打进关中，这里首当其冲。唐高宗、武则天急需一个能干的人巡视安抚，于是想到了狄仁杰。

狄仁杰来到岐州，一看这形势太糟糕了！原来在动员过程中，当地士兵不堪重负，很多人开了小差，官府一味采取高压政策，到处追捕这些人，结果逃兵们干脆落草为寇，当地局势更加不稳了。狄仁杰一看，这扬汤止沸不行啊，于是他命令当地改弦更张，将以前抓捕的士兵全部释放出狱，又派人招降山中逃兵，结果很快奏效，被逼做强盗的士兵们纷纷出来投降，当地局势迅速稳定。而吐蕃呢？形势随之逆转。唐朝内地做好了迎战的准备，再加上此时的唐朝实力还很雄厚，且在西域驻有重兵，吐蕃担心深入内地遭到两面夹击，于是止步不前，没有来。

公元683年，高宗皇帝驾崩。不久，狄仁杰出任宁州刺史，宁州在今天甘肃宁县。这个地方是多民族聚居区，形势一直比较复杂。狄仁杰来到这里，注重民族团结，发展生产，减轻民众负担，境内各族人民都称赞他。前面咱们说了，狄家先祖在十六国北朝时期有可能是住在甘肃东部地区的羌族豪强，所以狄家在少数民族地区余威尚存，狄仁杰来到这里施政如此顺利，也许和他的这种家世有关。

不久，有京城来的御史巡察各地，前面说了，御史是负责监察官员是否违法乱纪的。这位御史走到哪里都碰到老百姓告地方官的案子，唯独到了宁州，人们都纷纷赞扬狄仁杰的仁政，与其他地方形成了强烈反差。于是这位御史很感慨地说："不到宁州来，还真不知道狄公是何等贤能之人，算了，我也别在这里叨扰了，还是赶紧出发去别的地方吧。"在这位御史的推荐下，狄仁杰回到京城，担任了冬官侍郎。紧跟着又有一场火需要他去善后。

第二场火：暗访徐敬业下落，巡抚江南

公元688年，回京不久的狄仁杰奉武则天命令，以江南巡抚使的身份巡视江南。表面上看起来，这次巡视没什么惊天动地的大事，史料记载，狄仁杰到了江南，最主要的工作是移风易俗。江南这地方自古迷信，“好巫鬼、重淫祀”。什么叫“淫祀”？“淫”在这里是过度、非正统的意思，“淫祀”就是在国家规定祭祀的神灵之外，老百姓私下祭祀一些鬼怪神灵。南方自古以来自然灾害多，地方病多，水患严重，毒虫猛兽也比北方多，所以当地人祭拜的神魔鬼怪比北方多且杂乱，政府对此很反感，因为淫祀容易培养出邪教，也容易扰乱治安。两唐书说狄仁杰到了江南，立即着手铲除淫祀，一共废掉了淫祠1700所，只保留了大禹、吴太伯、季札、伍子胥的祠堂。

保留这四人的祠堂，体现出狄仁杰正统儒家的思想和价值观。大禹治水拯救苍生，并且是夏王朝的实际创始人，儒家对他是持肯定态度的。江南人热衷祭祀他，可能还有个原因——传说中大禹曾在会稽大会诸侯，后来还死于那里，人们认为“会稽”就是浙江绍兴的会稽山。所以吴越地区的人们对大禹有特殊的感情。狄仁杰也算顺从民意。

吴太伯是传说中吴国的始祖，周太王的长子。传说周太王欲传位，按照长幼次序，自然应传位于太伯，但是太伯觉得自己的弟弟季历更为贤能，更重要的是，季历有个儿子名叫昌，堪称一代英才，日后继位必然有一番作为。于是太伯主动让位于季历，和自己的弟弟虞仲出走至江南，而且文身断发，示不可用，他也由此成为吴人的祖先。事实证明，季历果然不负众望，大大增强了周人族群的实力，而他的儿子昌正是历史上赫赫有名、奠定了灭商建周基础的周文王。实际上现代学者认为吴太伯出走的故事不可信，或者说起码出走的地方不是江南，更有可能是北方地区。但是唐人相信这是历史上真实发生过的事，既然吴太伯有如此淡泊名利的博大胸怀，又间接成就了建周伟业，而周朝是儒家所推崇的礼乐制度的创始者，孔子称赞吴太伯：“泰伯，其可谓至德也已矣！三以天下让，民无得而称焉。”⑤那么狄仁杰认可他就顺理成章了。

季札的事迹和吴太伯有点像，他是吴太伯之后，吴王寿梦第四子，从小就颇具贤能，深谙礼乐之制，深受人民爱戴，连他的哥哥们都觉得父王传位给他最合适。但是他为了维护嫡长子继承制，拒绝了人们的要求，隐居于山水之间。他还曾游历各国，所过之处给人们留下了美好印象。在他身上还发生过一个故事，历来被视为君子守信的象征。《史记·吴世家》记载，季札曾经出使国外，路过徐国，徐国国君非常喜爱季札的佩剑，但是碍于礼数不敢说出来。季札看出了徐君的心态。可是自己要出使大国，佩剑按照礼节不能不带，所以就没有把剑赠给徐君。等到他出使归来，徐君已经去世，于是季札来到徐君坟冢前，将佩剑挂在树上，然后离去。随从问："徐君已死，尚谁予乎？"季札回答："不然。始吾心已许之，岂以死倍吾心哉！"我内心早已经把这把剑送给他了，岂能因为他已去世而违背自己的心愿！季札身上有着坚持儒家原则的勇气，也有重信守诺的美德，所以狄仁杰也很认同他。

伍子胥的大名恐怕尽人皆知，他本是楚人，因为父兄被楚平王杀害而投奔吴国，帮助吴国训练军队，然后率军打回楚国，几乎将楚国灭亡。他曾经洞察过越王勾践卧薪尝胆的动机，反复苦谏吴王夫差杀了勾践，消除隐患。但是吴王不听，反而听信太宰嚭的谗言，认为伍子胥自恃有功，又是先王的重臣，所以桀骜不驯，于是赐其自尽。伍子胥死前预言吴国必然亡于越人之手，后来果不其然。《史记·伍子胥传》记载，吴人都同情伍子胥的遭遇，"吴人怜之，为立祠于江上"。唐代《吴地记》里说"今庙见在"，也就是说唐代见到的伍子胥祠堂就是当年吴人建立的（晋代曾经短途迁址）。这里有个疑问：伍子胥虽然对家族很"孝"，但是对楚国国君并不"忠"，甚至还带兵差点灭了自己的祖国，这似乎不符合儒家价值观，狄仁杰为何保留他的祠堂？我想这个事情体现出狄仁杰在儒家各种思想流派中更倾向于孟子的观点。儒家对于"忠君"，内部本就有不同的看法，有的人主张无条件忠君，不论君主是什么样的，都要无条件服从他。孟子则主张昏君可以反，他在回答齐宣王"臣弑其君可乎"时就曾经说："贼仁者谓之贼，贼义者谓之残，残贼之人谓之一夫。闻诛一夫纣矣，未闻弑君也。”[6]意思是说既然商纣王残暴无道，那么杀死他就不算弑君。楚平王无故杀害伍家人，还曾经有过霸占儿媳的丑行，那么伍子胥反这样的无道昏君就是正义的。这可能就是狄仁杰的想法。狄仁杰这种心态说明他并不拘泥于“从一而终”，是主张良臣择主而事的，后来他能够辅佐武则天，甚至为此蒙受亲属的质疑与误解，估计与这种心态有关。

这四个人有共同特点——与吴地有关，又能体现儒家价值观。因此狄仁杰保留了他们的祠堂。除了这四个人以外，祭祀其他鬼怪神灵的都给废除了，这里面就包括著名的大英雄项羽。从太史公司马迁开始，项羽一向是被人当做大英雄来崇拜的，再加上此人是江东人氏，在当地影响力非常大，那么废除他的祠堂，必然会在当地引起轩然大波。狄仁杰为此专门写了个《檄告西楚霸王文》，在拆毁项羽祠堂时宣读于大众面前，等于向民众解释了自己这样做的原因。我们来看看狄仁杰的如椽巨笔：

> 鸿名不可以谬假，神器不可以力争，应天者膺乐推之名，背时者非见机之主。自祖龙御宇，横噬诸侯，任赵高以当轴，弃蒙恬而齿剑。沙丘作祸于前，望夷覆灭于后，七庙堕圮，万姓屠原，鸟思静于飞尘，鱼岂安于沸水。赫矣皇汉，受命玄穹，膺赤帝之镇符，当素灵之缺运。俯张地纽，彰凤举之符，仰缉天纲，郁龙兴之兆。而君潜游泽国，啸聚水乡，矜扛鼎之雄，逞拔山之力，莫测天符之所会，不知历数之有归。遂奋关中之翼，竟垂垓下之翅，盖尽由于人事，焉有属于天亡！虽驱百万之兵，终弃八千之子。以为殷鉴，岂不惜哉！当匿魄东峰，收魂北极，岂合虚承庙食，广费牲牢。仁杰受命方隅，循革攸寄，今遣焚燎祠宇，削平台室，使蕙帷销烬，羽帐随烟，君宜速迁，勿为人患。檄到如律令。[7]

这篇檄文写得气势磅礴，文笔雄壮。意思是说秦朝无道，天下战乱，

各路英豪中刘邦是真正的天命眷顾者，项羽只有匹夫之勇，上天并不垂青，失败是必然的。针对项羽垓下之战的那句名言“此天之亡我，非战之罪也”，狄仁杰反驳说这是你逞强不知天命的结果，所以我废了你的祠堂。这反映出狄仁杰站在儒家正统立场上的历史观。这种历史观强调的是君权天授，一切皆有定数，不是逞强可以改变的。由此可以断绝那些觊觎皇位之人的野心。

那么狄仁杰来江南这一趟就是为了和项羽等古人过不去吗？恐怕没那么简单。有学者推测，他此时来到江南，可能有一项秘密使命——查访叛乱头子徐敬业的下落。[8]甚至他写的这篇《檄告西楚霸王文》，实际上也是另有所指。

徐敬业是唐朝开国功臣李勣的孙子，李勣就是《隋唐演义》里的那个徐懋功，原名徐世勣。他是隋末农民大起义中崛起的英豪，原本是瓦岗军大将，后来归顺唐朝，在唐朝的统一战争，对突厥、高丽、薛延陀的战争中立有奇功，是当时天下数一数二的名将。

有这么一个故事——曾有人劝唐太宗修建长城以防备北方游牧民族，唐太宗呵呵一笑：“朕今委任李世勣于并州，遂使突厥畏威遁走，塞垣安静，岂不胜远筑长城耶？”[9]有了徐世勣镇守北方，唐太宗觉得比有长城还放心，可见对他的信任与器重。这里顺便说一下，在唐朝前半段国力强盛的时候，唐朝一直奉行的是积极防御的国防战略思想，经常主动出击，君臣上下都很有进取思想，对于长城这种消极防御设施历来缺乏热情，所以有唐一代300年，除了曾在北方地区短暂修建过长堑(壕沟）之外，并没有修建过长城。唐军强大的战斗力就是国之长城。

唐太宗那番话里的李世勣就是徐世勣，因为功劳大，所以皇帝赐姓李。后来太宗去世，他为了避太宗“世民”之讳，改名叫李勣（太宗是个很开明的人，他在世时下令，只要“世”、“民”二字不连称，那么就可以不避讳。他去世后，高宗皇帝为了尊重自己的父亲，于永徽二年下令全面避“世”与“民”之讳）。

当年唐高宗想立武则天为皇后，重要的大臣都反对，搞得高宗和武则天十分苦恼，而宰相里第一个站出来支持武则天的正是李勣。当时宰相里反对武则天的主要有三个人——长孙无忌、褚遂良、于志宁。长孙无忌是当时关陇集团的首脑人物，仗着自己是高宗的亲舅舅，任凭高宗如何央告也不答应废王皇后立武氏，高宗和武则天屈尊跑到他府上去，贵重礼物送上，连他的妾生的儿子都封了官，长孙无忌咬紧牙关就是不松口。于志宁是关陇集团里大贵族的后代，此人虽然态度上比较温和，但是也反对立武则天。褚遂良则是三人中最难啃的硬骨头，大家都知道他是书法家，所谓字如其人，褚遂良那笔方方正正的楷书不是白练的，果然很硬。他在御前会议上不仅搬出了太宗遗嘱，甚至把帽子扔到了地上，以头撞地，慷慨激昂。武则天本来在帘子后面偷听会议，气得不得了，跳出来和褚遂良对骂，这真是朝廷少有的热闹。[10]最后一锤定音的还是李勣。为什么呢？因为高宗被这帮子老臣搞得心力交瘁，忽然想到，另一个老臣李勣始终没有表态，也许这是个突破口？于是他找到李勣，征求他的意见。李勣果然另有主张，只听他徐徐回答："此乃陛下家事，不合问外人。"[11]一语点醒梦中人，高宗一咂摸，对呀，我换老婆干你们甚事？不许你们粗暴干涉我家内政！于是下定决心，立武则天为后。后来武则天立后的典礼还是李勣主持的。

但这个时候李勣早已经去世了，徐敬业继承祖业，按理说感恩戴德才是，为什么要叛乱呢？叛乱针对的正是武则天，公元683年，唐高宗去世，中国历史正式进入了武则天时代。唐高宗去世后，唐中宗即位，他是高宗和武则天的三儿子。可是这皇位没坐几天，他就被自己的母亲废黜了。因为当时中宗想拜自己的岳父韦玄贞为侍中，宰相们反对，和皇帝吵起来了，吵着吵着，唐中宗口不择言，说："我以天下与韦玄贞何不可！而惜侍中邪？"我就是把天下让给我岳父又能怎么着？对不对？更何况一个侍中？

武则天一听这话是如获至宝，好，小样儿，总算让我逮着机会了，

于是亲自带兵把唐中宗从宝座上赶下去，废掉了。唐中宗还不服气："我有什么罪？"武则天冷冷地说："你想把天下给你岳父，还敢说没罪？"

谁都知道这是借题发挥，武则天就不想让儿子们掌权，结果唐中宗被废为庐陵王，放逐到南方去了。这里顺便说一下，此人在狄仁杰政治生涯中占有极重要的地位，若干年后他又重新返回当了太子，那正是狄仁杰操持的结果，这是后话。

废掉了唐中宗，武则天完全掌握了大权。她的四子唐睿宗李旦只是个名义上的皇帝，根本没实权。李旦胸无大志，但是很聪明，很懂明哲保身，这次他当了皇帝，后来让位给他母亲武则天。狄仁杰把他哥哥李显从南方营救回来，他又把皇嗣位置让给哥哥。中宗死后，他当了皇帝，太子李隆基和太平公主打得你死我活，他又让位于李隆基，还颇自得，晚年号称"三让天下"。在武则天时代那样诡谲恐怖的政治氛围中他能保住性命，毫无疑问和他的这种性格有关。这次当了皇帝，他就主动把大殿让给他母亲，自己什么事都不管。

矛盾也就在这个时候激化了，唐高宗去世之后第二年，徐敬业在扬州起兵造反，打出了匡扶唐中宗复位的旗号，声讨武则天。

徐敬业这个人自小很有才干，武艺高强，骑术很厉害，一些老骑手都比不上他，而且胆子出奇得大。据《隋唐嘉话》记载，高宗时南方某地有强盗为乱，官军屡次讨伐皆不利，于是任命徐敬业为刺史。徐敬业单骑至府，贼人听说新刺史来到，提高警惕加以提防，但是徐敬业若无其事，只顾处理其他公务，办完公事才问："贼人在哪里？"手下回答："在南岸。"于是徐敬业只带领两个手下来到南岸。贼寇们原本全副武装等待与官军大部队厮杀，见到只有三个人，一时摸不着头脑。徐敬业直入其营，对贼寇们晓以利害："国家知君等为贪吏所苦，非有他恶，可悉归田里。后去者为贼。"我知道你们是官逼民反，现在既往不咎，谁胆敢再待在这里，我就算他是贼人。于是贼寇们一哄而散，徐敬业只将其头目抓起来，脊杖数十下，然后遣散。州内治安从此大大改善。据说李勣听说之后非但没高兴，反而说：“我没这个胆略，但是日后破我家者必此儿也！”也就是说，李勣觉得徐敬业的大胆非但不是福气，反倒是家族的隐患，会害死全家。

还有传闻说李勣甚至想杀了这个孙子以绝后患。有一次徐敬业去林子里打猎，李勣趁机派人纵火，想烧死他。大火困住了徐敬业，但是他有办法，他杀了自己的马，剖开马腹钻进去，等火头过去，“浴血而立”，浑身是血站出来了。[12]也就是说徐敬业自愿当了一回马皮人肉包子馅躲过了一劫。李勣见此情景大为惊奇。我觉得这个故事可信度不高，森林大火把你包围了，火场中间氧气先消耗光，你躲到马肚子里有什么用？这故事更像是徐敬业失败后人家给他编的段子，用以说明这人自小是个枭雄。包括前面讲的那个徐敬业招抚贼寇的故事，司马光就表示不信，他说：“按敬业，武后时举兵，旋踵败亡，若有智勇，何至如此！”[13]他要有那个本事，怎么会没几天就被武则天剿灭！

这一年，徐敬业犯法了，被贬到柳州当司马，走到扬州的时候，遇到了其他几个被贬的官员，这些失意的人聚在一起喝酒，然后互相一倒苦水，那负面情绪就呈几何级增长了，都是那个女人害的！最后决定——干脆反了！徐敬业胆子大，又是李勣的后人，所以被推举为首领，联合一些地方官，发兵起义。当时唐代著名文学家骆宾王就在徐敬业手下，替他写了一篇气势磅礴的《讨武瞾檄》，徐敬业谋反未成，这篇檄文倒是成了中国文学史上的传世佳作了。

檄文一开始就先揭武则天的短：“伪临朝武氏者，人非温顺，地实寒微。昔充太宗下陈，尝以更衣入侍，洎乎晚节，秽乱春宫。”你是太宗的妃子，却勾引太子李治。“春宫”指的是太子。“入门见嫉，蛾眉不肯让人；掩袖工谗，狐媚偏能惑主。”这是骂武则天是个狐狸精，跟现在骂小三的语言差不多。檄文还发出质疑：“一抔之土未干，六尺之孤何在？”高宗皇帝坟头土还没有干，他的儿子你给弄到哪里去了？这是唤醒全天下对武则天政权合法性的质疑。

结果武则天看到这篇骂她的檄文，却一点也没有生气，反倒问："这是谁写的？"周围人回答"骆宾王"，武则天说："这样的人才没有为我所用，是宰相的失职！"你看武则天的这种气度，确实是帝王的胸怀。什么叫帝王胸怀？就是能抛却个人好恶，一切事情站在政权利益角度加以考虑。武则天能当皇帝不是偶然的。

武则天调动30万大军讨伐徐敬业。叛乱很快就被平息了，一是因为叛军的实力和朝廷大军没法比，二是因为徐敬业动机不纯，他打出的旗号是匡扶唐中宗，但是却没有挥师北上，而是割据金陵，也就是南京。据说南京风水好，地形是虎踞龙盘，自古有句迷信的话，说是"金陵有王气"，占据这个地方的人能得天下。顺便说一句，"金陵有王气"不知道是哪位杜撰出来的，从历史上来看，此地建立起来的王朝，王气经常不见，"一片降幡出石头"倒是常态。这次倒霉的就是徐敬业，他占据这里是想沾点"王气"，称霸一方，实现个人野心。他的政治旗号与实际行动不符，所以难以获得广泛支持。于是朝廷军队势如破竹，叛军迅速瓦解，徐敬业想找条船跑到朝鲜半岛去，途中为部下所杀。

徐敬业叛乱使得武则天警觉起来，要想站稳脚跟，必须清除异己，所以朝内她开始大搞酷吏政治，杀了很多人。在江南地区，她则需要恩威并用，因为这个地区比较复杂。南方地区自东汉末年以来长期处于和中原分裂的状态，西晋有过短暂统一，后来又分裂，一直到隋文帝时期才重新统一，此时距离武则天也不过百年历史。也就是说东汉以来南方分裂的时间比统一时间还要长，所以这里风土人情、民心向背和北方都有区别。这次徐敬业叛乱，江南有不少地区响应，徐敬业大军最多的时候有10多万人，很多地方官和民众参与其中。徐敬业失败了，可是这些人还在，怎么处理他们？查出暗藏的叛乱者当然是必要的，可是又要避免打击面太广，任务很棘手。徐敬业叛乱第二年，武则天就想派人巡视各地，但是遭到不少人反对，大臣、文学家陈子昂就曾经提出，派去的人要"先常雅合时望，为众人所推。慈爱足以恤孤茕，贤德足以振幽滞，刚直足以不避强御，明智足以照察奸邪，然后使天下奸人畏其明而不敢为恶也，天下强御惮其直而不为过也，天下英杰慕其德而乐为之用也，天下孤寡赖其仁而欣戴其德也。夫如是，然后可以论出使”[14]，也就是说派出去的人不仅要有德行，还要有能力，要让天下无论是奸人还是强人、英杰、鳏寡孤独都能够服他，此人要有慈爱的心抚恤孤贫，要明察秋毫洞察善恶，您现在派的那都是什么人啊，连市井之人都知道那些人不行。与其如此，不如不派。

武则天一想也是，叛乱刚平息，很敏感的时候，派去的人一定要合适，满朝一看，狄仁杰合适啊！于是狄仁杰先是被派往山东、河南一带巡视。公元688年，徐敬业叛乱后的第四年，狄仁杰正式被委任为江南巡抚使，前往江南这个敏感地区巡视。看来在武则天心目中，狄仁杰就是陈子昂描述的那样的人。

当时的江南暗流涌动，民间有传言，说是徐敬业、骆宾王等人没死，躲起来了，当年死的是替死鬼。有本书叫《纪闻》，记载了一种说法，说徐敬业带领几十个部下躲进大孤山，出家为僧，法号住括，后来来到南岳衡山，住在一个寺庙里。徐敬业向众位僧人坦白，说：“我就是徐敬业。当年起兵杀人不少，现在修行多年以求解脱。”说完就死了。还有本书叫《本事诗》，说徐敬业和骆宾王都没死，徐敬业跑到衡山为僧，骆宾王跑到著名的杭州灵隐寺出家为僧。武则天得到的徐敬业、骆宾王首级是官兵杀了两个相貌像他们的人冒充的，属于山寨版的。这书还说后来唐朝诗人宋之问借宿灵隐寺，夜半不能寐，想到钱塘美景，于是赋诗，刚赋出“鹫岭郁岧峣，龙宫锁寂寥”两句就无法联下去了。此时一个老僧正在燃灯坐禅，问他何故烦恼，宋之问以实情相告，老僧笑道：“何不道‘楼观沧海日，门对浙江潮’？”宋之问得此佳句兴奋不已，后来才知道该老僧就是大才子骆宾王。这首诗名叫《灵隐寺》，后来成为人们争相传诵的咏钱塘江潮的名句。

这些事儿是真是假，我没法回答。反正古人总有种习惯，死于乱兵

的名人往往被传言没有死，跑了，躲起来了。比如杨贵妃，正史都说她死在马嵬坡，民间偏偏就传言说她没有死，连日本人都来凑热闹，说她跑到日本去了。明朝建文帝，应该是死于城破之后的大火之中，可是找不到尸首，于是民间传说他没有死，跑了，出家为僧了，还有说他跑到海外去了，据说郑和下西洋有个任务就是寻找他。李自成，清朝官方说他死于九宫山，但是民间说他跑了，出家为僧了。

徐敬业这事情，可能当时就有谣传，说他躲起来了。武则天也许也有担心，你说那时候也没个 DNA 验明正身，纵然有首级也无法完全肯定这就是徐敬业啊。那么怎么办？派人去江南巡视一下，一方面镇抚这个叛乱策源地，一方面暗查徐敬业传闻的真假，这是顺理成章的行为。因此，狄仁杰此时巡抚江南就难免让学者有这方面的推测。

您不觉得狄仁杰写给项羽的檄文有讽刺徐敬业占据江南不识天命的味道吗？还记得那里面的话吗？“潜游泽国，啸聚水乡，矜扛鼎之雄，逞拔山之力，莫测天符之所会，不知历数之有归。”您要说这是骂项羽的话，我看倒更像是骂徐敬业的话。因为项羽这人大家知道，虽然起兵于江东，但是他的主要事迹都发生在黄河或者淮河流域。比如巨鹿之战发生在河北，鸿门宴发生在关中，垓下之战发生在安徽淮北地区。他的大本营彭城就是徐州，那也是淮河流域，这些地方在古代一般不会被称为“泽国”、“水乡”，“泽国”、“水乡”一般是形容江南的。项羽在江南那可是一位顶天立地的大英雄，带着八千子弟兵打天下，失败了无颜见江东父老，不肯过江而自杀，什么时候“潜游泽国”来着？

即便说项羽没有起兵前生活在江南地区，狄仁杰说的“潜游”指的是那时候，但那时项家也是响当当的楚国旧贵族，地方名人。项羽的爷爷是鼎鼎有名的楚国大将项燕，秦始皇统一六国狂飙突进的时候，楚国最后的保卫战就是项燕打的，而且给秦军造成了极大的伤亡。秦军在那个时候可是很少遇到这样的败仗的，于是换帅增兵，举全国之力进攻项燕，最后项燕不敌，壮烈殉国。楚人爱国主义思想历来非常强烈，对项家的功绩十分尊重，所以项羽叔父项梁举兵反秦时才能获得那么广泛的支持。所以说项家绝非潜游的草寇。狄仁杰饱读诗书，自然明白这一点。我个人觉得，这段话很有可能是讽刺有可能潜伏在江南地区的徐敬业的。

当然，狄仁杰是不是负责查找徐敬业，这事情在正史里没有留下明显的痕迹，即便武则天真的给了狄仁杰这个任务，一定也是秘密任务，武则天不愿意让这个未经查实的消息搞得人心惶惶。狄仁杰只能暗访，所以没有留下明确的史料记载。不过狄仁杰巡视江南之后，江南形势稳定，武则天再也没有为这个事情操过心。

狄仁杰自江南回来不久，马上又有第三场火等着他去善后，而这一场火给他带来了口碑，但是也带来了一场无端的祸事，怎么回事呢？我们留待下讲。

注释

①《新唐书》卷一〇〇《韦弘机传》。

②《资治通鉴》卷二〇二。

③参见《朝野佥载》卷一。

④《旧唐书》卷八四《刘仁轨传》。

⑤《论语·泰伯》。

⑥《孟子·梁惠王章句下》。

⑦《朝野佥载》补辑。

⑧关于这个问题，请参看杜文玉：《狄仁杰本传》，西安：三秦出版社，2000年版。

⑨《旧唐书》卷六七《李勣传》。

⑩这里顺便说一下褚遂良的缺点，褚遂良虽然有时慷慨激昂，看起来很有正义感，但是也有过几件丑事见不得阳光。比如太宗在世时

他曾经诬告大臣刘洎，导致刘洎被赐死，大家都对他很有意见。此事见《大唐新语》卷一二《酷忍》。另外，高宗即位之初的永徽元年(650)，担任中书令的褚遂良还曾经以势压人，强买中书译语人(翻译)史某的住宅，这种以权谋私的行为遭到了御史的弹劾。见《唐会要》卷六一。

⑪《旧唐书》卷八〇《褚遂良传》。

⑫参见《酉阳杂俎》卷一二。

⑬《资治通鉴》卷二〇一。

⑭《唐会要》卷七七。

第四讲 人生过山车

狄仁杰巡抚江南，安定了当地的局势之后，他回到了长安。但不久唐朝又发生了李唐宗室叛乱。叛乱被镇压后，狄仁杰再次受命去安定当地局势。但就在此时，武则天又因为一件事情，把他贬官外放，在武则天即将改朝换代的敏感时期，狄仁杰的命运可谓是跌宕起伏。那么，狄仁杰经历了哪些人生的起落呢？

上一讲说到狄仁杰像个消防员一样到处处理危机事务，就在狄仁杰从江南回来不久，另一场叛乱爆发了。这场叛乱还是针对武则天的，发动者是唐朝宗室。此时的武则天大权在握，当皇帝的势头已经非常明显了，可谓咄咄逼人。李唐宗室感到自己非但地位不保，连身家性命都不保，所以奋起自救。

这些宗室多半在外地当官，平常下面就有秘密联络。他们中辈分最高的是常乐公主，是唐高祖的女儿，论辈分武则天得叫她姑姑。常乐公主嫌这些宗室磨磨叽叽的，一点也不纯爷们儿，于是激励这些宗室，说："为我语越王：昔隋文帝将篡周室，尉迟迥，周之甥也，犹能举兵匡救社稷。功虽不成，威震海内，足为忠烈。况汝诸王，先帝之子，岂得不以社稷为心！今李氏危若朝露，汝诸王不舍生取义，尚犹豫不发，欲何须邪！祸且至矣，大丈夫当为忠义鬼，无为徒死也。"[①]意思是现在李家已经如同朝露一般朝不保夕，真不明白你们还在犹豫什么，男子汉大丈夫要死也要当个忠义鬼，不要白白死在武氏手里！唐朝女人都比较厉害。

这时传来消息，说是武则天要召集各地宗室入朝，宗室们这下激动了，传言说武则天打算借这个机会屠杀他们，于是大家暗中准备起兵，但是可惜，人心不齐，偏偏就有人把消息泄露给了武则天，结果宗室们

只好仓促起事了。

博州刺史琅玡王李冲率先发难，在今天山东聊城一带起兵，结果因为武则天早有预备，所以中央迅速扑灭了他的叛乱，李冲被部下杀死。从起兵到失败，李冲的叛乱只维持了 7 天。中央军队进入博州城，官吏百姓都出来投降，结果却遭到了大屠杀。

李冲的父亲是越王李贞，此时正在豫州担任刺史。听说儿子起兵了，他也起兵响应。武则天发兵 10 万讨伐他。李冲失败的消息传来后，李贞刚开始很恐慌，想自首投降，但是此时有部下带着 2000 多兵马来投奔他，他一下子振作起来，决心拼死一搏。为了不打击士气，他向部下隐瞒实情，骗他们说："琅玡王起兵很顺利，已经攻破了魏州、相州，现在有兵 20 万，马上就来接应我们。"可惜他兵力太单薄，只有区区几千人，人心惶惶，李贞甚至请和尚道士做法，给战士戴符，想给大家打打气，结果还是抵抗不住 10 万中央大军，很快兵败如山倒。有部下从战场上返回，鬼头鬼脑地询问李贞的所在，一看就知道是想杀李贞献给官军以求自保，李贞的随从劝他："事已至此，没什么办法了，您还是早点定夺，不要受辱。"于是李贞自杀了。

其他宗室呢？由于李冲、李贞起兵很仓促，他们没有来得及起兵响应，所以他们的叛乱就这么窝囊地失败了。中国历史上的宗室有个定律，打天下时期的宗室一般都是骁勇善战的，堪称君主的左膀右臂。坐天下时期的宗室往往腐朽得最快，体现就是除了宴乐、游猎、纳妾之外干什么都窝囊，这些宗室们就是个典型例证。

武则天对这些宗室展开了残酷镇压，被杀的有韩王李元嘉、鲁王李灵夔、范阳郡王李蔼、黄国公李譔、东莞郡公李融及常乐公主等。一时间朝廷内外血雨腥风。

李贞所在的豫州就是今天的河南汝南，距离洛阳不远。洛阳是武则天的大本营，所以叛乱平息之后，狄仁杰这个模范消防员立刻被派到豫州任检校刺史，做善后工作。武则天当然是希望狄仁杰在这里好好纠察叛党，痛下杀手。但是狄仁杰有自己的行为准则。

刚到豫州，手下报告说和叛党有勾结的人有好几千，官府想把他们杀掉。狄仁杰认为杀人越多越不利于形势稳定，因为你想啊，宗室谋反，是在秘密状态下仓促进行的，这么多军民不可能事先参与谋划，多数是被裹挟着稀里糊涂参加叛乱的，你杀了他们，等于给自己树敌。于是狄仁杰密奏武则天说："臣欲显奏，似为逆人申理；知而不言，恐乖陛下存恤之旨。表成复毁，意不能定。此辈咸非本心，伏望哀其诖误。"[②]这些人都是受人蒙蔽，我为他们说话，有为罪人说情的嫌疑。但是假如就此缄默不语，又违背了您仁爱的本意。恳请武则天宽恕他们。武则天听从了狄仁杰的建议，将他们流放了。这些人捡了一条命，带着对狄仁杰的感激上路了，路过宁州，当地人说："是我们狄使君使你们活命的吗？"前面说过，狄仁杰曾经在宁州当刺史，而且很有政绩，当地人感激狄仁杰，对他很有感情，所以亲切地称他为"我们狄使君"，"使君"是唐人对刺史的称呼。宁县百姓为狄仁杰立过一座德政碑，这些流放人员见到此碑无不感动痛哭，在碑下设斋三日才重新上路。

豫州这件事情，为狄仁杰在民间赢得了极好的口碑，他就是这样四处奔忙，在这个多事之秋尽力维持国家的稳定。可也就是在豫州任上，狄仁杰给自己招来了一场大麻烦，导致被贬职。但是不久以后，狄仁杰又被重新提拔，最后成为宰相，但是很快又被投入监狱。短短数年内，狄仁杰的人生可谓过山车一般跌宕起伏。我们来看看他的这三个阶段。

第一阶段：为民说话遭遇贬官

狄仁杰在豫州不是有功吗，怎么招来麻烦了呢？原来狄仁杰和军方发生冲突了。

事情仍然和宗室叛乱有关。叛乱发生的时候，大臣张光辅被委派为诸军节度，率军镇压。朝廷军队军纪不好，滥杀无辜，当时平定博州的时候，博州老百姓主动开门投降，官军却杀害他们，一千多家惨遭灭门。在豫州，要不是狄仁杰的话，估计也要杀很多人。而且这些将士仗着平叛有功，向地方上索取无度，这样会给当地民众造成沉重负担，于是狄仁杰根本不买账。张光辅十分恼怒，找来狄仁杰一通训斥：“你是轻视我这个元帅吗？”仁杰回答说：“乱河南者，一越王贞耳。今一贞死而万贞生。”[③]倒下一个越王贞，起来更多的越王贞。张光辅更恼了：“你这话什么意思？”狄仁杰回答说：“你率30万大军平叛，却对军队不加约束，无罪之人，肝脑涂地。豫州城的百姓本不是真心谋反，是被胁迫而已。官军来了的时候，翻越城墙来归顺的成千上万，他们从城墙上垂下绳子逃跑，城墙四周都被踩出路了。你却放纵士兵杀害这些归降之众？他们的冤情，恐怕都上达天庭了。你这不是为朝廷树敌吗？我要是有一把尚方斩马剑就好了，我砍到你的脖子上，杀了你我虽死无憾。”狄仁杰在皇帝面前说话都很强硬，面对滥杀无辜的张光辅，狄仁杰更是气不打一处来，结果越说越生气，最后说出来这么一句。

什么叫“尚方斩马剑”？就是咱们老百姓平时说的尚方宝剑，戏文里大臣拿着尚方宝剑，上斩昏君下斩奸臣，威风。不过那是虚构的。“尚方”是汉代一个政府机构的名称，负责给皇帝制作各种御用器具，包括刀剑。斩马剑是一种长剑，可以用来劈砍战马的腿。汉代有个大臣叫朱云，在汉成帝面前弹劾一个奸臣，曾请求皇上给他一把尚方斩马剑砍掉奸臣的脑袋，汉成帝大怒，想杀他，朱云坚持己见，最后汉成帝让步了。尚方宝剑可以先斩后奏那是明代的事情，皇帝给大将赐尚方宝剑，给予一定的生杀予夺的权力，不过就是明朝也没听说过可以拿尚方宝剑砍昏君脑袋的，那都是艺术虚构。狄仁杰这里是在用典，用汉代朱云的典故把张光辅比作奸臣。

张光辅当然不干了，你想人家宰相级别，你狄仁杰一个刺史，再加上此时他又代表着军方，自然底气十足，马上就向武则天告状，给狄仁杰栽了个罪名——“不逊”，以下犯上。武则天这时候的抉择就有些微妙了。她选择的是支持张光辅，贬狄仁杰去复州当刺史，复州在今天湖北，级别比豫州要低，所以狄仁杰由豫州刺史变成复州刺史是被贬官了。

武则天不是不知道狄仁杰和张光辅之间孰是孰非，也不是不知道狄仁杰的人品，那么她为何选择惩办狄仁杰？有时候政治这个东西，不是做算术题，对就是对，错就是错，狄仁杰即便是正确的，此时也不便支持他，为什么呢？

大家想想此时的国家正处于什么状态。几年之内，两场重大叛乱，从朝臣到宗室，武则天遭遇了很大的阻力，这是她走向皇权宝座前必须经历的考验。两场叛乱不仅给社会带来了动荡，在朝廷里也引起了强烈"地震"。武则天在两场叛乱后加强了对宗室和朝廷内异己分子的镇压，而且手段很决绝、残酷，大有一种宁可错杀不可放过的做派。早先徐敬业叛乱的时候，她就杀掉了首席大臣、宰相裴炎，理由是裴炎和徐敬业暗地勾结，实际上根本的原因是裴炎一直对她的统治有异议。唐高宗去世的时候，裴炎可是受遗诏辅政的，是顾命大臣啊，所以裴炎很傲气，经常不买武则天的账。武则天想给自己的先祖封王，裴炎反对，举的例子竟然是汉代吕后给吕家子弟封王导致吕家家破人亡的故事，吕后当时给吕家子弟们封王，还给兵权，最后她刚去世，大臣们就发动兵变铲除了吕家。这是在借吕后的故事讽刺武则天，武则天当时就不高兴，说："吕后那是给活人封王，我这是给先祖封王，怎么能如此比喻。"裴炎说："那也要防微杜渐。"徐敬业叛乱的时候，武则天问裴炎如何平叛，他的回答是："您只要还政给皇帝，叛乱自然就消失了！"注意啊，这话和叛军提出的政治主张很接近，有想拍武则天马屁的人借机弹劾裴炎谋反，武则天将裴炎抓起来，把他杀掉了。

有唐代笔记小说说裴炎曾经和徐敬业暗自通信，信件被武则天的人截获了。信上只有"青鹅"两个字，谁都看不明白，武则天聪明，一下子把这封密码信给破译了。她说这两个字可以拆分为一句话："十二月我自与。""青"是"十二月"，"鹅"是"我自与"，意思是等到十二月我配合你，这不就是裴炎谋反的铁证吗？不过这个故事大概不可信，两部正史《旧唐书》、《新唐书》里都没有采纳这个史料。当时裴

炎被抓之后，曾经在朝臣中引发了激烈的辩论，大家分为两派，有人说裴炎肯定是反贼，有人说肯定是冤枉的。要是有这样的证据，也就没有辩论的必要了，可是辩论双方都没有引用这个证据，所以说此事大概只能视为稗官野史。

武将当中也有被杀的，有个大将叫程务挺，是员骁将，突厥人最怕他。但是他站错队了，裴炎被诬告不是引发大辩论了吗？程务挺站出来为裴炎说话，裴炎死后他也被抓了，罪名是和裴炎、徐敬业同谋，最后也被杀了。他被杀之后，突厥人那叫一个高兴，喝酒庆祝，然后还给程务挺立个祠堂，当军神来拜，每次出征前先拜一拜。

一番大清洗之后，震怒的武则天召集群臣训话，问他们："你们自己揣摩一下，有谁地位高，能超过裴炎？有谁是名门之后，身份超过徐敬业？有谁战无不胜，武功能超过程务挺？这三人我已经制伏了，你们要觉得自己不如这三个人，就老老实实的；要是觉得自己比这三人强，那你们要造反就赶紧来！"群臣吓得战战兢兢不敢说话。

宗室叛乱之后，武则天又进一步加强了对宗室的清洗。在徐敬业叛乱以后她就一方面鼓励告密，一方面大搞酷吏政治，此时更是日甚一日，朝廷弥漫着一种恐怖气氛，成百上千的大臣和宗室遭到屠杀或者流放。

那么此时张光辅与狄仁杰发生冲突了，武则天就要从她的需要考虑问题。这个时候她需要什么？她需要的是制造政治高压态势，不能轻易松懈。张光辅代表的是军方，且刚刚镇压了宗室叛乱，而他和狄仁杰发生冲突的导火索是军方滥杀无辜以及向地方索取物资不得。如果支持狄仁杰，则会不会给反对派释放一种信号，似乎太后对高压政策有所松动？或者说武则天对军方表达某种不满？专制社会里没有透明的途径，人们对政治上的事情，往往就是靠这些蛛丝马迹加以揣测。有个比喻，这叫"地毯下的斗争"，斗争在进行，可是人们只能从地毯的颤动来揣测发生了什么事。在目前这个非常时期，张光辅自然占便宜，因为他有"势"，他代表着此时武则天的政策；狄仁杰吃亏，因为他那种仁政思想起码在这个时候不符合武则天的需要。所以武则天的选择是支持张光辅，贬斥狄仁杰。狄仁杰被迫离开了豫州。

可是人算不如天算，张光辅一时得意，没过多久却被武则天的高压政策送上了西天。原来徐敬业有个弟弟叫徐敬真，徐敬真原本被流放到广西去了，后来设法逃脱，想跑到突厥去，但是在河北地区被官府抓住了，帮助他逃跑的官员被杀了。

徐敬真想活命，又听说武则天此时鼓励告密，举报谋反者有赏，所以他就想抓住这一根救命稻草，开始编，使劲编，以前和他相识的那些人倒霉了。徐敬真搜肠刮肚把这些人全都举报了，基本都是些莫须有的罪名，为了活命嘛，所以他胡说八道。但是武则天相信这个。这些人多数被杀了，其中就包括张光辅，罪名是领兵驻扎豫州期间，私自议论天文图谶，想观望天下成败。这在古代是大罪，因为古人相信所谓“天人合一”，天文异象可以预测政治形势，私下议论或者推算，这是死罪。尽管张光辅是被诬陷的，但是武则天宁可错杀不可放过，因此张光辅被杀了，而且是和告他的徐敬真一起被杀的。按说此人以前也是个能干的官吏，但就这样稀里糊涂送命了。他曾经滥杀无辜，也算是罪有应得。

第二阶段：初任宰相

虽然遭到了贬斥，但是狄仁杰不久就重新返回朝廷，而且当上了宰相。狄仁杰毕竟是个潜力股，这人的品德能力在朝廷内外都是有口皆碑的。当时武则天从全盘考虑，不得不割肉出仓了，但是时刻惦记着回购呢。

狄仁杰被贬到复州担任刺史仅仅一年，就被任命为洛州司马，司马是地方官的副手。洛州司马靠近权力中枢，很重要的职位，这是狄仁杰复出的序幕。就在这个时期，大家预料中的改朝换代终于发生了。

武则天想当皇帝，有的人也盼着她当皇帝，心情比她还迫切，谁呢？武家子弟嘛。武则天不称帝，他们永远是外戚，武则天称帝了，他们就是皇族，而且还有可能继承皇位啊。这里面最积极的就是武则天的侄子武承嗣。此人就最想当皇太子。

垂拱四年（688）四月，武承嗣搞了一个小把戏。他找了块白石，凿了“圣母临人，永昌帝业”八个字，然后用紫石药物填充进去，指使人献给武则天，说是在洛水中得到的天然石头。那你看这不是天意？一块天然的石头上出现这么八个字，那不是说您是说谁呢？武则天很高兴，认为这是吉兆，老天要她当皇帝了。你说她不知道这是把戏吗？恐怕是知道的，但是她现在需要这种所谓的舆论氛围，所以这出戏要演下去。她把这个石头叫做“宝图”，后来又改名“天授圣图”，自己改号“圣母神皇”，白石发现地设置“永昌县”，在十二月举办了一个极其盛大的“拜洛受图”典礼，她率领着皇帝、百官浩浩荡荡来参加。

上有所好，下必甚焉。武则天喜欢别人为她当皇帝造舆论，那么就不断有人迎合她。天授元年（690）七月，有僧人献上一部佛经，名字叫《大云经》，这部佛经和当皇帝有什么关系呢？原来《大云经》里说将有一个女人出来当王，“即以女身，当王国土”。这个多好啊，可以对抗儒家那个“牝鸡之晨，惟家之索”。这部经书跟那块石头不一样，还真不是伪造的，十六国时期就已经进入中国并被翻译成汉语了，但是现在它被赋予特殊的使命了。武则天的情夫薛怀义率领着一干人马又做了个《大云经疏》，大大地将经文发挥了一番，宣扬武则天就是佛经里的那个女王。武则天一生佞佛，这个佛经更让她坚定了信心。

到了这一年的九月初，舆论造势到了顶点。900多个关中百姓到洛阳来劝进，劝武则天称帝，武则天一看人数不多，没明确表态，结果马上就有包括百官、宗室、外国酋长、和尚道士、百姓在内的6万多人浩浩荡荡来请愿，拥护武则天当皇帝。还有人报告说：“大喜啊，刚才凤凰都飞到洛阳上空转了一圈了。”连唐睿宗都不得不请求把自己降为皇嗣，赐姓“武”。武则天高兴，时机成熟了。于是挑了个大日子，这一年的九月九日，武则天御则天楼，正式称帝，改国号为周，大赦天下，实现了她当女皇的夙愿。

那么此时的狄仁杰在干什么呢？狄仁杰此时担任洛州司马。他对此事是什么态度，做了什么，史料中缺乏记载。他支持武则天还是反对武则天呢？一个对武则天时代产生重大影响的人物，后人难免对他此时的态度产生好奇啊。我们可以对此揣测一下：

第一，可以肯定狄仁杰没有公开反对武则天，即便他对女皇当权有看法，在这个当口也只能心里想想。狄仁杰在不在那劝进的6万多人里面，没有史料，无从判断。但是当时政治形势那么紧张，假如狄仁杰站出来公开反对武则天，命都难保，也就没有后面的故事了。所以说他起码没反对。

第二，狄仁杰此时对武则天的态度估计处在一种矛盾纠结状态中，一方面他的儒家思想决定了他对女性当权肯定有看法，一方面武则天的能力有目共睹，当时国内还真没有人能取代她。武则天死后很久，唐朝人还称赞她，说她在位期间，“天下晏如不让贞观之世”，意思是武则天时代和唐太宗时代一样安宁。虽然武则天又是镇压叛乱，又是大搞酷吏政治，表面看起来很是折腾，很恐怖，可是大家要看到，这都是针对上层社会的，不是针对老百姓的，要不怎么徐敬业叛乱和宗室叛乱的时候多数老百姓都很漠然呢？因为老百姓最务实——只要生活能过得去，我管你城头变幻大王旗。农业社会就是这样，是静态的社会，农民对上层权力斗争是漠不关心的，除非权力斗争影响到这种静态。武则天时代，总的来说国力还是稳步上升的。中国自古有“革天命”的传统，良臣择主而事。狄仁杰这人很务实的，他不见得忠于武周政权，但是对武则天个人还是很忠心的。这就决定了他不大可能公开反对武则天。

第三，狄仁杰对武则天的态度前后是有所变化的，关键涉及一个很现实的问题，就是继承人问题。武则天刚刚称帝的时候，皇嗣还是李旦，还是李家人，这意味着武则天死后李唐自然就复国了，因此包括狄仁杰在内的很多人都采取了默认的态度。后来狄仁杰当宰相后曾经公开对武则天讲：“陛下身是高宗皇后，是给高宗监国的，政权是要归还李唐的。”武则天对此也只有打哈哈。狄仁杰晚年预谋政变，主要是针对武家子弟和武则天面首二张，因为形势有变化了，那时候武则天老了，武家子弟撺掇着想当太子，二张也在弄权。狄仁杰早就对这一伙子败家子有认识，知道他们是祸害，这个时候就不得不通过一些手段帮助李唐复国。

不过需要说明的是，武则天称帝那一年的狄仁杰，政治态度无关大局，他对国家的影响力还很有限。为什么这么说呢？虽然大家承认狄仁杰是个能臣，可是毕竟此时他只是个洛州司马，从四品下，又没有兵权，你让他如何对武则天称帝这件事产生重大影响呢？这是个客观事实。

那么狄仁杰何时开始登上政治最高舞台呢？机会很快就来了。武则天称帝的第二年，公元 691 年九月，狄仁杰被任命为地官侍郎、判尚书、同凤阁鸾台平章事，正式成为宰相了，这是他第一次任相。这一年狄仁杰 62 岁。从 30 岁左右出道，到当上宰相，狄仁杰奋斗了 30 多年。

武则天称帝的过程，伴随着严酷的镇压，这时候的武则天非常敏感好斗，太后中的战斗机，谁敢阻拦我称帝就是一个死，杀戮风暴一直到她的皇位坐稳了才结束。这个时候宰相级别的官员除了前面提到的裴炎、张光辅之外，被杀或者被流放、被免官下狱的短短三四年间就有七人之多，大清洗的力度之大，可谓空前。旧宰相被清除了，武则天自然要提拔新的宰相，一朝天子一朝臣嘛。武周已经取代李唐了，武则天自然要用自己最放心的人，狄仁杰就此登上了宰相的宝座。

狄仁杰刚登上相位一个月，就小试牛刀，把武则天规劝了一次。他发现这个新皇帝好像还处在亢奋状态中，刚当皇帝嘛，新鲜劲还没过，什么事都想管，鸡毛蒜皮一把抓。有一次一个太学生想回乡探亲，竟然向武则天请假，武则天还专门发敕文批准。狄仁杰一看这算什么事啊，你是辅导员还是班主任啊？他就劝武则天，别什么事都管，该放权就放权。他说，皇帝只应该掌握生杀大权，其余事各自有各自的主管部门，您干吗什么事都管？“若天子为之发敕，则天下之事几敕可尽乎！”[④] 学生请假这样的小事儿都专门发敕文，您能把天下事都发敕文解决不？立好制度不就行了。武则天连声说好。

就在狄仁杰达到人生最高峰之后不久，他迎来了一个新的阶段，一个黑暗的阶段。他遭到了诬陷，被投入了监牢，而且命在旦夕，人生的过山车跌入了一个深渊。究竟怎么回事，我们留待下讲。

注释

①《资治通鉴》卷二〇四。

②《旧唐书》卷八九《狄仁杰传》。

③《旧唐书》卷八九《狄仁杰传》。

④《资治通鉴》卷二〇四。

第五讲 身陷囹圄

狄仁杰在洛州刺史的岗位上，没有工作多长时间，武则天就把他提拔为宰相。但仅仅过了半年时间，狄仁杰就被免掉官职，投进了监狱。半年前提拔他的是武则天，半年后批准逮捕他的，还是武则天。在短短的半年时间内，狄仁杰的命运，就发生了天翻地覆的变化。在武则天的心目中，狄仁杰一直都是以能臣的形象出现，那么，武则天为什么还要对狄仁杰下手呢？在这短短的半年时间内，究竟发生了什么？

前面说过，狄仁杰于天授二年（691）九月出任宰相，结果次年一月，他就被捕入狱了，前后不到半年时间。他的第一次任相竟然是如此短暂。批准逮捕的正是武则天，武则天为何对她心目中这个能臣下手了呢？这事情前后经历了三个阶段，我们来看一下。

第一阶段：城门失火

狄仁杰下狱原因就在于遭到了酷吏的陷害，而酷吏政治正是武则天刻意营造的，她需要以此清除异己，为自己的登基和政权稳固打下基础。老实说，狄仁杰一开始并不是酷吏政治的主要目标，但是他遭到了牵累，被一起投入监狱。也正是狄仁杰的机智和运气，最后使得一干人等幸免于难。

酷吏政治是从徐敬业叛乱之后开始的。对于武则天而言，徐敬业叛乱让她极度震惊，因为徐敬业是李勣的孙子，李勣又是自己的恩人。前面说过，当年高宗要立武则天为后，以长孙无忌为首的一批老臣死活不答应，武则天甚至和高宗一起去长孙无忌府上拜谒，低三下四求人家，人家都不答应。最后还是李勣那句“此乃陛下家事，不合问外人”救了她，这句话拨云见日，一下子让高宗有了主心骨，终于下定决心立武则天为后，立后的典礼还是李勣主持的。可以说，没有李勣就没

有武则天的今天。她自认为对待李勣一家也不薄，怎么李勣的孙子就叛乱了呢？李勣的孙子都能谋反，还有多少人暗地里想谋反呢？怎么查出这些人呢？于是武则天决定建立告密制度，鼓励检举所谓谋反者。

为此武则天设立了一个匦检制度。什么叫匦检呢？就是设立一个大铜匦，用途就跟现在好多单位墙上挂着的意见箱差不多，不过武则天这个匦要比那些意见箱大多了，气派多了。放在地面上，铜做的，亮晶晶的，四面都开小口子（也有说是做了四个匦），涂有不同的颜色。青色的曰“延恩”，在东面，有关经济、农业生产的建议书可以投放进去；红色的曰“招谏”，在南面，议论时政得失的意见书可以投进去；白色的曰“申冤”，在西面，有上访诉冤的可以投放进去；黑色的曰“通玄”，在北面，有告发天文异象或者谋反阴谋者的可以投书其中。告密的人把状纸投入到小口子中，专门设置的官员负责管理铜匦，每天检查一遍。别人无权打开铜匦。

虽然看起来匦检不仅仅是为了告密而设，还有言政议政的职责，但是实际上它就是个告密箱，来的人都是为了举报所谓阴谋，因为武则天奖励举报密谋者。我估计另外三面可能都生了锈，只有那个“通玄”口磨得锃光瓦亮。

说来可笑，发明这个玩意的人叫鱼保宗，此人历来善于发明创造，搁到今天说不定可以发明个什么高科技 IT 产品，再在自己车库里成立个公司，用个咬过一口的茄子土豆什么的做商标……他给武则天发明了铜匦这个东西，意图是讨好武则天。但是没过多久，就有人在匦中投书，检举鱼保宗曾经帮助过徐敬业，为徐敬业制作过“刀车”，估计可能是镶有大刀片的一种战车，结果武则天根据举报把他给杀了。什么叫搬起石头砸自己的脚？这就是。

武则天奉行的宁可错杀一千，决不放过一个的政策，凡是被告密者举报的人，不问青红皂白，往往被下狱甚至处死。中国原有的传统是不准许家奴告主人，至少也不鼓励下级告上级，但是到这个时候规矩全变了。武则天规定，有告密的人，只要说一句“我去京城告密”，地方官就得好吃好喝招待着，然后通过驿站送人家入京，路上还不许打听“您去京城告谁呀”。告密有功的，当场就有奖赏。诬告的，也言者无罪。这就是挑动群众啊，结果四面八方来告状的络绎不绝。

被告发的人多了，就需要有人来处理案子，什么人呢？酷吏。酷吏不是酷在造型上，而是手段残酷。他们多半在执法机关任官，狄仁杰也是从执法机关出来的，可是此时的执法机关，已经不是狄仁杰他们那个时代的了，它已经变成了一个吃人的工具，所以那里面当权的人，与狄仁杰他们也截然不同，都是一些出身寒微但是性格残忍的家伙。这些人多数文化水平不高，脑子也不见得灵光，但就是狠毒，武则天此时就需要这些人。根据推翻武则天之后唐中宗发布的敕令，被认定为酷吏的人有 20 多个。这些人把朝廷搞得风声鹤唳，大臣们当官简直跟在看守所里等候判决一样难受，每天出门上朝前先跟家人诀别：“今儿个不见得能回来了啊，孩他娘你还年轻，找个好人家嫁了吧。”那您说干脆别当官了吧，那也不行啊，已经当官了，这阵子不当了，你是什么意思？你对太后是什么态度？更是死罪了。

在这种高压气氛下，狄仁杰这种正直的人很难独善其身。他被酷吏中最残酷、最狠毒的来俊臣盯上了。

第二阶段：殃及池鱼

来俊臣是长安人。他父亲叫来操，无业游民，是个赌徒。当年赌场赢钱，输钱的人没法还债，就把妻子送给了来操，此女与来操原本就有私情，来到来家的时候就已经有了身孕，生下的孩子就是来俊臣。那么这孩子是不是来操的血肉就是很可疑的，来操至少有百分之五十的可能当了个便宜老爸。这样的家庭培养出的孩子多半是不正常的。

小时候成长环境不正常，导致来俊臣生性残酷，心理变态，专门以折磨人为乐。当年他还是个市井无赖的时候，曾经在和州犯法被抓，那阵子武则天正鼓励告密，他想通过告密来换取免罪，告谁史籍上没有记载，但肯定是瞎告一气。结果刺史、宗室东平王李续把他打了一百杖，他老实了几天。李续后来被武则天诛杀，来俊臣来劲了，跑到武则天那里说李续不是个东西啊，您知道当年臣想举报的是谁吗？正是越王贞啊，要是臣当年能到您面前举报，越王贞还能起事吗？结果臣被李续一顿棍子打回去了。这纯粹是放马后炮，但是武则天相信。于是拜他为侍御史，成为自己的鹰犬。狄仁杰也担任过侍御史，同样是侍御史，这做人的差距咋就这么大呢？此人前后满门抄斩了上千家，加起来受害者起码上万人。和平时代竟然能出现这样一个不折不扣的屠夫！

此人对酷吏政治的发展做出了不可磨灭的“贡献”。武则天搞酷吏政治的初衷是举报谋反，起码还得有点影子吧，而他更进一步，干脆来个诬告，并且搞的还是系统工程。他们在全国布置网络，联合各地无赖，一处告密，其他地方必然响应。告的是同一人同一事，让武则天一看，你看看，多少地方的人都提供证据了，还能形成证据链条，不用问肯定是真的。就这样陷害了许多人。来俊臣还很得意，恬不知耻，把自己的经验写了个《告密罗织经》，还发明了许多刑讯逼供的方法和工具，比如制作了不同重量的十个大枷，还起了恐怖的名字，什么“定百脉”、“喘不得”、“突地吼”、“著即承”、“失魂胆”、“实同反”、“反是实”、“死猪愁”、“求即死”、“求破家”等等[①]。“定百脉”就是戴上大枷后封住你的脉门；“喘不得”当然就是让你喘不上气；“突地吼”就是趴在地上痛苦吼叫；“著即承”就是戴上大枷就招供；“失魂胆”就是戴上大枷就失魂落魄；“实同反”和“反是实”就是戴上大枷就承认谋反；“死猪愁”，死猪见了这个枷都发愁；“求即死”，戴上大枷之后生不如死，只求一死；“求破家”，不仅求自己一死，干脆你把我全家杀了吧，只要别让我受这个罪。搞酷刑就搞酷刑，还给刑具起了这么多奇特的名字，可见此人是乐在其中，这是完全的心理变态。另外他还经常用醋灌犯人鼻子，或者用火烤，或者不给饭吃，饿得犯人吃衣服里的丝絮。总之，只要是落到他手上，那就是生不如死，没有人不按他的意图招供的。

武则天觉得这人能干，在丽景门内设置了一个推事院，专门交给来俊臣用来审讯犯人。进入这个门的人，基本上是有去无回，人们用谐音称呼此处是“例竟门”，“例”是“照例”的意思，“竟”就是完蛋，意思是进入此门照例完蛋。

来俊臣为何诬告狄仁杰呢？和狄仁杰一起被捕的还有魏元忠、李嗣真等人，罪名是串通谋反，这里面实际明确记载得罪了酷吏的主要有魏元忠、李嗣真，其余人——包括狄仁杰——估计是酷吏们为了捏造一个所谓谋反集团给牵累进来的。不过人家找到狄仁杰头上也不奇怪，谁让你一天显摆什么一身正气呢。

魏元忠得罪酷吏，主要是得罪了郭弘霸。此人也是酷吏“明星”中闪亮的一颗，和来俊臣一样有惊世骇俗的“光荣事迹”。他以善于谄媚而著称，徐敬业叛乱后他向武则天表忠心，大骂徐敬业，说：“臣愿抽其筋，食其肉，饮其血，绝其髓。”[②]武则天大悦。这句话里有四个“其”，加上他在御史台供职，所以人们送他个外号叫“四其御史”。

魏元忠得病在家休养，郭弘霸来看望，又想取悦于魏元忠——下面我要说的这段够恶心，您可要有点思想准备——他主动去尝魏元忠的粪便，魏元忠见状大惊，还来不及阻拦呢，就听见郭弘霸说：“粪便要是发甜啊，这个病恐怕不得好。您的粪便发苦，说明快好了。”由这段话看来，郭弘霸还是这个行业的资深人士呢。魏元忠也是个疾恶如仇的人，把他恶心得实在不行，后来就把这事情在朝堂上传开了，大家都很鄙视郭弘霸。魏元忠就这样和酷吏结下梁子了。

李嗣真呢，得罪的是来俊臣。当时李嗣真官拜御史中丞，看不惯来俊臣的胡作非为，他给武则天上书，说：“臣闻陈平事汉祖，谋疏楚君臣，乃用黄金五万斤，行反间之术。项王果疑臣下，陈平反间果行。今告事纷纭，虚多实少，焉知必无陈平先谋疏陛下君臣，后谋除国家良善，臣恐为社稷之祸。伏乞陛下特回天虑，察臣狂瞽，然后退就鼎镬，实无所恨。”[③]意思是当年陈平为汉高祖献反间计，离间项羽君臣关系，导

致项羽猜忌部下，最终落了个自刎乌江的下场。现在来俊臣搞的案件虽然很多，但是绝大多数都是查无实证，虚多实少。我看您要小心这是又一个陈平式的阴谋，意图离间您和群臣的关系。这下好，直接把来俊臣打到敌对势力那一方去了。其实这倒也冤枉来俊臣了，来俊臣就是想以残酷手段博取武则天欢心，他还真不是潜伏者。李嗣真这一番话彻底得罪了来俊臣。结果酷吏们联手告李嗣真、魏元忠等人谋反，前面不说了吗，他们只要一告谁，就是群起而攻之。既然是谋反，那么只告魏元忠、李嗣真，这也不像个谋反集团啊，那就顺便把狄仁杰等几个人一起告进来吧。

在此之前，史料中没有狄仁杰和酷吏发生正面冲突的记载。狄仁杰被捕，总得有个具体的罪状吧，史籍只记载了酷吏栽给他的“谋反”的罪名，但是没有记录更具体的罪状。不过狄仁杰看来是清楚自己究竟是怎么被酷吏盯上的。怎么盯上的？说白了就是你没有对武周王朝献媚，没有去大唱赞歌。前面说了，狄仁杰没有公开反对过武则天称帝，而且辅佐武则天也是兢兢业业。但是他的心还是在大唐那边，可能他这种思想有所表露，而且以他的性格，不可能看得惯酷吏们的所作所为，所以被酷吏们看做眼中钉也不奇怪。

来俊臣将狄仁杰他们投入监狱，然后还给这些人讲政策。原来来俊臣为了省事，搞了个规定，那就是只要主动承认谋反，就有可能减免死刑。狄仁杰当时仰天长叹，说了这么一番话：“大周革命，万物唯新，唐朝旧臣，甘从诛戮。反是实！”[④]这句无奈的话充分反映了狄仁杰的心态，好吧，现在天下是大周朝的了，万物唯新，我这样的唐朝旧臣，理应除掉。也罢！也罢！我承认谋反。人在情绪变化激烈的时候，最容易袒露出真实想法。“唐朝旧臣”这句话充分证明了狄仁杰的真实心态。他明白，这是酷吏们在清理前朝旧人。

前面说过，狄仁杰原则性很强，但是手段很灵活，面对一线生机，他觉得有必要把握住，这样才能留住最后的希望，所以他未经酷刑就认罪了。

狄仁杰这么快服软，酷吏们有点喜出望外。来俊臣的部下判官王德寿觉得可以趁热打铁，他也想靠着诬告别人来谋求更高的官职，于是对狄仁杰说：“你这下子肯定可以免死了。我呀，也想谋个更高的官职，你帮我把杨执柔牵扯进来，可以不？”杨执柔是一个大臣的名字，此时武则天刚刚拜他为宰相。

狄仁杰一听就反感，但是还不动声色，问：“怎么牵扯进来？”

王德寿说：“杨执柔以前不是你的下属吗？你就说他与你是同谋就好了。”

狄仁杰猛然间是心如刀绞，自己无辜被投入监狱，违心承认谋反已经是无比的冤屈而且耻辱了，现在这些酷吏竟然如此看低我的人格，以为我是个软柿子，要我帮着他们诬告他人。悲愤之下狄仁杰高呼：“皇天后土，遣仁杰行此事！”然后站起来“以头触柱”，血流满面。王德寿吓坏了，他不了解狄仁杰，狄仁杰可以虚与委蛇以求保全自己，但是他绝对不会为了保全自己而牺牲其他无辜的人，所以他采取了最激烈的举措——自杀。他倒是没有死，却把王德寿等一帮子人吓着了，不仅再也不敢为难他，而且还对狄仁杰有了一丝敬畏，[5]这也给狄仁杰逃出生天创造了一个机会。

第三阶段：一线生机

狄仁杰等人的案了告一段落，来俊臣并没有履行诺言，给狄仁杰等人减免死刑，史书上记载说他把狄仁杰等继续关在苦牢里“待日行刑”，等着处死。在这个时段里，酷吏们由于忙着去陷害别人，对狄仁杰的看管有所放松。狄仁杰趁机从看守手里要来了笔和砚台，悄悄在被子上拆下来一块布头，在上面写了一份诉状。写给谁的诉状？写给武则天的。他要干什么呢？狄仁杰要告御状，直接向武则天申冤。他知道此时武则天仍旧在维持高压态势，正是多疑的时候，而自己这个案件，武则天满耳朵听到的都是酷吏们的一面之词，必须让她听到自己的声音。

狄仁杰把布头放到绵衣里，然后对王德寿说："天气逐渐热了，能不能把这件绵衣交给我家人，去掉里面的绵絮。"这里顺便说一下，唐代是否广泛种植使用我们今天所说的"棉花"还是个疑问，学界有争论。史书中这里的"绵衣"用的是"绵"字，一般情况下指的是填充蚕丝的衣服。这是题外话。

王德寿对狄仁杰已经放松警惕了，他听了这个要求，一点也没在意，于是准许狄仁杰把衣服交给了来探监的儿子狄光远。狄光远将衣服拿回家，一拆就发现了那张诉状，于是拿着它去向武则天喊冤。

此时的武则天，正面对着狄仁杰下狱而带来的舆论风暴。大家被告密和酷吏压制许久了，许多人敢怒不敢言，结果这次狄仁杰等七人下狱，一下子使得大家爆发起来。为什么此时爆发呢？因为抓这七个人引起众怒了。七人中狄仁杰、李嗣真均以正直而著称。魏元忠不仅正直，而且还是平定徐敬业叛乱时的监军。当时平叛大军内部对先打叛军主力还是先打叛军中较弱的一部争论不休，魏元忠站出来力排众议，建议先打弱旅，再攻主力，先易后难，有助于逐步增强朝廷军队的信心。最后主帅按照他的建议去打，果然收得良好效果。最终击败徐敬业也是靠他的计策，当时双方隔着一条溪水对峙，官军前锋首战失利，士气备受打击。魏元忠注意到此时风向有利，且敌人身处芦苇丛中，于是建议火攻，官军由此大获全胜。这样的人能是反贼？天下人都知道这是冤枉的。

于是有人以实际行动支援狄仁杰他们，比如李峤，武则天派遣他和其他官员复核狄仁杰一案。其他官员虽然知道狄仁杰等是冤枉的，但是均不敢说实话，向武则天复奏的时候还是按照来俊臣的口径说话。唯独李峤站了出来，他说："孔子说'见义不为，无勇也'，我岂能知道其冤枉而不敢伸张正义！"于是他上书武则天，痛陈狄仁杰等人的冤屈。但是武则天不听，把他贬官了。

李峤这个案件如此处理，说明武则天对狄仁杰这个案件的态度起码是宁可信其有不可信其无。要知道武则天的性格在她称帝前后是有变化的，称帝前以及刚称帝的那个阶段，是敏感而好杀的。她看待臣下是黑白哲学，非黑即白，没有中间路线，你要么为我所用，要么就是与我为敌。当年她还是太宗才人的时候就曾经体现出这种性格。太宗有一匹叫"狮子骢"的烈马，无人可以驯服，武则天自告奋勇说我以驯服烈马，但是需要三件工具，一是铁鞭，二是铁杖，三是匕首。她说，先用铁鞭抽，它不服，就用铁杖打它的头，再不服，那就用匕首断它的喉咙。这个故事说明了她的性格，前两下子是看你服不服我，不服的话那就是真的不为我所用了，那你也就没有存在的必要了，杀了吧。太宗听了都很惊讶这个小女子竟有如此性格。这里顺便说一下，太宗也是刚烈性格，两人性格相仿不能互补，从恋爱心理学上说，这一对不大可能美满。高宗就不一样了，高宗性格软，武则天强硬，刚好配对，互补。

武则天到了晚年，皇位也稳定了，自己年纪也大了，多疑好杀的性格也有了很大的改观，这也就给狄仁杰他们搞"阳谋"争取李唐复国创造了条件。但那是后话，此时的武则天还是处于第一阶段那种性格状态中，她基本上还是相信确实有很多暗藏的谋反者。再加上狄仁杰不是认罪了吗，没谋反的话干吗认罪？所以她刚开始并不打算释放狄仁杰他们。

然而朝中舆论一浪高过一浪，许多人冒着生命危险仗义执言，奏折像雪片一样飞向武则天。他们猛烈抨击酷吏政治，意见综合起来有如下几点：

第一，明君不为。酷吏政治不是明君应该搞的，历史上的明君无不以刑法宽松而著称。先皇太宗时期每年全国死刑不过寥寥数十例而已，现在这么多案件纯粹是鼓励告密政策的结果。

第二，上下离心。这么多谋反案基本上都是查无实据，所谓的反叛者都是冤枉的。这些无辜的人遭到残杀，亲者痛，仇者快，最终损害的是您的声誉。现在人人自危，上下离心，可用人才越来越少，不排除这是野心家行反间计，意欲铲除您的羽翼，进而谋求国家社稷。

第三，威权下移。酷吏政治破坏国家法制，法律条文和司法程序形

同虚设。他们滥杀无辜，原本生杀予夺的大权应该由您亲自掌握，现在威权下移，这帮子残忍无道的家伙正在侵夺您的权力。这是对皇权的冒犯。

一开始武则天对这些谏言表现得无动于衷，狄仁杰他们还是处于生死边缘。自打狄仁杰下狱，他就失去了与武则天正面接触的机会。武则天看到的是多处多人同时告发他谋反，然后拿到的是狄仁杰认罪的口供。可能在她看来，这算是铁证如山了。就在这个时候，她接到了狄仁杰儿子送上来的字条，有点吃惊："狄仁杰他们不是承认谋反了吗？怎么突然又喊冤了呢？"来俊臣回答："他们要不是谋反怎么可能自己认罪？我们对他们挺好的，连他们以前穿戴的衣冠都没有去掉。"言下之意囚犯们没有遭到虐待，供认都是心甘情愿的。

武则天还是有些疑惑，于是命令大臣周綝去监狱里一探究竟。来俊臣赶紧布置，让狱卒给狄仁杰他们换上干净的好衣服，在牢房西墙根排列成一行。然后才让周綝进去。这个周綝是个胆小鬼，他怕为狄仁杰说话会使自己遭殃，所以一进牢房眼睛竟然不敢看西面，始终对着东面的墙，唯唯诺诺。来俊臣一看乐了，这人真𡒄包，于是明目张胆让手下伪造了几份谢死表，假冒狄仁杰他们在上面签字，然后让周綝呈送给女皇。

武则天一看这些谢死表，无非又是些承认谋反的话。得了，视察也视察过了，谢死表也有了，这下子更靠实了。狄仁杰送出去的字条原本带来一线生机，眼看就要被掐灭了。

就在此时，一个关键人物出现了，这个人的出现将直接决定狄仁杰等人的命运。

这是个很特殊的人物，因为他的年龄很小，还不到 10 岁，史籍中没有记载他的名字，只知道他是前任宰相乐思晦的儿子。乐思晦在天授二年（691）六月被任命为宰相，十二月就被来俊臣陷害，遭到杀害，前后才半年的时间。罪名当然还是所谓"谋反"。他死后就是狄仁杰他们被捕了。

乐思晦全家都遭到了残杀，被满门抄斩，唯独这个小儿子，因为年龄很小，所以幸免于难，被发配到司农寺为奴。唐朝官员犯罪了家属往往连坐，女性被分配到掖庭宫当奴婢，男性往往被发配到司农寺当苦力。这个小孩子就这么保住了一条命。此时他要求觐见武则天。奇怪的是，武则天竟然准许了，一个皇帝正经八百在大殿上接见一个小孩子是超常规的事情。估计是反对酷吏的大臣们操作的结果，想让武则天听听这个酷吏政治受害者的声音。

于是在这一天的朝堂之上，满朝文武面前，一场绝地拯救正在展开，所有人的目光都落在这个小孩子的身上，他的出现能为狄仁杰的命运带来变化吗？且待下讲。

注释

①《旧唐书》卷一八六《酷吏传》。

②《旧唐书》卷一八六《酷吏传》。

③《旧唐书》卷一九一《李嗣真传》。

④《旧唐书》卷八九《狄仁杰传》。

⑤参见《旧唐书》卷八九《狄仁杰传》。

第六讲 拨云见日

狄仁杰等人被酷吏来俊臣诬告下狱，在当时的政治氛围下可以说命悬一线。最后案件真相大白，但他们仍被贬官外放，隔了一段时期后狄仁杰又被武则天重新起用。那么，武则天既然知道狄仁杰等人是无辜的，她为什么还要这么做呢？面对人生的起起落落，狄仁杰又会有怎样的反应呢？

朝堂大殿上，已故宰相乐思晦的幼子觐见武则天，这个受尽苦难的孩子要为所有酷吏政治受害者说话。

武则天见了这个孩子就问："你见朕有什么事？"这个勇敢的孩子说起话来不卑不亢，他说："臣父已死，臣家已破，但惜陛下法为俊臣等所弄。"[①]意思是我今日面见陛下，不是为了给亡父申冤。我父亲已经死了，我的家族已经完了，再多说也无益。但是我非常惋惜您的律法被来俊臣玩弄于股掌之间。

这个话说得很艺术，一开始就摆明自己不是为了给自家人喊冤，要是你给自己人喊冤，武则天估计都没耐心听。一个小孩子要谈谈政治大问题，武则天就一定要听下去。

武则天问："此话从何谈起？"

小孩子回答："陛下不信臣言，乞择朝臣之忠清、陛下素所信任者，为反状以付俊臣，无不承反矣。"[②]您肯定不相信我的话，但是您可以做个实验。请您在朝臣中挑选一个您最信任的人，然后把他交给来俊臣，我敢向您担保，这个人最终肯定会承认谋反。言下之意那都是刑讯逼供的结果啊。

这番话打动了武则天，前面说了，她相信狄仁杰谋反，除了酷吏们

的举报之外就是狄本人的口供，还有就是那几份所谓谢死表，乐思晦儿子的这番话使得她意识到了刑讯逼供的存在。这里问题就出来了，那帮子酷吏这么残酷，闹得沸反盈天的，刑讯逼供这种事以前难道武则天不知道？那些上书劝谏的大臣说过刑讯逼供的事情，但是武则天可能把这些看做是不同政见者的一面之词，不相信，或者说不愿相信。而且酷吏们会封锁相关消息，要给女皇造成一种印象，那就是所有谋反者都是罪行暴露供认不讳，不是刑讯的结果。再加上周綝那草包回来报告说囚犯们都衣着光鲜，没有受过虐待，眼见为实嘛，所以武则天原先是相信狄仁杰他们口供的真实性的。

听了乐思晦儿子的话，武则天终于决定亲自调查狄仁杰案。

她下令将狄仁杰等七人提到朝堂之上亲自进行审讯。这不得了，我前面说过，凡是进这个丽景门推事院的人还没有活着出来的，我估计狄仁杰他们出来的路上老百姓见了都觉得，今儿太阳是不是从西边出来了？怎么有人竖着从这里边出来了？以往都是横着出来的。

她问：“卿等为何承认谋反？”这话有意思了，她不是说你们谋反了没有，她问你们为什么不承认谋反。言下之意，武则天可能这个事情已经心里敲鼓了。

狄仁杰很诚实地回答：“假如不承认谋反，臣等早都死于拷打，不得已而为之。”

武则天又问：“那朕派人去调查，你们为什么要写认罪的谢死表呢？”

狄仁杰有点惊讶：“没有啊，臣等没有写谢死表。”

武则天命人将谢死表拿出来给囚犯们看，大家纷纷否认。武则天仔细再看，发现所有签名都是伪造的。武则天终于明白了——狄仁杰他们的案子是个冤案。

那下一步应该怎么办？大家是不是以为狄仁杰他们会官复原职，酷吏遭到惩罚，朝臣们欢呼解放，皆大欢喜？错了。武则天虽然搞清楚了事情的来龙去脉，但是她还是不动声色。她下令，狄仁杰等人免除死刑，但是全部贬官。其中狄仁杰被贬到彭泽县担任县令。彭泽县就是今天的江西省彭泽县。这还不算最重的，李嗣真、裴行本还被贬到岭南去了。唐代流放官员，根据罪行轻重被贬距离不同，岭南算是最重的。酷吏们呢？外甥打灯——照旧。

这就让人觉得气不过了，案件真相大白，应该严惩酷吏、抚慰狄仁杰等人啊，怎么会这样处理呢？前面说了，政治这东西不是做算术，对就是对，错就是错。武则天虽然心里明白了，但是她还是需要继续保持政治高压政策，不可能松懈，这是她的政治步骤，不能因为狄仁杰的案件而打乱。因此她就对狄仁杰等人来了个死罪已免，活罪难逃。虽然狄仁杰等人能从“例竟门”活着出来是个奇迹，但是这种处理还是难免让人们失望。

至于乐思晦的幼子，一个不到 10 岁的孩子挽救了几个高级官员，可谓创造了奇迹。不过史籍没有记载其下落，但愿他有个好的归处吧。

狄仁杰被贬官，那从律法上来说他还是有罪的。再加上酷吏们没有因为这个案件遭到惩处，所以气焰还是非常嚣张。有个酷吏叫霍献可，此人嗜杀成性，还是个善于迎风拍马的小人，而且很势利眼。当年当地方官的时候，狄仁杰遭遇贬官路过他那里，身上有病，想停留半日治病，霍献可拿个鸡毛当令箭，一个被贬的人还想治病？不行，愣把狄仁杰赶走了。后来狄仁杰当了宰相，估计他心里敲鼓了，怕狄仁杰报复他，纯粹以小人之心度君子之腹。

这回狄仁杰下狱，他上蹿下跳很是活跃。眼见狄仁杰免除死罪了，他着急了，再加上此时他背后还有人在指使，谁呢？武承嗣——武则天的侄子，最想当皇太子的那个家伙，他着急啊。狄仁杰这种正直人是他当太子的最大障碍，一定要除之而后快。所以他撺掇霍献可去给武则天上书，要求收回成命，一定要杀了狄仁杰他们。武承嗣这一点倒是没看错，最后狄仁杰就是坏他好事的人之一。

霍献可是大臣裴宣礼的外甥，而裴宣礼正是狄仁杰一案七名囚犯中

的一个，霍献可为了往上爬，连亲娘老子都敢卖。他跳得那叫一个欢，在武则天面前叩头流血，坚决要求杀了狄仁杰和自己的舅舅，还说：“陛下您要是不杀我舅舅他们，我就死在您面前。”事后他还用绿色的布包裹伤口。为啥用绿色的？绿色显眼嘛。随后几天里他时不时在武则天面前把这个绿色的绷带从帽子下露出来，期待着武则天别忘了他大义灭亲的“壮举”。

这件事把大家恶心得呀，你说朝中现在怎么净是这号货色呢？酷吏真是人类极品。后来霍献可得病死了，人们还拿他死时的姿势说事，据说霍献可临死前很痛苦，身体蜷缩，膝盖顶到下巴上了。有大臣就在武则天面前说，您看看吧，这就是酷吏的报应啊！

听了武承嗣和霍献可的主张，武则天没答应，她说：“命令已经下达，不可收回。”于是狄仁杰等人被贬出都城了。

武则天这人做事，每一个步骤都在计划内，思路很清晰。此阶段内，她的主要需求是镇压异己，巩固自己刚刚获得的皇位。因此她即便看清了酷吏们的嘴脸也还是维持现状，酷吏们就是她的鹰犬，工具而已。什么时候狡兔死走狗烹，那全要看形势而定，也就是说酷吏们早晚是一盘菜，只是还不到下锅的时候。

此后酷吏政治继续延续。武则天还需要酷吏们，利用他们再走几步棋。

首先是控制皇嗣。武则天将皇嗣李旦牢牢控制起来。李旦就是唐睿宗，当年为了保命，自己请求将自己降为皇嗣，还要求赐姓“武”，武则天由此登基当了皇帝。这全是为了活命不得已而为之。即便如此，武则天对这个儿子还是不放心，杀死了他的两个妃子。还让来俊臣对私自拜谒皇嗣的大臣进行了调查和屠杀，皇嗣完全被孤立起来。

其次是清洗流人。朝中的人杀得差不多了，酷吏们嗜血的本性如何满足呢？于是他们又盯上了已经获罪被流放到边疆的那些流人们。

有酷吏向武则天告密，说是被流放到岭南的那些犯罪官员及其家属心怀不满，有人想谋反。唐代流放犯人一般都流放到南方，其中流放到岭南的比较多。那时的岭南可跟今天截然不同，除了广州因为是外贸港口所以还比较繁荣外，其他地方都是蛮荒之地。所以那时和现在不一样，现在的毕业生都看好广东，那里经济发达啊。但是唐朝时候，那岭南是绝域。甚至有的大臣平时不许别人在他面前说岭南州县的名字，看到岭南的地图就觉得晦气，因为在他看来那就意味着流放、野蛮、死亡。犯人流放到那里，生活条件是很艰苦的，再加上水土不服，地方病又多，很多人坚持不了几年就死了。就这样，酷吏们还不放过这些流人。

为了引起武则天的重视，酷吏们搬出了一样法宝，说是现在有一句谶言在流传，叫做“代武者刘”。武则天很迷信的，她一门心思当女皇还不是受了那个“女主武王代有天下”的谶言影响吗？所以她在乎这个。酷吏们就拿这个说事，还把谶言中那个“刘”解释为“流”，也就是说是流人。威胁您的宝座的就是这些流人。

于是武则天派遣酷吏万国俊前往广州审查流人。本来任务就是审查，有就是有，没有就是没有。但是万国俊这种酷吏不见流血就不痛快，他在广州集中了流人300余人，对他们说：“有人举报你们谋反。”流人们一听大呼冤枉。万国俊不管三七二十一，将他们驱赶到河边全部屠杀。杀完人再伪造口供，回去复命。武则天竟然默认了，还封赏了万国俊。万国俊还造谣说：“诸道流人，忽有怨望。若不推究，为变不遥。”③流人们都心怀不满，要赶紧处置，否则必然酿成祸患。于是武则天派出一大批酷吏，前往南方六道去巡视流人。

这些蛇蝎之人看到万国俊滥杀无辜非但没有受罚，反倒升官发财，于是像饿狼一般扑向流人们，展开了一场血腥的杀人竞赛。据记载，杀人最多的杀了900余人，还有杀700多人的，最少的也杀了500人。这些被杀者中老弱妇孺占了很大的比例，那场面惨绝人寰，酷吏们的罪恶真是罄竹难书。

但是我们前面说了，狄仁杰案件是酷吏政治的一个转折点，正是狄

仁杰案件促使武则天开始认真考虑是否该结束酷吏政治了。酷吏们的这种疯狂不过是他们覆灭前最后的疯狂，他们始终不明白一个道理——他们就是女皇手中的工具，工具不顺手了就有被扔掉的一天。

导致酷吏政治覆灭的正是来俊臣本人。这个家伙即便在狄仁杰案件中被查出造假，即便被审查出制造了大量冤案，武则天也没有对他进行任何惩罚。有的大臣想尽办法，告不成他更大的罪名，就告他贪赃枉法，这一点绝不冤枉他。结果武则天象征性地把他惩罚了一下，很快就官复原职了。这样就使得他越发骄横，还真以为自己可以满血就地复活，开始无敌了。以前是为武则天杀人，后来为了一己之利，看谁不顺眼就给谁栽个谋反的罪名，比如看上某少数民族酋长的奴婢，想占为己有，人家主人不同意，他就告人家谋反，害得众多少数民族酋长在武则天面前请愿，甚至以刀划面，血流满面，以表达自己的愤慨，给武则天惹了好大的麻烦。

发展到最后，他已经到了一种病态的地步，觉得自己不再是鹰犬，而是主人了，于是他竟然开始反咬主人了。反咬谁呢？反咬武则天最喜欢的人。

这次来俊臣玩得够大，他一口气把皇嗣李旦、武氏诸王、张易之、太平公主都告了，罪名自然是老一套——谋反。这种诬告对于来俊臣来说是驾轻就熟，不知搞了多少回了。

但是这次你告的这些人不对啊，这些人不是一般人啊。

你看看，你告皇嗣李旦，虽然皇嗣是武则天重点盯防的对象，但是武则天没有杀皇嗣的计划，你告他不就等于逼迫武则天表态吗？鹰犬怎么能干涉主人的决策呢？

你告武氏诸王，这是人家武则天的嫡系，虽然事实证明武家子弟都不是东西，但是武则天绝对不会怀疑他们对于自己的忠诚度，一眼就知道你是在诬告。

你告张易之，张易之什么人？那是女皇的面首、新宠。张易之年轻，英俊，而且善于音律，据说还善于烧炼药石，也就是丹药。刚开始时，他的兄弟张昌宗被太平公主看上了，献给了武则天。没多久，张昌宗就把自己这个兄弟引荐给武则天，70岁左右的武则天见了这个小伙子十分喜欢，于是兄弟二人都成了武则天的新宠。武则天拜张昌宗为云麾将军、行左千牛中郎将，拜张易之为司卫少卿，赐给他们房屋、奴婢、财宝和大量的牲畜，还追封他们的先祖。张家兄弟一时间平步青云。于是就有很多小人，包括武氏诸王在内争先恐后来拍他们的马屁，这里面有很多“光荣事迹”以后我们会提到。大家注意，二张是有野心的人，他们对于国家来说是个危害。狄仁杰在世最后阶段预谋非常手段帮助李唐复国，很大的原因就是因为意识到了二张的危害。这是后话。你来俊臣告他，那不是戳女皇心窝子吗？

至于太平公主，来俊臣竟然能想起告她谋反，实在是太强了。太平公主那是武则天一生的最爱。武则天有四个儿子，为了当女皇杀了两个，赶走了一个，逼退位了一个。还有两个女儿，头一个夭折了，还间接引发了王皇后被废。第二个，就是这个太平公主。按说武则天有着非同寻常的刚硬性格，你在她身上一般很难看到儿女情长的，但是对于太平公主就不一样了，据《旧唐书》记载，太平公主“丰硕，方额广颐，多权略，则天以为类己”，就是体态丰满，额头宽宽的，脸蛋子圆圆的，而且心眼很多，主意很多，武则天觉得外貌、气质很像自己，所以非常喜欢，对这个女儿格外上心。这个太平也会来事啊，体贴她妈妈，面首二张就是太平引荐的。朝中很多事情，武则天不便亲自出面的，都是太平出面。那太平公主对于武则天来说才是应了那句话：“女儿好，女儿好，女儿是爹娘的小棉袄。”可以这么说，武则天就是相信全天下人都反了，也不会相信太平公主会谋反。

来俊臣敢告这些人，我只能得出一个结论——他脑子进水了，进的还不是一般的水，是王水啊，彻底坏掉了。这不是自寻死路吗？果然，武则天一看来俊臣告这些人就明白了——完了，来俊臣这条狗彻底疯掉

了，要不得了。

前面说了，来俊臣等酷吏在武则天的一盘棋里就是几个棋子，而且可以这么说，是注定要兑掉的棋子。前面有几件事情——尤其是狄仁杰那个案子——武则天已经看清楚酷吏的真实面目了，但是她不动声色，甚至牺牲狄仁杰他们。那是因为女皇觉得自己的皇位还不够稳固，还需要进一步采取高压手段，走狗们还有存在的必要。狄仁杰一案中，许多大臣纷纷声援狄仁杰，但是大家虽然对酷吏政治表示愤怒，却无人对武则天的统治提出异议，反倒都站在武周政权的立场来说话，这使得武则天觉得放心，通过这个事件她也在观察群臣。

而且此时，李唐宗室也被杀得差不多了，随着章怀太子李贤的两个儿子被杀，李唐宗室到了这个阶段可以说是“十存一二”，尤其是能构成威胁的成年男性被收拾得差不多了。武则天觉得李唐宗室也不是威胁了。也就是说，此时皇位已经基本稳固，正是狡兔死走狗烹的当口。好，来俊臣送货上门了。他的所作所为已经超出了女皇可以控制的范围，这样他就死期临近了。所以说，上帝欲使其灭亡，必先使其疯狂。

据《资治通鉴》记载说，武氏诸王和太平公主听说来俊臣告发他们谋反，又气又怕，于是联合起来向武则天举报来俊臣。武则天很快将来俊臣下狱，不久下令将来俊臣斩首处死。令人扼腕叹息的是，与他同时被处死的还有大臣李昭德。李昭德是个耿直之人，反对武家子弟，心向李唐。将他下狱判处死刑的正是来俊臣，于是在这一天，施害者与受害者同时受刑。

围观的群众人山人海。当李昭德被杀的时候，人群中爆发出一片哀叹之声。当来俊臣被杀的时候，刀刚刚落下，场面一下子就失控了，愤怒的人群拥上去，大家争相吃来俊臣的肉，用脚践踏他的尸体，不一会儿来俊臣的尸体就成了一堆肉泥。当天大臣们见面，无不欢喜地说：“从今天开始，咱们晚上睡觉后背可以放心地贴着席子上了。”他的死，为整个朝廷，也为狄仁杰带来了新的生命。

来俊臣的死标志着酷吏政治的结束。从此以后，国家就很少听闻有所谓谋反案件发生了。酷吏政治的结束，标志着国家进入了政治重建期，这个阶段内需要任用的是能人、贤人，万象更新。武则天是个有政治理想的人，她要开始大展身手了。狄仁杰这样的贤能之士是绝对不会错过的。

而狄仁杰此时在干什么呢？他不是被贬到彭泽县当县令去了吗？史书上没有记载他在彭泽县的所作所为，只有《新唐书》里留下了短短的六个字："邑人为置生祠。"这六个字令人感慨啊。为活人建立的祠堂就是生祠。古人在表达对某个官员的深厚感情的时候，会凑在一起建个德政碑，在该人去任的时候进行欢送或者挽留，而建立生祠则是老百姓表达自己感情最强烈的手段了。狄仁杰在彭泽县的时间一共是两年多，并不长，但是以狄仁杰一贯的仁政思想和敬业精神来说，他一定在任期内兢兢业业，为彭泽县老百姓办了许多的好事，老百姓对他感恩戴德，把他当神一样来敬，把他当神一样来拜，因为他还活着，所以才有了这座生祠。古代专制社会，不能指望法制和制度来约束官员，老百姓能不能遇到好官有点撞大运的意思，所以才有了"清官情结"，人们把希望都寄托在官员的个人品德上。这是古代专制社会的弊端。但是在这种历史背景下能够被老百姓称颂为清官，乃至建立生祠，则能充分证明这个人的人品。后来宋代大文豪范仲淹路过彭泽，还看到过狄仁杰祠堂，特地写下了《唐狄梁公碑》一文，对狄仁杰一生给予了极高评价。

在碑文第一段，范仲淹说："天地闭，孰将辟焉？日月蚀，孰将廓焉？大厦仆，孰将起焉？神器坠，孰将举焉？岩岩乎克当其任者，唯梁公之伟欤！"[④]挽救天地日月，救神器于既倒，除了狄梁公还有何人可以胜任？

接下来范仲淹用洋洋数千言回顾了狄仁杰的生平事迹，在碑文末尾他写道：

公之勋德，不可殚言，有论议数十万言，李邕载之别传。

论者谓松柏不夭，金石不柔，受于天焉。公为大理丞，抗天子而不屈。在豫州日，拒元帅而不下。及居相位，而能复废主，以正天下之本。岂非刚正之气出乎诚性，见于事业？当时优游荐绅之中，颠而不扶、危而不持者，亦何以哉！

某贬守鄱阳，移丹徒郡，道过彭泽，谒公之祠而述焉。又系之云：商有三仁，弗救其灭。汉有四皓，正于未夺。呜呼！武暴如火，李寒如灰。何心不随，何力可回？我公哀伤，拯天之亡。逆长风而孤骞，愬大川以独航。金可革，公不可革，孰为乎刚？地可动，公不可动，孰为乎方？一朝感通，群阴披攘。天子既臣而皇，天下既周而唐。七世发灵，万年垂光。噫！非天下之至诚，其孰能当？⑤

此碑写于宋仁宗宝元元年（1038）正月，范仲淹对狄仁杰不畏艰难、困境中百折不回的精神予以了高度评价，并借此抒发自己的胸怀。原来在仁宗景祐三年（1036），范仲淹因谏言吏治腐败得罪权臣，被指责为“越职言事，荐引朋党，离间君臣”，还被诬蔑私下议论仁宗储君问题，以此被贬谪饶州（今江西鄱阳县）任知州。当时范仲淹已经年近50，到饶州不久妻子也因病去世，在这种困境中范仲淹以狄公自况，决心学习狄仁杰不屈不挠的精神。他在任内尽职尽责，为当地人民做了许多好事，比如兴办州学、谏言促使朝廷减免了饶州茶税、整顿司法、审理冤案、兴办水利。范仲淹在饶州一共任职18个月，后被调往润州任知州，离任时万民空巷相送。

在路过彭泽时，范仲淹参拜了狄仁杰祠堂，他们两人有许多相近之处，都是孝子忠臣，又都为民直言得罪权贵而遭贬，所以范仲淹感慨良多，挥笔写下了经典名篇《唐狄梁公碑》。无独有偶，宋代诗人、书法家黄庭坚也是狄仁杰的“粉丝”。他曾经写诗《题马当山鲁望亭四首》盛赞狄仁杰：“鲸波横流砥柱，虎口活国宗臣。小屈弦歌百里，不诬天下归仁。”[6]绍圣元年（1094）黄庭坚挥笔书写了《唐狄梁公碑》碑文，有拓本传世至今。此碑人称“狄公事、范公文、黄公书”，谓之“三绝”。

当然了，开好车的不见得都是好人，树碑立传的也不见得都是好官。明朝大太监魏忠贤也有人给他建生祠，但大家都知道，那是官员们溜须拍马的结果，与狄仁杰这座老百姓建立起来的生祠没法相比，判若云泥。

狄仁杰的一生，无论顺境逆境，他从来不松懈。被贬到彭泽县的时候已经60多岁了。搁着现代很多人看来，这一生基本也就这样了。你想想看，从基层干起，摸爬滚打30多年才干到宰相，宰相当了几个月，结果被小人诬陷，差点死掉。好不容易把案件搞清了，女皇却又不肯完全为他平反昭雪，贬他到南方去担任一个小小的县令。这落差有多大，心理该有多失衡啊。再加上年纪又这么大了，那时官员多数70岁致仕，也就是退休了。这也没几年了。要是一般人，也许早都心灰意冷，破罐子破摔了，反正我窝在那儿，我干得好干得坏，有谁知道呢？可是狄仁杰不是这样，他一生最有职业精神。哪怕做一个小小的县令，也做得有滋有味，从来不怨天尤人。你说他有没有使命感、责任感？当然有，而且是极高的使命感、责任感。他把这种使命感、责任感具体化了，具体为“认真对待每一件事”，而不是空洞的口号。咱们现代人，尤其是一些年轻人，自认为自己很有使命感，但是他们把这种使命感错误地理解为“天将降大任于我身”，总觉得自己很非凡，于是遇到一时挫折就容易一蹶不振，然后把自己的境遇归结为社会的不公。我们太渴望成功了，以至于忽视了人生是一步一个脚印走出来的，是细节堆砌出来的。其实你看看狄仁杰的遭遇，除了没处以死刑之外什么没碰到？够不够委屈？可是人家没有任何颓废。认真完成人生的每一个细节，正应了那句话——机会总是给有准备的人的。狄仁杰的这种坚持，很快给自己带来了转机。

公元696年，北方边境告急。契丹人掀起了叛乱，武周损兵折将，契丹人不断进攻武周的北方地区。契丹首领孙万荣攻陷冀州，即今天河北衡水地区，杀死刺史，又攻打瀛洲，即今天河北河间市一带。整个河

北震动了。武则天此时又想起了模范消防员狄仁杰，你别看狄仁杰不会打仗，但是狄仁杰坐镇一方却能为前线提供一个稳定的大后方。前面提到过，狄仁杰不止一次担任这样的职责。于是武则天下令，任命狄仁杰为魏州刺史，整顿军政。魏州在今天河北大名附近。这里是契丹人进犯中原的要道，所以派遣狄仁杰坐镇。

狄仁杰风尘仆仆赶到魏州，却看到这样的场景——田野里没有人，村庄都静悄悄的，城内却是人满为患，一片混乱。原来前任刺史为了防御契丹，将所有老百姓赶入城中守城。狄仁杰淡然一笑："敌人尚远，何必如此。如果来了，我们会负责抵御。"于是他放百姓回家居住。这样做很明智，因为契丹人实力有限，不可能长期为患，将百姓赶入城中反而会造成人心惶惶，而且耽误农时，造成的破坏比契丹人真的来了还要大。所以狄仁杰认为，首要的任务是安抚人心。紧接着他大力整顿军备。契丹人见魏州防备严密，没敢入侵。于是就在这里，魏州人民又给狄仁杰修建了一座生祠。现在那里还有一座记录此事的唐代后期所立的石碑。

两座生祠，两座丰碑，狄仁杰真是摧不垮的战士。很快，他又被委以重任，重新走向权力中枢。也就在此时，他亲眼目睹了武家子弟种种不堪的举动，为他日后谋求李唐复国埋下了伏笔。

注释

①《资治通鉴》卷二〇五。

②《资治通鉴》卷二〇五。

③《旧唐书》卷五〇《刑法志》。

④《范文正公集》卷一二。

⑤《范文正公集》卷一二。

⑥《山谷集》外集卷七。

第七讲 与狼共舞

狄仁杰对李唐王朝有感情，对女人当权也有看法，但并没有证据表明，狄仁杰在武则天建立武周王朝的第一天起，就谋求李唐复国。狄仁杰敬佩武则天的能力，也忠心耿耿为武则天服务。但他耳闻目睹了武则天家族的子弟们，种种令人不齿的行为，意识到不能把国家的未来，交到这些人手里。所以晚年的狄仁杰，开始对李唐复国，进行了一系列的策划和安排。那么，武则天家族的子弟们，究竟有怎样的行为？狄仁杰为什么不看好他们呢？

这里，要用较多的篇幅谈谈武家子弟。为什么要谈他们呢？因为他们的所作所为决定了狄仁杰对待武周政权的态度。说实话，我不认为狄仁杰从武周政权建立的第一天起就谋划着复唐，虽然可以肯定他对李唐有感情，虽然可以肯定他对女性当权有看法，但是他最初并没有对武周政权公开提出过异议。而且从他后来的所作所为来看，他对武则天是很忠心的。虽然中国士大夫自古以忠孝为美德，但是他们同时也有革天命的思想。也就是说，他们会因为某些具有足够说服力的理由而忠于新王朝，比如前朝过于残暴，或者新的君主足够贤明，按照迷信的说法就是革天命了，上天眷顾的对象会有所改变。这样士大夫也会改变自己效忠的对象。

但是很明显，武周王朝没有足够的说服力来说服狄仁杰拥护武周王朝世世代代传下去。在第一讲里我们就说过了，狄仁杰是忠于武则天个人的，他敬佩武则天的能力，但是他对于武家子弟是持完全否定态度的。这个认识是逐步形成的，这也就是他晚年开始积极谋划李唐复国的原因。这是为了武则天身后做准备。

上一讲说到狄仁杰镇守魏州有功，于是武则天很快任命他为幽州都督，幽州是华北重镇，位置非常重要。为了表达自己对这个能臣的欣赏，

再者有可能表达对其无辜入狱的歉意，武则天特此赐给狄仁杰紫袍、龟带，在袍子上她还绣上了12个金字，根据唐代《狄梁公传》的记载，这12个字是“敷政术、守清勤、升显位、励相臣”，紫袍是最高品级官员的服装，这12个字也提到了“升显位、励相臣”，这是狄仁杰再次任相的信号。果然，公元697年，狄仁杰被任命为鸾台侍郎、同凤阁鸾台平章事，再次登上相位。这是他第二次任相，时年67岁。

在此阶段内，狄仁杰结结实实地与武家子弟打了回交道，亲眼目睹了武家子弟的所作所为。怎么说呢，武家人除了武则天是个人物之外，其余都是些小人，说白了都是些政治暴发户。他们的共同特点是无能、无才、无德，纯属“三无”人员。

下面拣其中主要的几个人看一看。

武承嗣、贺兰敏之

武承嗣是武则天的侄子，他的父亲是武则天同父异母的哥哥武元爽。要说起来，武承嗣应该记恨他姑姑才是。为什么呢？因为武元爽是被武则天逼死的。武则天的母亲杨氏是她父亲第二任妻子，武元爽是前房所生。等到武则天父亲去世，杨氏孤儿寡母的，屡次遭受前房儿女们和武则天大伯家儿子们的欺压，吃尽了苦头。武则天那种刚毅的性格，可能跟这种不幸的儿时经历有关。后来武则天得势了，当了皇帝了，她这些兄弟都一人得道，鸡犬升天，当官了。武则天的母亲荣国夫人始终记恨这些家伙，于是撺掇武则天把他们全部放了外任。

武则天的姐姐韩国夫人有个女儿，非常漂亮，据说被高宗皇帝看上了，还封为魏国夫人。武则天很嫉妒，于是来个一石二鸟。在一次宴会上，武则天给魏国夫人下毒，毒死了。然后归罪于这些兄弟，治他们的罪。至于武元爽是否与此事有关，史料记载不一致。《旧唐书》说武元爽因为这件事“缘坐”，流放岭南而死。而《新唐书》、《资治通鉴》则没有采纳这种说法。但不管怎么样，武元爽是被流放到岭南而死的，这点是确定的。全家跟他一起被流放，其中就包括武承嗣。

那么武元爽被流放了，武则天父亲就没有继承人了。于是武则天让自己的外甥——韩国夫人之子贺兰敏之改姓武，继承自己父亲的爵位。结果呢，事实证明，这位武敏之是武家诸多不肖子孙中最闪亮的一颗“明星”。因为他最变态。

此人据说相貌英俊，特别喜欢拈花惹草，而且口味很独特。《旧唐书》记载说他“烝于荣国夫人”，荣国夫人就是武则天母亲杨氏啊，是他的外祖母，他和他外祖母有私情。

这还不算完，此人仗着武则天的势力，随心所欲，什么事都干，他的光荣事迹还有——高宗和武则天为太子李弘挑选了大臣杨思俭女儿作为太子妃，婚期已定。武敏之听说杨氏貌美无双，于是竟然找机会逼奸了未来的皇后，害得高宗和武则天不得不临时换人，改选右卫将军裴居道之女为太子妃。这是旷世少有的大丑闻。这事儿反映出一个问题——武家人实在是太嚣张了，根本不把未来的皇帝放在眼里，所以武敏之这么干，背后还有种挑衅的意味。前面我们说过，李弘与武家人有私仇，指的就是这件事情，夺妻之恨啊。

太平公主小时候去荣国夫人那里玩，随行的宫女，武敏之竟然一个也不放过，全部逼奸。

除了好色，此人还贪财，荣国夫人去世的时候，武则天给他一些锦缎，让他用来造佛像替外祖母追福，没想到全部被他贪污。

他的这种淫乱昏悖让武则天忍无可忍，终于向高宗上书，历数他的这些罪恶，要求将其流放，并且剥夺了他的武姓，恢复贺兰旧姓。结果贺兰敏之走到韶州，也就是今天广东韶关的时候用马鞭上吊自尽了，也有人说他是被人绞杀的，享年 29 岁。

这事儿挺惊世骇俗的，尤其牵涉那么多丑闻。有人认为那些罪名是武则天的捏造或者夸大。后来贺兰敏之的墓志也出土了，那里面就替他喊冤，说他“非辜获罪，命矣长嗟”。为什么说他是冤枉的呢？此事与魏国夫人——也就是前面提到的那个被武则天毒死的韩国夫人的女儿——有关，因为人家两个是亲兄妹啊。妹妹遭到毒手，贺兰敏之流露出了不满情绪。据说魏国夫人暴死之后，高宗皇帝无比悲痛，见到魏国夫人的亲哥哥贺兰敏之，一时间悲泣曰："朕去上早朝时你的妹妹还安然无恙，退朝了却只看到她的尸体，怎么会死得如此突然！"而贺兰敏之则号哭着未做回答。武则天闻之，敏锐地意识到："这孩子已经怀疑我了！"据说武则天听说了之后产生了铲除他的念头。所以有人认为贺兰敏之之死是武则天的陷害。

不过在我看来，武则天要害这个外甥，大可不必给自己母亲头上泼脏水，随便找个什么罪名不就可以了吗？武则天母女感情甚好，她不会在母亲死后还无中生有编造这么大一个桃色新闻扣在自己母亲头上。另外，退一万步讲，贺兰敏之与荣国夫人这事如果存疑的话，逼奸未来太子妃这件事应该是确凿的，因为这件事牵扯到许多方面许多人，高宗本人也应该是亲历亲闻者，这事儿不会造假。即便没有魏国夫人那件事，像他这么荒唐的人物，专门吃窝边草，得罪的都是比他还要大牌的人物，早晚也会被收拾掉。

总之一句话，贺兰敏之是武家子弟中一个比较突出的代表性人物，别人也许没有他那么淫乱，但是也绝不是善茬。随着贺兰敏之被废，有一个人物闪亮登场，这就是武承嗣。

武承嗣不是被流放到岭南去了吗？贺兰敏之死了，武则天父亲的继承人就断了，所以武则天想起了他，将他召回来，命令他承袭爵位周国公，还一度让他担任宰相。事实证明，这人是个彻彻底底的小人，政治暴发户。他的父亲死于武则天之手，但是一旦武则天召他回来，他就立即忘记了仇恨，在权力的诱惑前表现得无比谄媚。

武则天封他为周国公，他就处处以武氏家族正统继承人自居，这时武则天势力一日强过一日，武承嗣这心里就开始盘算小九九了——我的姑母看来要当皇帝了，她的儿子都姓李，肯定不会立为太子，那不用问，肯定是武家人当太子啊，武家人谁适合当太子呢？嘿嘿，不才我就勉为其难吧。他似乎看到皇位在向他招手了。

于是他要用自己的力量推动武则天称帝。他使劲儿撺掇姑母早日改天换地。这个阶段内他的主要主张有三个：第一，铲除李唐宗室；第二，诛杀大臣中不服的人；第三，追封武氏先祖为王，立宗庙。

在迫害李唐宗室的过程中，他上蹿下跳最为活跃。不断劝说武则天杀这个杀那个，在这方面他和那些酷吏是穿一条裤子的，李唐宗室遭到残酷的大屠杀，上至耄耋老人，下至婴孩，幸存者寥寥无几。那场景是十分凄惨的。举个例子，许王李素节遭到武承嗣诬告，被召回洛阳。李素节知道，此去凶多吉少。路上他们碰到了一支老百姓出殡的队伍，家属们披麻戴孝哭哭啼啼的，李素节看了感慨道："病死何由可得，更何须哭？"[①]意思是能病死是福分啊，有人想得到还不可得呢，有什么值得哭的呢？果然，走到洛阳城外，武则天就令人将其勒死。求一个善终都不得，李唐宗室此时真是最可怜的人群。

在武则天称帝之前的舆论造势过程中，武承嗣起到了关键作用。他让人在洛水中的白石头上刻了"圣母临人，永昌帝业"八个字，献给武则天，又在背后鼓动人们上表劝进。等到武则天当了皇帝，他就开始他的第二步计划了——让武则天立自己为太子。

前面说了，武则天称帝时，原来的皇帝李旦降为皇嗣，赐姓武。但是在武承嗣眼睛里那不算数，那无非是因为你前面当过皇帝，我姑母给你个台阶下，岂能让你一直坐在那里。他认为这个太子的位子理所当然是他的，眼见武则天半天没动静，他就自己开始谋划。从武则天称帝第二年开始，他就不断背地里怂恿一些有求于他的小人到武则天面前呼吁换太子，理由是什么"神不歆非类，民不祀非族"，意思是血统问题要清楚，否则神灵不会享用祭礼，人也不会祭祀非我族类，您是武家人，怎么能立李家人为皇嗣呢？意思是要立真正的武家子弟。

有两位宰相反对立他，他就唆使来俊臣诬告他们谋反，杀害他们。上一讲讲到的被来俊臣诬陷杀害的大臣李昭德，也是因为得罪了武承嗣。

因为李昭德看武承嗣就不是个东西，杖杀了建议废李旦、立武承嗣的一个小人，所以武承嗣就把他当做眼中钉、肉中刺。

说实话，狄仁杰在这个阶段内还真没得罪过他，但是也被他盯上了。前面说了，狄仁杰被酷吏诬陷，实际上是城门失火殃及池鱼，酷吏们的主要目标是魏元忠、李嗣真等人。但是为什么要把狄仁杰牵扯进来呢？估计是武承嗣对狄仁杰的能力心怀忌惮，而且他知道，以狄仁杰的个性是不可能让他这种人得逞的，所以来个先下手为强，怂恿来俊臣将刚刚当宰相的狄仁杰投入了监狱。狄仁杰他们下狱带来了前所未有的舆论风暴，估计更让武承嗣不放心了，此人这么深孚众望，不行，一定要除掉。后来狄仁杰被释放，他不是还怂恿酷吏霍献可去武则天面前请命一定要杀狄仁杰等人吗？这说明他非要置狄仁杰于死地不可。还好他没有得逞。

为了讨好自己的姑母，武承嗣谄媚得像条小狗一般。武则天前任面首薛怀义、后任面首二张兄弟都是武承嗣巴结的对象，他和兄弟武三思等人对待武则天的面首"执僮仆之礼以事之"[②]，就是说像家奴伺候主人一样伺候武则天的这些面首。人家骑马，他就去给牵马拽镫。武则天对面首还有个喜欢到不喜欢的过程，比如那个薛怀义就被武则天收拾了，但是武承嗣面不改色心不跳，不管你怎么换面首，反正谁上来我抱定谁的大腿。

此人仗着自己有权有势，欺压良善也是肆无忌惮。有个大臣叫乔知之，他有个奴婢，实际上就是妾，名叫碧玉（也有史料记载说叫窈娘），美丽善歌舞。武承嗣看到了，动了邪念，于是对乔知之谎称："看你家碧玉妆化得好，不如让她去我府上教那些女人化妆吧。"结果碧玉一去就被扣住了，再也不还了。乔知之思念碧玉，又惮于武承嗣的淫威，于是写了个《绿珠篇》，悄悄送给她。

绿珠是西晋贵族石崇的爱妾，石崇这个人不咋的，历史上有名的晋代贵族斗富故事中他就是主角之一，还滥杀过无辜。[③]不过对这个小妾绿珠倒是情真意切，赵王伦手下有个人仗着赵王的势力想夺取绿珠，石崇坚决不给，赵王伦派兵来抓他。绿珠看到石崇因为自己而得罪，所以在石崇面前跳楼自杀，石崇随即也被杀。乔知之是用这个典故比喻自己的苦命，诗文云：

> 石家金谷重新声，明珠十斛买娉婷。昔日可怜君自许，此时歌舞得人情。君家闺阁不曾难，好将歌舞借人看。富贵雄豪非分理，骄奢势力横相干。别君去君终不忍，徒劳掩袂伤红粉。百年离别在高楼，一旦红颜为君尽。④

碧玉看了后情绪极其激动，竟然学绿珠投井自杀而死。武承嗣把尸体捞出来，发现裙带上写着这篇《绿珠篇》，勃然大怒，让酷吏诬告乔知之，把他斩首了。

武承嗣就是这样一个人，你说狄仁杰怎么能坐视他当太子？国家交到这号人手里还有个好？所以当时武承嗣也没看错，狄仁杰就是他潜在的最大敌人。狄仁杰最后成功劝说武则天立李显为太子，坏了他的好事，武承嗣活活气死了。这是后话。

武三思

武三思是武家子弟中除了武承嗣之外最想当太子的人。他的身世和武承嗣类似。他的父亲是武则天异母兄弟武元庆。武元庆当年也欺负过武则天母女，所以后来被武则天放了外任，一到任就死掉了。武三思和武承嗣一样一样的，那就是面对荣华富贵把老爹那点事就抛到脑后了，他吹捧武则天也是不遗余力，而且和武承嗣一样竭尽全力劝武则天废李旦，立武家人为太子。他的理由是“自古天子未有以异姓为嗣者”，您姓武，怎可立李家人为皇嗣呢？此人也是一个阴谋家，为了讨好武则天，他也巴结二张。这人跟武承嗣有一点不一样，据说他颇有点文化底子，这有文化的人拍起马屁来声音和别人不一样。他写诗给张昌宗，盛赞张昌宗英俊潇洒有如王子晋。王子晋是周灵王太子，据说善于音律，后来成仙升天了。武三思是用典故把张昌宗比作神仙。这肉麻的诗写了，武

三思还让那些投靠他的大臣们写诗唱和，一时间群丑登场，沸沸扬扬。

他有一句名言，论什么人是好人，他说："不知何等名作好人，唯有向我好者，是好人耳。"[5]就是说我不知道什么叫好人，什么叫坏人，反正向着我的就是好人。无耻嘴脸跃然纸上。

后来武承嗣死了，他就成了武家子弟中权势最显赫者。对于太子之位，他肯定非常渴望。但是此时武则天在狄仁杰等人劝说下圣意已决，李显的太子位已经不可动摇。武承嗣还不就是看着大势已去才气死的吗？武三思呢，这人心计比武承嗣多，懂得留得青山在，不怕没柴烧。他暂时收敛了气焰，在武则天在世期间没有再做什么公开的大举动。

但是在神龙革命之后，唐中宗李显当了皇帝，他就去讨好李显。还和韦皇后、上官婉儿私通，再加上唐中宗最宠爱的女儿安乐公主是他的儿媳，所以他的权势比武则天在世期间还要大，最后甚至将发动神龙革命的张柬之等人一一铲除，把持朝政，不是皇帝也差不远了。可惜狄仁杰死得早，他去世前曾托付张柬之等人铲除武三思，但是张柬之等人在谋略方面还是差一点，要不也不会让他这样死灰复燃。武三思最后死于太子李重俊叛乱，这事情后面我们会提到。

总之一句话，武三思也是狄仁杰始终警惕的一个人。

武延秀

武延秀是武承嗣次子，父贵子荣，自然也显赫一时。突厥默啜可汗派使者来求婚，想把女儿嫁给唐朝皇子。武则天则挑中了武延秀，派大臣阎知微等人护送他去突厥成亲。

没想到到了突厥，默啜可汗一看来的是武延秀，勃然大怒，他说："我欲以女嫁李氏，怎么来的是武氏小儿！这算哪门子皇子？！李唐待我突厥不薄，我听说李唐皇室全被杀尽，只有两个小儿（指李显、李旦）在，干脆我发兵辅佐他们为帝好了！"

武延秀看到默啜可汗发怒，吓得筛糠一般，一言不敢发。这就是纨绔子弟的本性，别看平时咋咋呼呼，上嘴唇挨着天，下嘴唇接着地，似乎银河系平趟，动真章的时候绝对第一个拉稀。于是默啜将武延秀囚禁起来，立阎知微为所谓“南面可汗”，让他带路入侵中原。

默啜为何看上了阎知微？原来以前阎知微出使过突厥，见到默啜的时候，阎知微丧尽国格，他全然不顾自己是代表着国家形象的使臣，竟然跪下去亲吻默啜可汗的靴子尖。默啜一看，不错，这人很有前途。另一个使臣田归道则很有骨气，阎知微在地下跪着献媚的时候，他对默啜可汗长揖而不拜，默啜可汗大怒，将田归道倒吊了整整一夜，还威胁要杀死他，田归道还是不为所动。在手下规劝之下，默啜最终没有下毒手。

正因为阎知微以前就献过媚，所以默啜看上了他，让他带路入侵中原。默啜在檄文中指责武则天有五大罪状：一是给突厥的谷种都是蒸过的，不能发芽；二是送给我们的金银器全部都是次货；三是我赏赐给你们使臣的三品、五品衣服均被朝廷褫夺；四是送给我们的缯帛均是劣等货；五是武家小姓，门户低下，竟然敢冒充皇子来和我可汗家成婚。

突厥大军声势浩大，进入华北后首先逼降了守军5000人，然后以他们为先导，在华北地区攻城略地，中原为之震惊。武则天更是又羞又气，自己把武延秀派去成婚，婚没结成不说，还遭到入侵，并且让人家突厥给损了一通。尤其是一辈子耿耿于怀的家族出身问题被默啜晾出来奚落了一番，于国于己都是奇耻大辱。

突厥大军来到了赵州，阎知微与突厥人联袂在城下踏歌《万岁乐》，并且想劝降守将陈令英，陈令英在城头上斥责说：“你也是位高权重的大臣，与敌人联手踏歌，不觉得羞耻吗？”阎知微哼哼唧唧地唱着说：“不得已，万岁乐。不自由，万岁乐。”

最后，突厥在狄仁杰等人的反击之下退出了长城外，阎知微也被突厥遣返。这个汉奸被利用过后像只破鞋烂袜子一样被丢弃了。

武则天对阎知微恨得牙痒痒，命令将其处死，而且手段很残酷。她下令将阎知微绑在柱子上，让群臣执弓，大家一起攒矢射之，刹那间阎知微身上箭如猬毛，然后又锉其骨肉，夷其九族，阎家有长久不往来，

甚至互不相识的远亲也被满门抄斩。

当时的场景可谓凄凄惨惨，阎家有的幼儿只有七八岁，被官兵抱到西市行刑。刑场边围观的百姓虽然痛恨卖国者，但是看见幼儿也受到牵累，马上要命断黄泉，大家又觉得十分可怜，于是有人给孩子们投掷饼果，孩子们不知死之将至，还互相争夺以为嬉笑。围观的人们觉得这一幕实在是太过凄惨，响起一片哀叹之声。连监刑的御史也不忍心，于是临时中止行刑，向武则天上奏，武则天最后下令赦免了这些孩子。

阎知微不是别人，他正是狄仁杰的恩人阎立本的侄孙。这次他犯的是叛国重罪，引敌军进攻本国，罪不容赦，所以狄仁杰也没有搭救他。

至于那位武延秀，看起来他在突厥的日子过得还是蛮滋润的。唐中宗时期，突厥与唐朝和好，于是武延秀被释放回国，并被封为桓国公，又授左卫中郎将。当时武崇训是安乐公主的女婿，是武延秀的堂兄，因此武延秀认识了安乐公主。武延秀想讨好安乐公主，在突厥那几年，武延秀对家国没什么思念，倒是没少琢磨突厥歌舞，于是摆出了一副“海归”范儿，大秀才艺，唱突厥歌，作胡旋舞，史书说他“有姿媚”，公主甚喜，这两人就有了不清不楚的关系。等到武崇训死了，武延秀立即递补成为驸马。

仗着驸马身份，武延秀放纵无所忌惮。当时武则天已死，唐朝已经复国，但是武延秀还是有复辟的企图。公主府仓曹符凤知道武延秀有不臣之心，于是对他说：“今天下苍生，犹以武氏为念，大周必可再兴。按谶书云‘黑衣神孙披天裳’，驸马即神皇之孙也。”[6]意思是天下都在思念武周，有谶言说“黑衣神孙披天裳”，您就是神皇的孙子（武则天曾有尊号是圣母神皇），披天裳那就是做皇帝啊。于是他劝武延秀从此只穿黑衣服以应对谶言。武延秀果然照办，其野心可见一斑。等到李隆基和太平公主联手发动政变诛杀韦皇后、安乐公主的时候，武延秀困兽犹斗，在内宅格战许久，最终被杀。李隆基剥夺其官爵，将其贬为“悖逆庶人”。

武懿宗

武懿宗这个人是狄仁杰在华北抵御外敌入侵时亲自打过交道的人物，大概也就是在他身上，狄仁杰充分领教了武家子弟的风采。武家人是政治暴发户。武家本是小姓，武则天父亲在世期间也不算特别显赫。武则天当了皇后，后来又当了皇帝，武家人平步青云，突然而至的权势财富和内心里的自卑心理综合作用，使得武家子弟一方面飞扬跋扈，一方面又敏感残忍。武懿宗这个人就是这方面的一个典型。

此人是武则天伯父的孙子，武则天当皇帝之后，武懿宗被封为河内郡王，历任洛州长史、左金吾卫大将军。他是武则天时期的酷吏之一，残忍好杀，还善于诬告。当时人公认他是“周、来之亚”，“周”指的是酷吏周兴，“来”指的是酷吏来俊臣，人们认为武懿宗仅次于他们。曾经有一次处死一个大臣，武懿宗令人射死罪犯，罪犯中箭，却还没有断气，这时武懿宗走上前去，用刀从犯人心脏部位刺入，然后一直划到阴部，挖出心脏，扔到地面上，那颗心还在跳动着，如此残忍实属罕见。⑦

拍武则天面首马屁的那支大军中，也有武懿宗的身影。这种事儿少不了这号货色，不去倒奇怪了。此人相貌丑陋，个子矮小，而且属于“吃啥啥不剩，干啥啥不行”的那种人物。他一生多次担任军职，却是个银样镴枪头，比如在处死阎知微的时候，我们的武懿宗大将军距离阎知微七步远，连射了三箭，无一命中。

契丹人叛乱，武周军队损兵折将。最后武则天派遣武懿宗为行军大总管，率领数十万大军讨伐契丹。

契丹这个民族历史也很悠久。原本属于东胡民族，西汉时为匈奴所破，被迫迁居到鲜卑山。北魏时才出现了“契丹”这个称号，该词原意是“镔铁”，可见契丹人以坚强自励。

契丹分为八部，居潢水（今内蒙古西拉木伦河）之南、黄龙（今辽宁朝阳）之北。唐初时曾经臣属于强大的突厥，贞观二年（628）时突

厥逐步出现颓势，许多部落背叛，契丹首领摩会率其部落投降唐朝。突厥被灭之后，契丹迎来了一个发展的契机。公元648年，唐朝在其地设立松漠都督府（在今内蒙古巴林右旗），封其首领窟哥为都督，并且赐姓李。又设置10个羁縻州，以契丹各部落酋长为首长。

契丹某部酋长孙万荣，在垂拱年间(685—688)担任羁縻州归诚州刺史。万岁通天元年（696），与其妹婿松漠都督李尽忠（李窟哥之后）一起遭到营州都督赵文翙欺凌。根据《资治通鉴》的记载，当时契丹遭遇了饥荒，各部向营州汇聚，请求营州都督赵文翙赈济，未曾想赵文翙不但没有给予帮助，而且还“视酋长如奴仆”，盛气凌人。孙、李二人遂举兵杀文翙，占据营州城，李尽忠自称无上可汗，正式揭起反旗，并且大举进攻河北地区。

契丹人善于骑射，并且足智多谋，武周边防军队无力抵抗，一时间契丹势力甚嚣尘上。武则天怒不可遏，派遣左鹰扬卫将军曹仁师、右金吾卫大将军张玄遇、左威卫大将军李多祚、司农少卿麻仁节等28将讨之。就这还气不过，一想那两个叛徒名字太好听了，不行，给他们改过来！于是改李尽忠为李尽灭，孙万荣为孙万斩。武则天就是有改名的癖好，不仅喜欢改年号（她是中国历史上年号最多的皇帝），而且还喜欢改官名和地名，对于改人名也是乐此不疲，凡是自己讨厌的就给他们一个恶名。比如曾经改王皇后为“蟒氏”，萧淑妃为“枭氏”，改突厥骨咄禄为“不卒禄”，改自己的两个堂兄武惟良和武怀运为“蝮氏”等等。

改名纯粹是过嘴瘾，你把人家改叫李尽灭、孙万斩，也损不着人家一根毫毛。八月，契丹军与曹仁师、张玄遇、麻仁节部遭遇。契丹人耍了一个花招，给官军设了一个局。

早先破营州的时候，契丹曾经俘虏数百名官军，关在地牢里。此时契丹看守神秘兮兮地在俘虏们面前散布谣言，说：“我们契丹人男女老少饥寒不能自存，只等官军到来就会投降。”甚至还把俘虏们放出来，给他们吃糠粥（这又是个花招，只有吃糠才能印证前面所说的“饥寒不能自存”）。又说：“我们没粮食养你们了，但是杀你们又于心不忍，今天就释放你们。”俘虏们欣喜若狂，一路跑到幽州官军大营里，争相报告契丹“窘状”。官军闻之大喜，各部急忙开拔，争先恐后开往营州，唯恐受降的功劳被其他部队抢走。

到了黄獐谷，一些老弱病残的契丹人出来投降，又到处可见瘦弱的牲畜被丢弃在路边，似乎更证明了俘虏们情报的准确性。官军越发放松警惕，曹仁师等为了抢功，甚至干脆将步兵丢到背后，怀着回家过年的心情只率领骑兵快速前进。

正当官军乱哄哄行进到谷中时，契丹伏兵突然跃起，一时间飞石流矢打得官军狼狈逃窜。战斗中，契丹人用飞索绊倒了张玄遇、麻仁节，将其俘获。官军伤亡极其惨重，尸体填满了山谷，几乎无人幸免。契丹首战告捷，还不算完，还要接着给官军设连环套。

他们在尸体堆中找到了军印，于是伪造了一份军令，盖上印，又强迫张玄遇等在上面签名，军令是发给后军总管燕匪石、宗怀昌的。令文曰：“我们已经击破契丹，你部若是迟到，军将皆斩，兵不记功。”后军见到此令，不敢怠慢，一路不顾饥疲只顾行军，结果又遭到了契丹伏击，全军覆灭。

第二年三月，武周名将王孝杰将兵17万与孙万荣战于东硖石谷，王孝杰阵亡，全军几乎无一幸免。王孝杰曾大破吐蕃，是武则天倚重的名将，竟然也被契丹人杀死，武则天一时间无计可施。

最后契丹被镇压，还是突厥抄后路的结果，这是后话。

咱们再来看武懿宗。你别看他陷害忠良杀人不眨眼，真正到了打仗的时候，就彻底暴露出㞞包软蛋的真面目了。刚到赵州，就听说有契丹数千骑兵向这个方向运动。手握数十万大军的武懿宗立即被吓得屁滚尿流，立马就要撤军逃跑。有人劝他：“契丹人行军不带补给，全靠抢掠百姓物资。这样势必不能长久。您应该坚守城池，等他们补给消耗光了撤军之时，您在后面追击，一定可以建立奇功。”武懿宗不听，他害怕。

估计他连契丹人的脸都不愿意看见。于是连夜率军逃往相州，就是河南安阳这一带，你看他跑了有多远。沿途武周军队丢弃旗帜器仗无数。仗还没打已经是丢盔弃甲了。他的逃跑直接导致赵州失守，百姓遭到屠杀。几十万大军能被还没见到影的数千敌军吓成这样，堪称战争史上的奇迹。这种奇迹搁着一般人都得觉得丢脸，得找块豆腐一头撞死，但是搁着武懿宗那里，他面不改色心不跳，要不怎么说小人总是很快活呢。人家就不要脸，所以就没有丢脸的痛苦啊。

后来班师回洛阳，武则天还为他设宴接风洗尘，宴席上一个叫张元一的大臣实在看不惯武懿宗的嘴脸，对他进行了一番嘲弄。张元一站起来给武懿宗来了这么一篇祝酒词："长弓短度箭，蜀马临阶骗。去贼七百里，隈墙独自战。甲仗纵抛却，骑猪正南蹿。"这番话可谓极尽嘲讽之能事。"长弓短度箭，蜀马临阶骗"，是形容武懿宗个子矮小，像长弓搭短箭，蜀马那样矮小的马他都要借助高台阶才能骑上去。最具喜感的是"去贼七百里，隈墙独自战"两句，很有画面感，您可以想象一下，敌人还在七百里外，武懿宗大将军背靠着墙闭着眼睛挥舞大刀独自奋战，多么感人、励志的场景啊！

下面的"甲仗纵抛却，骑猪正南蹿"两句，前一句好理解，丢盔弃甲的意思，最后一句武则天一时也没听明白，她问道："懿宗有马，何因骑猪？"

张元一回答："骑猪，夹豕走也。"

"豕"是文言中对猪的称呼，与"屎"同音，意思是武懿宗屁滚尿流失了魂，夹着一裤裆屎跑回来了。

武懿宗听罢一脸黑线，武则天则觉得实在是太过好笑，忍不住笑得前仰后合。⑧

武则天也知道她的这些子弟实在是不堪大用，只是出于巩固自己地位的考虑睁一眼闭一眼装糊涂罢了。遇到张元一这样辛辣幽默的讽刺，她也实在憋不住了。

契丹的叛乱被平息，主要还是突厥的帮忙。突厥人当时抄了契丹人的后路，契丹一些附属部落趁机倒戈，官军趁势前后夹攻，契丹首领被自己的部下杀死，叛乱告一段落。要说明的是，就是最后这种摘果子的战斗也没武懿宗的份儿，他还躲在大后方呢，当然这不妨碍他在武则天面前邀功请赏。

契丹被平定，武则天高兴，命令武懿宗、狄仁杰等人巡抚华北，安定局势，处理善后。结果令狄仁杰深恶痛绝的一幕发生了：武懿宗杀敌无能，杀百姓却是一把好手。他所到之处，凡是有先前被契丹掳走，现在回归的百姓，他全部栽给一个罪名——反贼，对这些人进行大屠杀，而且手法非常残忍，生生剖开人腹，生取其胆。华北人民没想到在契丹人被平定之后自己还要遭受又一轮大屠杀。契丹叛乱时有一个契丹将领叫何阿小，此人残忍好杀。现在又来了个河内王武懿宗，一样是残忍好杀，于是河北百姓都说："唯此两何，杀人最多。"[9]就这两个"何"，杀人最多。

与此同时，狄仁杰是怎么做的？他是和武懿宗分道巡视的，凡是他到的地方，全部都安抚百姓，恢复生产，甚至包括契丹人他都加以善待。契丹猛将骆务整、李楷固来投降，官府因为这两个人杀伤官军甚多，再加上投降又比较晚，于是奏请将这两人满门抄斩。狄仁杰上书，向武则天建议："楷固等并骁勇绝伦，能尽力于所事，必能尽力于我。若抚之以德，皆为我用矣。"[10]意思就是这两人都是骁勇善战的猛将，能全力服务于契丹，也能全力服务于我，只要我们以仁义感动他们，就能使国家获得两员猛将。当时武则天面对这两个降将正是咬牙切齿的时候，狄仁杰家人知道他要提这个建议，都来阻拦，说您提这个建议，不怕皇帝发怒吗？狄仁杰回答："苟利于国，岂为身谋！"[11]只要是对国家有利，我怎么能顾惜自己的性命！还好，武则天听从了他的建议。前面不是说过吗，狄仁杰倔。武则天宽恕了骆、李二人，狄仁杰还没完，进一步要求给他们封官，于是楷固被拜为左玉钤卫将军，务整被拜为右武威卫将

军，正式成为国家大将了。狄仁杰就是这样仁厚，与武懿宗形成了强烈对比。

武则天后来派遣骆务整、李楷固去平定契丹余党，结果果然不负众望，他们出色地完成了使命。凯旋的时候，武则天欣喜若狂，封楷固为燕国公，赐姓武，然后摆下宴席款待他们，特地让狄仁杰也来参加，而且亲自向狄仁杰敬酒，将胜利的首功归于狄仁杰。她当时对狄仁杰说："公之功也。"并且要奖赏狄仁杰，狄公对曰："此乃陛下威灵，将帅尽力，臣何功之有！"[12]坚辞不受。

狄仁杰拯救李楷固的这一举动，无意之中也挽救了未来大唐的命运。为什么这么说呢？因为李楷固的女婿名叫李楷洛，此人也是一员骁将。契丹失败后他拒不投降。李楷固投降后，奉命平定契丹余党，那么这个女婿自然就是招安的重点之一，于是李楷洛投降了武则天。他后来为唐朝屡建功勋，开元年间封蓟郡开国公，又加云麾将军，最后病死在击退吐蕃凯旋的半途中，可谓竭诚尽力。而李楷洛不是别人，正是李光弼的父亲。李光弼大家都知道，安史之乱中和郭子仪一起率军平叛，艰苦卓绝，最后大唐得以保全，李光弼居功至伟，被认为是仅次于郭子仪的人物、唐朝的再造之臣。可以想见，没有狄仁杰的建议，李楷固就被杀了，那么他的女婿李楷洛也不会投降，他不投降，唐朝也就没了李光弼。狄仁杰无心插柳柳成荫，间接挽救了60年以后的大唐。

河北的这一番经历，使得狄仁杰对武家子弟有了直观的认识，绝对不能让这些人得势，武家得势，以后国将不国。武则天在世还好说，有人能镇住他们，一旦武则天去世，武家人能把这个国家搞得乌烟瘴气。这就是一群以国家和百姓为肉食的恶狼！所以，狄仁杰要展开绝地反击，阻止武家子弟当太子的企图！他将采取什么样的策略呢？我们留待下讲。

注释

①《旧唐书》卷八六《许王素节传》。

②《资治通鉴》卷二〇三。

③石崇是西晋大臣，早年在担任荆州刺史的时候靠抢劫往来客商而致富。后来在朝中任官，生活骄奢淫逸，锦衣玉食，妻妾成群，珍禽异兽、黄金珠玉遍布宅中。皇宫没有的东西他也有。吃的乳猪是用人奶养大的，晋武帝都觉得他太过分。家中厕所都豪华得像卧室一样，侍女在旁伺候，端着各种香料，客人如厕，还以为走错了地方，吓得退了出去。石崇还曾经和国戚王恺斗富，王家用米浆洗锅，石家就用蜡烛当柴烧。王家作紫丝布步障（古代君主、贵族出行在路两边设置布幔，遮住行人耳目，号称步障）40里，石家作锦步障50里。石家以椒为泥糊墙（那时花椒是名贵香料），王家则以赤石脂糊墙。王恺有晋武帝暗相帮助，拿出了晋武帝赏赐的一根大珊瑚炫耀，石崇随手将其打碎，然后让人拿出了更大更精美的几株珊瑚让王恺随便挑。石崇生性残忍，家中设宴，往往令美人陪客人饮酒，如果客人不饮则杀美人。一般客人都不得不喝得酩酊大醉。唯独有一次宴请大将王敦碰上了硬茬，王敦也是个残忍之人，美人敬酒，他故意不喝，美人吓得花容失色，王敦毫不为之所动，石崇一连杀了三个美人，王敦依旧面不改色心不跳。西晋统治阶级之骄横残暴由此可见一斑。石崇这人行为做事多为人不齿，但是对爱妾绿珠的感情却令人欷歔。

④《本事诗·情感》。

⑤《旧唐书》卷一八三《外戚传》。

⑥《旧唐书》卷一八三《武延秀传》。

⑦参见《朝野佥载》卷二。

⑧参见《朝野佥载》卷四。

⑨《旧唐书》卷一八三《武懿宗传》。

⑩《资治通鉴》卷二〇六。

⑪《资治通鉴》卷二〇六。

⑫《资治通鉴》卷二〇七。

第八讲 命运殊途

狄仁杰第二次出任宰相，向武则天提出了一系列的建议，这里面最重要的就是立李显为太子，这意味着在武则天死后，李唐就自然复国了。但在当时的朝廷，主张李唐复国的人有很多。有的人提建议，被武则天当成了耳旁风。有的人还因此丢了性命。那么，狄仁杰为什么能成功呢？这里面究竟有什么玄机呢？

狄仁杰第二次任相，一直到他去世，只有短短的三年时间。这三年期间，狄仁杰提出了一系列重大决策建议，帮助武则天治理国家。而公认影响力最大的事件，就是奉劝武则天立庐陵王李显为太子。这直接决定了历史走势，等于让武则天间接承认武周王朝就此一届，她死后李唐就复国了。

在讲述他的具体举措之前，我们要谈到狄仁杰为人处世的方式。有理想是必须的，但是有理想不一定意味着成功。对于狄仁杰来说，他这一生非常微妙，为什么这么说呢？在第一讲里我们就说了，狄仁杰的一生应该是处于一种纠结的状态中。我从来认为不应该用黑白哲学来看待历史人物，似乎某个人一开始就可以定性为好人或者坏人。人是复杂的，漫长的一生里思想也是会有起伏变化的。狄仁杰对武则天是很忠心的，但是对于女性当权这种事，他从思想上来说是无法完全接受的。尤其当他看到了武家子弟的所作所为之后，意识到不能任由政权落到这批宵小之徒的手里。所以他采用一种折中办法——一方面辅佐武则天当好这个皇帝，一方面坚决要求继承人定为李家人，这样武则天千秋万岁之后，国家就恢复成李唐天下了。

要说当时的国家，主张李唐复国的人不少啊。但是为什么人们都

公认狄仁杰是第一功臣呢？那当然是因为他最后劝说武则天立太子成功了，可是问题就在于——以武则天那种性格，那么多人劝她，怎么有的就成了耳旁风，有的搭上了性命，就狄仁杰最成功呢？在我看来，主要是性格和技巧问题。

狄仁杰什么性格呢？在说他之前，我们来看看其他人，这样就有个对比。我们可以用比喻的方法来描述一下这些大臣。

有的人像一阵风

风的特性是什么？有时看起来很有气势，很有力量，但是一阵风吹过，也许什么都没有留下。

刘仁轨就是这样的人。这个人前面我们提到过，著名宰相，击败过日本、百济，居功至伟，唐高宗最信任的人，德高望重。那当然在他眼睛里，武则天无论是年龄还是资历都是小字辈。刘仁轨退休的时候已经80多岁了，此时武则天已经开始逐步掌握大权，武家子弟也在纷纷粉墨登场。刘仁轨一眼就看出了武则天的打算，于是在临退休的时候，给武则天上书一封，坚决要求辞掉西京留守职务，而且还给武则天讲故事：来，小武，坐下，叔叔给你讲个故事。当年有个女人叫吕雉，她呀，是汉高祖的皇后……刘仁轨当然不至于这么说话了。不过他确实给武则天大讲了一通吕后的故事，里面有些话说得很不客气，比如“吕氏见嗤于后代，禄、产贻祸于汉朝”①，意思是吕后专权，所以被后人鄙视，吕禄、吕产则是汉朝的祸患。吕后在汉高祖去世以后掌权，拜娘家子弟比如吕禄、吕产等为王侯，还赋予兵权，但是吕家人就跟武家人一样，都是些纨绔子弟，烂泥扶不上墙。吕后去世之前预料到大臣们将对吕家下手，于是下令禁止吕家挂职将军的人参与葬礼，意思是时刻保持警惕。但是她刚一去世，大臣们就发动兵变，铲除了吕家势力。

此时唐中宗刚刚被废黜，武家子弟其实才露出一小爪。但是刘仁轨早早就看出来武家子弟不是东西，和当年吕家子弟有一拼。所以才在临退休的时候上了这么一封奏折用吕家来比喻武家，那当然武则天就是吕雉了。武则天看了之后暴汗，但是又不敢发怒，为什么呢？因为刘仁轨是她丈夫唐高宗生前最信任的人，功劳又大，年纪也大，动不得。你要是收拾他，必然使朝廷内外一片哗然。所以她只能忍，反正老爷子也要退休了，对朝政也没有影响了，忍一忍吧。于是她派人带着玺书去抚慰老爷子。

她派的谁呢？很有意思，派的正是担任秘书监的武承嗣。你想啊，刘仁轨讽刺的就是武承嗣等人，武则天派武承嗣来回答老爷子，玺书中武则天说："您给我说的吕后的故事，听了之后真让我羞愧啊。您真是一位忠贞之士，刚听到您的话，我觉得怅然若失，仔细再一想呢，真是可为镜鉴。您辛苦了。西京留守您还是尽力担任吧。"这么一番话，让武承嗣带到，那意思就是给老爷子看看，我武则天是很认真的，特地让这个武家子弟到您府上回话，我们会谨记您的教训的。

老爷子就这么雄赳赳气昂昂地去当他的西京留守了，不多久就去世了。虽然武则天非常客气地回复了刘仁轨的话，但是，她根本就没往心里去。此后武家子弟的势力还在继续膨胀。所以说，刘仁轨虽然也想遏制武家子弟，但是他年纪太大，只能像一阵风一样吹过，丝毫作用也没有起到。武家子弟的帽子都没被这阵风吹歪过。

有的人像钢铁

钢铁什么特性？那当然就是硬啊。可是钢铁也有弱点，那就是硬碰硬的情况下，它有可能会折断的。

武则天在徐敬业和宗室叛乱之后变得敏感好杀，她当皇帝的步伐也在此时加快。偏偏就有一批心系李唐的人士，要正面阻止她，表面看起来这些人就像钢铁一样坚硬，可是带来的效果并不好。他们纷纷被武则天铲除，除了在史书中留下"大唐烈士"的美名之外，没有实际的效果。比如宰相裴炎，前面提到过这个人，这里就不再说了。今天专门说一说李昭德。

李昭德是个精明强干的人，年龄不大就担任了宰相，他不仅行政工

作干得好，在工程方面也颇有造诣。比如洛阳改造文昌台，定鼎、上东诸门及外廓城墙都是由他主持设计的，这些工程当时获得人们的交口称赞。尤其是外廓城墙，当年隋炀帝修建洛阳城的时候，外廓城墙只是一道矮墙，经李昭德改造后成了宏伟的高墙。洛水里有一座桥，是交通要道，桥柱总是受到大水冲刷，隔不多久就要重新修缮一遍，很不方便。李昭德看见了，就下令在桥柱迎水面堆积石块，呈锐角，分散水势，号称“桥脚”，这个措施很有效。据我所知，现在很多桥还是采取这个办法保护桥墩。

李昭德看武承嗣就不顺眼，他采取的斗争方式是硬碰硬，正面对抗。当时武则天拜武承嗣为文昌左相，昭德密奏说：“武承嗣是陛下您的侄子，又是亲王，不应该再给他这么重大的权力。您可别以为是您的侄子就值得放心，自古父子之间争权夺利也是常见的事情，何况姑侄？倘若武承嗣乘机搞手脚，您的宝位还能安宁吗？”武则天恍然大悟：“我没想到这一层。”所以导致武承嗣这个官就没当多久，武承嗣当然恨他了，于是使出拿手伎俩，诬告李昭德，武则天不相信，她说：“自从我任用李昭德，就高枕无忧了，他能替我分忧，你不行。”[②]

后来武承嗣指使洛阳人王庆之率领一群恶少上表武则天，恳求废李旦，立武承嗣为皇太子。武则天说：“皇嗣我子，奈何废之？”皇嗣是我亲生儿子，为何要废了呢？王庆之说：“神不享非类，今日谁国，而李氏为嗣耶！”[③]祖宗神灵不会享用非本族人上供的祭品，现在是武家天下啊，怎么立李家人为皇嗣呢？王庆之边说边哭，鼻涕眼泪的，那叫一个真诚。武则天一时间也不知道答应好还是不答应好，于是给他一个通行证，告诉他可以随时来找自己。结果王庆之拿着鸡毛当令箭，来个没完，整天守在外面期待着武则天能赏赐他点什么。这就是孔子所说的小人特点——近则狎。最后搞得武则天很心烦，于是交给李昭德把他杖打一顿以示教训。

李昭德早都看王庆之不是个东西了，得令后内心暗喜，一把拽起他拉到群臣面前说："此贼欲废皇嗣而立武承嗣！"然后将王庆之一把摔倒在地，劲用得非常狠，王庆之耳朵眼睛都出血了。然后上棍子，反正武则天也没说打多少杖，那就可劲打呗，结果生生把王庆之打死了。王庆之的同党们吓得一哄而散。④

李昭德一心想立李家人为太子，于是就给武则天讲道理，打消她立武承嗣的念头。讲什么道理呢？讲她死后灵魂的问题："臣闻文武之道，布在方策，岂有侄为天子而为姑立庙乎！以亲亲言之，则天皇是陛下夫也，皇嗣是陛下子也，陛下正合之子孙，为万代计。况陛下承天皇顾托而有天下，若立承嗣，臣恐天皇不血食矣。"⑤您想一想，自古哪里有侄子当了皇帝立庙祭祀姑母的？皇嗣再怎么说也是您的亲生骨肉，您传位于他是顺理成章的，以后您和高宗皇帝的灵魂也可以得到世世代代的供奉。要是您立了武承嗣，人家当了皇帝肯定祭祀自己父亲啊，高宗和您的灵魂可就没吃的了。"血食"就是给神灵的祭品。这番话说得很聪明，值得分析一下。这里面包含着两层意思：

第一层意思，利用武则天的迷信心理。武则天这人很迷信，所以她很重视自己死后灵魂归处的问题。李昭德指出立侄子而不立儿子的危害性就在于你把自己享受太庙祭祀的资格自我剥夺了，您和高宗是一条线，高宗不"血食"也就是您不"血食"了。所以很能触动武则天。

第二层意思，唤醒武则天对于武承嗣的警惕。李昭德这番话还有一层意思没明说，那意思就是——您可别忘了武承嗣的父亲是谁，那是武元爽！武元爽是您的仇人，是您把他逼死的，现在武承嗣表现得像条哈巴狗一样，那是有求于您。一旦当了皇帝，人家会在太庙里祭祀谁？祭祀武元爽！那时他会怎么对待您、评价您，您想想看。

武则天听了大为动容。所以最后武则天不立武承嗣，而是立庐陵王李显为太子，李昭德也有一份功劳。

武则天喜欢祥瑞，就有人专门造这些讨好她，讨赏赐。有人献一块白石头，上面有红点，此人说红点说明这石头赤胆忠心。李昭德大骂：

"此石有红点就是赤胆忠心，别的石头没红点难道是反贼？"举座哄堂大笑。[⑥]

还有人献一只乌龟，乌龟肚子上有一行红字："天子万万年"。李昭德拿过来用刀子一刮，敢情是用红漆写上去的，于是要求把这个谄媚之徒杀掉。武则天则说："算了，他也是一片好意。"没答应。

李昭德就是这样的性格，火爆脾气，眼里揉不得沙子，发现什么就捅出来，所以很容易得罪人。而且气量也小。有的大臣就抨击他，说他是"性好凌轹，气负刚强"，意思是喜欢压人一头，性格强硬。《朝野佥载》评价他说："李昭德志大而器小，气高而智薄，假权制物，扼险凌人，刚愎有余，而恭宽不足，非谋身之道也。"这样的性格虽然能获得一时畅快，但是却逐渐为自己埋下祸根。

李昭德的祸事来自酷吏。他看酷吏那就是气不打一处来，酷吏大家都怕，但是李昭德专门和他们作对。来俊臣等人制造冤狱，李昭德就屡屡在朝堂上当众发难，逼问酷吏，寻找其破绽，结果好多次都把来俊臣等人搞得哑口无言。来俊臣等人对他那叫一个恨啊。

就这还不算完，李昭德还抓住来俊臣等酷吏的婚姻做文章。来俊臣得势之后就看不上自家黄脸婆了，他休掉了原配，娶太原王氏女。后来酷吏侯思止上奏，说自己要娶赵郡李氏女。太原王氏和赵郡李氏，那是当时响当当的大贵族，属于五姓七家，全社会都很仰慕。当他们家女婿的人那必须是人中龙凤。来俊臣、侯思止这种下三烂娶他们家的女儿，除了强取豪夺之外还能是什么。李昭德听说后拊掌大笑，说："太可笑了。往年来俊臣娶太原王氏，已经让整个国家蒙羞。现在侯思止又要来侮辱国家了。"[⑦]硬把这事儿搞黄了。

后来李昭德找了个机会把侯思止杀掉了。侯思止是武周时期著名酷吏之一，目不识丁，但是很懂得投武则天之所好。他原本不过是醴泉县一个卖饼的小贩，后来在大臣高元礼府上跑腿。当时恒州刺史裴贞杖责了一个判司（判司是对长官僚属的称呼，一般掌管文牍）。这个判司心怀怨恨，给侯思止教了一招，让他去说服高元礼，说裴贞联合唐朝宗室谋反。

此时正是武则天鼓励告密的时候，案件交给周兴，周兴将裴家满门抄斩，于是武则天授侯思止游击将军官衔。高元礼看到昔日的这个奴才不仅飞黄腾达，而且性格残忍，所以开始害怕了，他呼侯思止为“侯大”，还教了他一招，这一招很快就用上了。当时侯思止当上游击将军还不满足，又向武则天求御史职位，武则天笑道：“卿不识字。”侯思止大声回答：“獬豸兽亦不识字，而能触邪。”獬豸就是民间俗称的“独角兽”，据说善于发现奸邪之人，如有发现，则以角触之。武则天闻听此言大悦，真的拜他为左台侍御史。其实这句话就是高元礼教他的。

后来武则天看侯思止没有住宅，于是让他在已被满门抄斩的那些人的住宅里挑一套，侯思止一脸的大义凛然：“诸反逆人，臣恶其名，不愿坐其宅。”多么赤胆忠心，多么疾恶如仇啊，武则天越发喜欢了。

此人后来成了来俊臣手下得力的干将，著名的屠夫，来俊臣他们搞什么《告密罗织经》、发明各种酷刑都有他的份儿。老百姓提起他都恨得牙痒痒。

这号人李昭德自然看不起，而且找机会就想收拾他。终于等到了一个机会——有一年，武则天下令禁止宫廷以外人士穿用锦缎，锦是高档奢侈品，武则天的意思大约是提倡节约。偏偏侯思止这个家伙穷人乍富，正对奢侈品垂涎欲滴，于是违反御令，私蓄锦缎，遭到了举报。武则天命令李昭德来处理此事。

按理说这事儿属于能大能小的事情，睁一眼闭一眼也就过去了。可是李昭德好不容易逮着这么个为民除害的机会，岂能放过，竟将侯思止生生杖杀于朝堂之上。一时间百官、百姓欢欣鼓舞，酷吏吓得魂飞魄散。

你说这样的人酷吏们能放过他吗？平时没事儿都要找事儿呢，何况你专门和酷吏作对？再加上武承嗣的怂恿，于是，来俊臣发动党徒，一起告发，说李昭德要谋反。李昭德被投入监狱。过不多久，来俊臣也被

投入监狱，最后两人一同走上刑场。这就发生了前面所说的那一幕——大家无不惋惜李昭德而庆祝杀死来俊臣。

李昭德这样的人，虽然刚强硬气，但是却给自己带来了杀身之祸。虽然博得了大家的同情和赞许，但是却对未来的政局失去了影响力。这是刚强之人的缺点。

有的人像岩石

岩石什么特性？硬，岿然不动。但是时间长了却会被风化瓦解。有的人就属于这种特性，比如魏元忠。

魏元忠这个名字大家应该不陌生了，因为前面说过，与狄仁杰一起下狱的就有魏元忠。魏元忠是太学生出身，早年生性高傲，不愿意低三下四求人举荐自己，因此好几年都没当上官。后来他还专门学习了一阵子军事，吐蕃进犯的时候，他上书唐高宗，为国防献计献策，提出了整顿边防、不拘一格提拔军事人才、赏罚分明等一系列主张，唐高宗听了后很高兴。魏元忠有性格，就是在皇帝面前也很拽，提完主张，转身就走，没有按照礼仪的规定舞蹈而出。高宗非但没生气，反而很赞赏地看着他的背影，对其他大臣说："此书生虽然不懂朝廷礼仪，但却是个宰相之才啊。"于是任命他为秘书省正字。秘书省正字是唐代知识分子们崇尚的职务，魏元忠此后仕途一路走高。

徐敬业叛乱时，魏元忠是中央平叛大军的监军，出谋划策，立有大功。

此人早年的性格是刚直不阿，很有原则性、正义感。他一生先后四次下狱，都是遭到小人迫害。

第一次是因为他得罪了酷吏周兴，按法应该处死。结果武则天念其平定徐敬业有功，于是赦免了他。

第二次就是狄仁杰那一案，又是差点死掉。

第三次是因为得罪了武则天面首二张。张易之的家奴仗着主人的势力横行霸道，人们敢怒不敢言，而魏元忠当时担任检校洛州长史，下令将家奴逮捕，当场打死。百姓们扬眉吐气，但是张易之却恼了，打狗还要看主人嘛。这还不算完，魏元忠还专门给武则天“上眼药”。

当时武则天想提拔张易之的弟弟岐州刺史张昌期为雍州长史，雍州就是长安，雍州长史这是天子脚下的肥差。她故意问群臣：“你们看谁能担任雍州长史？”原本想着大家顺水推舟说“张昌期”就行了，没想到魏元忠站出来挡横：“臣看没有比薛季昶更合适的了。”武则天不高兴：“薛季昶久任京官，朕想给他换个地方；你看张昌期如何？”人家皇上都点名了，还有啥说的？于是诸相皆曰：“陛下得人矣。”唯独魏元忠迎面硬抗：“昌期不堪此任！他很年轻，没啥经验。当岐州刺史的时候，境内老百姓逃亡殆尽。到了长安来，行政事务比岐州复杂多了，张昌期绝不能胜任！”武则天一时哑口无言。没想到魏元忠还乘胜追击，指桑骂槐：“臣自先帝高宗以来就屡蒙恩渥，虽然愚拙却位列宰相。可是臣很愧疚，因为臣不能尽忠死节，使小人在侧，臣之罪也！”[8]所谓“小人在侧”指的是张易之兄弟。武则天和二张都气得翻白眼。

于是二张就找机会收拾他，在武则天面前告状，说魏元忠和另一个大臣在一起说：“天子老矣，当挟太子为耐久朋。”意思是武则天老了，我们应该力捧太子，做个长久打算。武则天刚听到时觉得很生气，后来通过证人查证，发现是二张的诬告，但是因为是二张的举报，武则天不愿意让二张脸面受损，于是还是把魏元忠贬为岭南高要县尉。一直到武则天死后，魏元忠才得以返回。

魏元忠原本的性格不仅硬气，而且孤傲，沉稳。第一次下狱，被判处死刑。当时他已经和许多案犯被拉到刑场上，就在即将行刑的一刹那，武则天派出一个使者来赦免他们。这个使者怕自己跑得慢，于是离刑场老远就高呼“有赦令”，围观人群听见了之后一片骚动，案犯们无不欢呼雀跃。唯独魏元忠，坐在那里气定神闲，刚才什么样现在还什么样。监刑的奇怪，说你怎么还不起来，赦令都来了。魏元忠说：“又没看到赦令，谁知道真假？不可造次。”一直到使者跑进刑场，出示了赦令，魏元忠这才站起来谢主隆恩。围观的人都感叹说这人真是太沉着了。

狄仁杰与魏元忠的交往，可能是自他们一起下狱开始的。前面说了，魏元忠得罪了酷吏郭弘霸，这是遭冤狱的一个原因。狄仁杰在狱中未经拷打就认罪了。而魏元忠则坚贞不屈，此时看起来魏元忠比狄仁杰硬气多了。

负责审讯魏元忠的是酷吏侯思止。前面说过，侯思止是个老粗，一字不识，就是残酷。每逢审讯囚徒，先咋呼着喊叫要给囚犯来一顿酷刑。提审魏元忠，张嘴就是："亟承白司马，不尔受孟青。"白司马是个地名，洛阳北面有个白司马坂。孟青就是孟青棒，是个人名，当年李冲叛乱，最后被百姓孟青棒所杀。这个话的意思是这样——"白司马坂"最后那个字是"叛"的谐音，孟青棒名字最后带个"棒"字，侯思止的意思是，你要是不承认"叛"乱，就给你一顿"棒"子受。但是他拽词，把这两个字用八竿子打不着的词做代称，"白司马"是"叛"的意思，"孟青"是"棒"的意思。越是没文化的人，整天审讯这些有文化的大臣，他就越要装模作样显示自己出口成章。

魏元忠哪里看得起他呀，不说话。侯思止急眼了，上去掀翻了魏元忠，拖着他在地上走。魏元忠不急不慌爬起来，说："我这就好比骑恶驴从上面掉下来了，脚卡在脚蹬里被驴拖着走。"侯思止气得抓狂，声称要处死魏元忠。魏元忠大喝一声，他说："侯思止，你是国家御史，穿着一身官服人模人样的，却敢说'白司马、孟青'这种话，你麻烦大了你！非我魏元忠，没人敢教你是怎么回事。"侯思止胡扯的那两句，纯粹是大老粗在拽词，一听魏元忠的话，他以为自己无意中触犯了什么忌讳，吓得不轻，赶紧换了一副嘴脸，把魏元忠扶好坐好，待为上宾，还说："思止死罪，幸亏有您教我。"魏元忠大咧咧坐在上座，把侯思止那句胡拽的话好好嘲笑了一顿——你看你拽的那些破词，哈哈！侯思止这才明白他在戏弄自己。后来这事情传到了武则天的耳朵里，武则天哈哈大笑。

但是有证据表明，魏元忠最后还是在拷打之下认罪了，因为此后武则天提审他们的时候，狄仁杰代大家解释为何认罪，并没有提到还有人坚持无罪。来俊臣也是因为他们认罪而放松了警惕。

也就是那一次，使得狄仁杰和魏元忠成了患难之交。案件结束时他们分头被贬，到了 697 年十月，狄仁杰被召回来再次拜为宰相，而魏元忠也在这一年九月从涪陵被召回来担任了御史中丞，两年后又拜相。他们此时是同事，级别也相当，所以就有了合作的机会。

在武则天立庐陵王为太子这件事上，应该说魏元忠和狄仁杰是同一个战壕的战友，他也立有功劳。但是，经历了多年磨难的魏元忠，最终还是像一块岩石一样，逐渐被风化，产生了裂纹。他的人生观逐渐发生了变化，变得逐渐趋炎附势，贪财。尤其是在第三次被贬之后，他变得消沉了。唐中宗即位当天就召他回洛阳，委以重任，当时狄仁杰已经去世数年，举朝上下对魏元忠都抱有极大的期待，但是他让人们失望了。《旧唐书》记载："元忠作相于则天朝，议者以为公清。至是再居政事，天下莫不延首倾属，冀有所弘益；元忠乃亲附权豪，抑弃寒俊，竟不能赏善罚恶，勉修时政，议者以此少之。"就是说此时的魏元忠，开始巴结权贵，也不再重视选拔人才，赏罚也不再公平，人们逐渐失望。而且他还变得越来越贪财。有一次他要回家祭扫祖坟，唐中宗特赐锦袍一领、银千两，还给他一纸手谕，写着"衣锦昼游，在乎兹日；散金敷惠，谅属斯辰"，意思是锦袍给你穿着，衣锦昼游，光宗耀祖，银子给你，请你用来赈济家乡父老。这里顺便说一句，唐朝除了华南部分少数民族地区外，并不拿银子作为货币，宋朝才开始普遍拿白银当货币，成为法定货币那是明英宗时候的事情了。但是银子在唐朝也是贵金属，送人也是重礼。而魏元忠竟然把这些银子私藏起来，根本没有分发，他竟吝啬到这个地步。

后来中宗太子李重俊叛乱，魏元忠的儿子也参与其中，魏元忠对武三思不满，在这个关键时刻首鼠两端，犹豫不决。最后李重俊杀死了武三思，但是在攻打宫廷时失败被杀。魏元忠虽然没有直接参与叛乱，但是依然遭到了武三思余党的攻击，第四次被流放，最终死在流放的路上。

唐代有人评价魏元忠，说他是“外示贞刚，内怀趋附。……首鼠之士，进退两端，……乱朝败政，莫非斯人。”⑨

所以说，魏元忠的一生就是像块岩石一样，最初坚硬无比，然而却在多年的风浪中被磨平了棱角，最终被风化瓦解了，殊为可惜。这也就是他在后世历史学家那里得不到狄仁杰那种级别评价的原因。

狄仁杰像水

前面讲的几个人，和狄仁杰一样，都试图对武则天未来政局产生影响，但是因各有各的性格，所以各有各的结局。狄仁杰的成功是他的性格决定的，这就是他获得的历史评价高于其他人的原因。狄仁杰一生的性格，可以用一个字总结：水。“上善若水，水善利万物而不争”，柔弱胜刚强啊，老子的思想。水表面看起来很柔弱，但是很有原则性，流向很坚定，遇到艰难险阻，水可以推倒它，也可以绕过它，也可以持之以恒水滴石穿，最后胜利的一定是水。狄仁杰就是这样战胜敌人，完成自己的人生目标的。

他的人生目标是什么？就是恢复大唐。这个观念是他逐步坚定起来的，一旦确立，他就义无反顾走下去。但是他采取的不是硬碰硬，而是委婉但有原则性的方式。主要体现在下面几方面：

第一，逆境自保。他明白，任何时候都首先要保全自己，才能完成理想。所以他在遭受诬陷下狱的时候，未经拷打就承认了罪名，就是为了留住性命以图后举。他明白，此时在酷吏面前再刚强不屈也于事无补，只要武则天没有听到你的声音，你就是喊破喉咙也没用，所以他很聪明地不与酷吏正面对抗，而是用夹带私信的方式向武则天喊冤。

第二，有礼有节。狄仁杰与人斗争，不到迫不得已的时候，他不会主动去攻击对立面。比如后面我们要谈到的立太子的过程，虽然狄仁杰坚决反对武家子弟，但是你在史料中找不到任何一句他直接抨击武家人的话，尤其是找不到他进行人身攻击的语言，这跟刘仁轨、李昭德、魏元忠等人形成强烈对比，看起来似乎有些“不过瘾”，实际上很有效。

狄仁杰明白，你说明自己的主张就可以了，不必激怒对手。打狗还要看主人，不要逼急了武则天。对待酷吏也是这样，他从来没有去主动挑战过他们，但是从骨子里他是反对他们、痛恨他们的。

第三，坚持原则。李唐复国的大目标始终如一，决不动摇，这是狄仁杰的原则。而复国的手段也能体现狄仁杰的个性，他主要是想通过立太子这种和平手段来复国。后来临终前谋划政变也是形势变化、迫不得已的结果。

历史上曾有人站在正统的封建节操观角度评价狄仁杰，认为狄仁杰做得不够好，为什么呢？你为武则天服务就是污点，士大夫都不能接受女人当权嘛。唐朝被武周取代，你为什么不辞官隐居，等武则天死后再来铲除武家子弟呢？这是一种很迂腐的封建气节观，说白了就是站着说话不腰疼。清代思想家王夫之抨击了这种看法，他认为，武承嗣、武三思之流，都是些狂妄小人，成不了大事，以狄仁杰的能力，完全可以在朝中用常规手段抑制他们，假如为了所谓气节，不去管这些事，那么等武承嗣等人势力坐大再来平定，会给整个国家带来动乱，所以他说："秉正治之而有余，何为弃可为之时，任其爚乱，以待南阳再起，始枭王莽于渐台，而贻中原之流血乎？"王夫之在这里用的是王莽的例子，狄仁杰总不能坐视武承嗣、武三思他们像王莽篡汉一样篡夺国家吧？哦，等他们把国家篡夺了，再像刘秀一样起兵来打，那就会给国家给人民带来更大的祸患。所以狄仁杰谋求立太子，又计划宫廷政变，为的就是以最小的代价换取最大的胜利，这是为全天下谋福利。王夫之感叹说："呜呼！斯狄梁公之所以不可及也。"[10]狄仁杰真是不可超越啊。

那么，奉行如此原则的狄仁杰，是如何成功劝说武则天立太子的呢？我们留待下讲。

注释

①《资治通鉴》卷二〇三。

②参见《旧唐书》卷八七《李昭德传》。

③《大唐新语》卷九。

④参见《旧唐书》卷八七《李昭德传》。

⑤《旧唐书》卷八七《李昭德传》。

⑥参见《旧唐书》卷八七《李昭德传》。

⑦参见《旧唐书》卷八七《李昭德传》。

⑧参见《旧唐书》卷九二《魏元忠传》。

⑨《朝野佥载》卷四。

⑩王夫之《读通鉴论》卷二一。

第九讲 乾坤底定

李显被废后，武则天称帝建立武周王朝，成为中国历史上第一个女皇帝。但到了武周王朝后期，武则天开始纠结于继承人问题，不知传位于武家人还是李家人。在这个问题上，一心匡扶李唐政权的狄仁杰，竭尽全力成功劝说武则天顺应民心还政于李唐。狄仁杰因此被历代政治家、史学家称为有再造唐室之功的忠臣义士。而按照古代社会的传统，皇位继承历来都是一个敏感的问题。狄仁杰在这个问题上，是如何说服强悍的武则天的呢？

狄仁杰在第二次当宰相之后，人在洛阳，但是心始终在房州。那里是他们这一派的希望之所在，也是朝廷斗争焦点所在。

而此时房州的一所宅院内，那个焦点正在天天以泪洗面，人家南唐后主李煜是“垂泪对宫娥”，他连宫娥都没有，只能垂泪对老婆。此人就是唐中宗李显。

前面说过，李显当皇帝后，因为要拜自己的岳父韦玄贞为宰相，在和宰相们的辩论过程中口不择言，说了句“我以天下与韦玄贞何不可！而惜侍中邪？”武则天压根就不乐意看到儿子掌权，借着这个机会把李显赶下台了。立他的弟弟李旦为帝，亲自掌握了大权。这是武则天登上皇位的开端。

李显被废为庐陵王，先是流放到均州，即今天湖北丹江口地区。也不知道是故意的还是咋的，在均州官方给李显的住宅竟然是李泰生前的住宅。李泰是唐太宗的儿子，在和李世民太子承乾进行皇位争夺的时候被太宗双双废弃，太宗最后的选择是立李治——也就是唐高宗为太子。李泰被流放到均州，心情失落，后来在这个房子里郁郁而终。李显被流放到这里，本来心情就够糟，又住到这么一个凶宅里，毛骨悚然，想一想看，李泰的经历和自己的难道不有些相似吗？自己住到他的房子里，

不祥之兆啊，感觉像天天半夜上演午夜凶铃，那心情糟到极点了。后来李显又被迁居到房州。

此时的李显一家可怜至极，给他惹祸的那个岳父韦玄贞被流放到岭南去了，当地一个酋长看上他的一个女儿，韦玄贞不给，那个酋长竟然把韦玄贞夫妇杀死。昔日的天子一家已经沦落到任人欺凌的地步，所以李显情绪十分低落，幸亏有他的妻子韦氏始终鼓励他，他才没有崩溃。

消息闭塞的他不知道，在他被流放的这些年里，围绕他的斗争一天也没有停止过。

徐敬业叛乱的时候，打出来的旗号就是匡扶庐陵王。徐敬业是借此争取人心啊，因为李显刚当皇帝没几天就被废，在很多忠于李唐的人眼睛里这是非法的，徐敬业要争取的就是这些人。

前面说了，武则天的侄子们也想当太子，武承嗣、武三思都跳得很欢。而武则天呢，她刚当皇帝时的态度是比较犹豫的，立谁为太子对她来说都是有利有弊。有一件事对狄仁杰他们这一派很有刺激。什么事呢？一场祭祀。

长寿二年（693）武则天大享万象神宫，万象神宫是她兴建的一座宏伟的礼制建筑，高度将近300尺，在中国古代是名列前茅的高层建筑。武则天在这里搞祭祀，场面很宏大，她亲自作曲，光舞蹈者就动用了900余人，大型团体操啊。就在这个万众瞩目的场合，武承嗣和武三思算是露了一把脸，武则天首先献祭，武承嗣紧跟其后做亚献，武三思做终献，这是一个政治信号，说明此时武则天心里已经开始倾向武承嗣他们了。因为按照以往的惯例，献祭的时候，做亚献的多半是皇太子，那么武承嗣做亚献，不是很能说明问题吗？这是一个很危险的信号，武承嗣当太子的野心有了实现的可能了。

那么此时的狄仁杰在哪里？他在彭泽县当县令呢，所以这事情对他来说是鞭长莫及。此时抵御武承嗣他们的是还在朝中的李昭德等人。

后来狄仁杰被派往河北抵御契丹的时候，发生了一件事情，恐怕对他很有触动。契丹人竟然打出了一个旗号："何不归我庐陵王？"[①]契丹人这一招很厉害，也很巧妙，他们是打算靠这个口号将契丹与中原人民的矛盾转化为契丹与武则天的矛盾，缩小对立面。我们是反对武则天，不是反对中原人。不过话可说回来，契丹人选择庐陵王问题来炒作，就是要利用当时社会上相当一部分人对李显被废的不满，某种程度上也反映了民意。

契丹人都拿李显说事，狄仁杰不可能不关心李显。这是他晚年最为关注的问题。李唐要复国，就得在继承人问题上做文章，而最佳人选就是李显。尽管李显这个人实际上不咋的，但是狄仁杰有他的考虑。这是后话，后文会涉及。

狄仁杰第二次拜相以来，倾尽全力要让李显回来当太子。他采取的措施符合他的个性，不搞强力手段，也不搞阴谋，始终是以恒心劝说武则天，其手段很有针对性，也很有灵活性。同时说白了，也够磨叽的，好家伙，利用一切机会，从各个角度劝说武则天，什么事儿都能让他扯到李显那里去。最终他当然成功了，他成功的要素有三项。

第一要素：以母子之情打动武则天

武则天有一次做梦，梦见一只鹦鹉，这只鹦鹉飞不起来，翅膀折了。武则天这人历来迷信，心里不安，第二天就在朝堂上问群臣，看谁能解梦。狄仁杰一看机会来了，马上站出来说："鹦鹉那就是您啊，带个武字嘛。翅膀就是您的两个儿子啊，现在您只有一个皇嗣在洛阳，要是把庐陵王召回来，两个翅膀就齐全了。"武承嗣、武三思当时也在场，气得鼻子不是鼻子脸不是脸的。

另外还有一次，武则天梦见和人下双陆棋，总是无法取胜。双陆是唐代流行的一种棋类游戏，两个人下，各有十多枚棋子，掷骰子，按照点数移动棋子，先把棋子移到自己大本营里的人获胜。武则天做了这么一个奇怪的梦，就想问问狄仁杰是什么意思。要不怎么说狄仁杰脑子转得比风车还要快呢，反正他这阵整天就惦记着把庐陵王接回来当太子，你说什么他都把你引到庐陵王那里去。狄仁杰立即回答："双陆不胜，盖为宫中无子。此是上天之意，假此以示陛下，安可久虚储位哉？"[②]双陆不胜，那是因为您大本营里没有"子"，没"子"赢不了，这是上天给您的启示，是要告诉您，不可让储君的位置长久空虚，要接回您的"子"啊！

武则天听了有些不快，我和你说梦，怎么每回你都能引到庐陵王那里去："是朕家事，断在胸中，卿岂合预焉！"[③]这是我的家事，我心里有数，你来参与不合适吧？狄仁杰回答说："臣闻王者以天下为家，四海之内，悉为臣妾，何者不为陛下家事！君为元首，臣为股肱，臣安得不预焉！"王者以天下为家，您的家事就是国事，国事就是您的家事，君是国家的头脑，臣是国家的股肱，我怎么无权参与呢？武则天这阵子还没被说动，又不好发作，于是命令手下将狄仁杰扶出去了，没听他的。

狄仁杰这两次说梦，有一个共同的特点，那就是强调母子关系的重要性，母亲不能没有儿子，您需要儿子的辅翼，不但需要一个，还需要两个……不断地在武则天面前强化这种观念。《旧唐书》说狄仁杰"每从容奏对，无不以子母恩情为言，则天亦渐省悟"。

第二要素：利用武则天的迷信心理

狄仁杰明白，武则天这人迷信心理很重，所以他要利用这一点。他曾以太庙祭祀问题为题劝说武则天："大帝以二子托陛下。陛下今乃欲移之他族，无乃非天意乎！且姑侄之与母子孰亲？陛下立子，则千秋万岁后，配食太庙，承继无穷；立侄，则未闻侄为天子而祔姑于庙者也。"[④]所谓"大帝"就是高宗，高宗皇帝把这两个儿子托付给您，您想立其他姓的人做太子，岂不是违背天意？而且您想想看，姑侄的感情能比过母子的感情吗？您立自己儿子为太子，那么您千秋万岁以后，能在太庙配享，传承无穷。立了侄子，从来没听说过侄子当天子而在太庙祭祀姑姑的。

这段话您觉得有些耳熟吗？是的，我们前面在讲李昭德的时候曾经提到过，李昭德说过一番和这个话十分相似的话，也是从太庙祭祀问题入手劝说武则天的，那么是不是史料记述有误，张冠李戴了呢？记述狄仁杰说过此话的有《新唐书》和《资治通鉴》等，记载李昭德说过此话的有《旧唐书》、《新唐书》、《唐会要》和《资治通鉴》等。究竟是谁说的，无从判断，考虑到《新唐书》、《资治通鉴》同时记载两个人说过这番话，而且两人语句还有所不同，所以我们也不能排除狄仁杰和李昭德两个人都这样劝说过武则天，因为这个话最能触动武则天。高明之处就在于充分利用了武则天的迷信心理，又糅合了母子亲情，同时也指出了武则天和武家子弟之间存在的鸿沟，你要为你自己的灵魂负责哦，儿子可以祭祀你，没听说过侄子在太庙祭祀姑母的，这话很能打动武则天。因此不排除李、狄均曾以此为突破口劝说武则天。

第三要素：得道多助

狄仁杰能够成功劝说武则天，还有一个要素就是他的主张并非特例，而是当时很多人的共同主张。李显被流放长达十多年，这期间狄仁杰也有两次被流放，不能保持对朝政的持续影响，其他人，比如刘仁轨、李昭德、魏元忠等人，在抑制武家子弟、保护李家子弟方面也是功不可没，而且他们这些人在武则天面前营造了一种氛围，就是使武则天意识到，虽然多数大臣忠于她的统治，但是对于武家子弟是坚决反对的，很多人都期待李唐在武则天千秋万岁之后复国。这样的氛围对狄仁杰很有利，一则使他的主张对武则天来说不那么突然，二则构成一种舆论压力，促使武则天认真考虑这种主张。

可能有人会有疑问：武则天搞酷吏政治，那么残酷，不就是为了清除异己分子吗？那么狄仁杰等人公然在她面前主张立李家人为太子，武则天怎么不杀他们呢？武则天的酷吏政治虽然残酷，但是要看到，武则天不是那种生性残酷的暴君，她搞酷吏政治是因为她那种女性身份想当皇帝会遭到男性皇帝不会遇到的种种困难，如果她不采取一些决绝的手段是无法达到目的的。前面说了，武则天做事是很有计划性的，酷吏政治是她前一个阶段内的非常手段，对此她是很清楚的。那么随着来俊臣

的死，酷吏政治宣告结束，武则天也随之转向宽厚。当然了，这主要是因为她觉得异己分子已经被清除得差不多了，构不成威胁了，即便有一些意见分歧，她也能正常看待了。所以在她晚年，以前一些不敢说的话题人们也敢说了。狄仁杰能成功，和这种氛围有很大关系。

当时和狄仁杰有共同主张的人还有不少。其中有一个叫吉顼的大臣，起的作用也不小，关键就在于他成功地利用了武则天的面首张昌宗、张易之。

吉顼是洛阳人，很高大，身长七尺，走路好昂头，视高而望远，张元一给他起外号叫“望柳骆驼”。[5]这是一个性格很复杂的人，一方面干过一些不得人心的事情，另外一方面又干了些顺乎民意的事情。不过在人品方面，史书对其颇有微词。

据《朝野佥载》和《新唐书》记载，吉顼在担任太常博士期间，其父易州刺史吉哲因为贪赃而被判死刑，等待行刑。吉顼实在没有办法，决心以特别手段拯救自己的父亲，他来拜见武承嗣，没有提父亲的事情，而是对武承嗣说：“我有两个妹妹，想送来伺候您。”武承嗣早都习惯别人拍马屁了，再加上自身就是个色鬼，立即答应了，吉顼将两个妹妹用牛车送入武府。武承嗣看见美女自然欢欣鼓舞，可是两个姐妹三日不语，武承嗣问其原因，二人曰：“我们父亲犯了国法，实在高兴不起来。”武承嗣一听，好办！于是让人免了吉哲的死罪，而且还提拔了吉顼。[6]

以如此龌龊的手段投靠武承嗣，吉顼自然在社会上得不到好名声。而且后来他还干了一件坏事，使得他落得了一个酷吏的骂名。万岁通天二年（697），箕州刺史刘思礼犯谋反罪，此人自称善于相面，说洛州录事参军綦连耀名应图谶，这是武则天非常忌讳的重罪，抓住就是死刑。吉顼不知道从哪里得到了情报，向武则天告发，武则天让武懿宗与吉顼一起审讯。这俩人诱惑刘思礼，让他编造案情牵连朝臣，牵进来的人多就可以饶其一死。刘思礼为了活命，胡编乱造，最终竟然举报牵连了36位大臣。武懿宗发挥其专长，对这些大臣严加拷打，逼迫其认罪，然后将他们置于死地，受牵累遭到流放的就多达千余人。天下无不叹息，而吉顼由此被提拔为右肃政台中丞，后来还担任了天官侍郎、同凤阁鸾台平章事，成了宰相了。天下人都认为他的仕途洒满了无辜者的鲜血，后世修《旧唐书》时就把他写入《酷吏传》，与来俊臣等人并列。

不过吉顼这个人与其他大老粗、生性狠毒的酷吏还是不大一样，他可能也意识到自己的所作所为必然要在历史上留下骂名，所以也想办法补救。自己做了那么大的坏事，要想挽救名誉，只有做一件更大的事情才可以。他揣测当时民意，觉得“劝立庐陵王为储君”可能是个机会。

他利用了和武则天的面首张昌宗、张易之的良好关系，决心出奇制胜。二张特殊的身份使得他们对武则天有着特别的影响力。吉顼曾经这样劝说二张：“公兄弟贵宠如此，非以德业取之也，天下侧目切齿多矣。不有大功于天下，何以自全？窃为公忧之！”[7]

这番话是在提醒二张——你们现在虽然无比风光，可是你们的危机也很大，你们是年轻人，武则天70多岁的人了，她能罩着你们几年？你们兄弟二人什么功绩也没有，天下人对你们侧目已久，如果不抓住机会立个大功，只怕武则天死后你们就完蛋了。

这话对于二张来说那当然是振聋发聩，事关自己未来的身家性命啊。二张急忙问怎么立功，吉顼回答：“天下士庶未忘唐德，咸复思庐陵王。主上春秋高，大业须有所付；武氏诸王非所属意。公何不从容劝上立庐陵王以系苍生之望！如此，非徒免祸，亦可以长保富贵矣。”[8]天下很多人都惦记着恢复李唐呢，你们为何不劝说皇上立庐陵王为太子呢？这样不仅能免祸，新皇帝即位之后，你们还有大功，可以长保富贵呢。

二张对这番话是言听计从，于是不断在武则天面前吹风。这枕头风的风力那当然很厉害了。武则天知道，这种主张不是二张能提出来的，只能是和他们比较接近的吉顼的主意，所以干脆直接把吉顼叫来，吉顼又对武则天做了正面的劝说。[9]武则天也很受触动。

可是，究竟谁是劝说武则天立李显为太子的首功呢？是狄仁杰还是吉顼？后来唐睿宗时期曾经下旨表彰吉顼，说他是“时王命中否，人谋未辑，首陈返政之议，克副祈天之基”[10]。注意这里用了“首陈返政之议”这样的字眼，看起来是在说吉顼是立李显为太子的首倡者。但是历代的历史学家们还是倾向认为狄仁杰才是首功，比如司马光就是这么认为的，在《资治通鉴考异》里他是这么说的：“盖太后宠信诸武，诛鉏李氏，虽己子庐陵亦废徙房陵，故仁杰劝召还左右，以强李氏，抑诸武耳。张、吉非能为唐社稷谋也，欲求己利耳。”也就是说司马光认为吉顼和二张是一丘之貉，都是想依靠拥立李显谋求长久利益，和狄仁杰不一样。

司马光这么不待见吉顼，主要是因为吉顼这人人品不好。中国古代的历史学家们绝大多数都是些“道德论”者，评价任何事首先从道德角度考虑问题，你吉顼人品不好，再加上你看看你劝说武则天利用的是啥人，是二张——面首，男宠，吹的是枕头风，正人君子做事情，怎么能依靠这些小人呢？所以你即便在立太子这事情上有贡献也不能给予好评。这就有点太武断了，一个人的道德和他做的事情，有时是可以分离的，人都有善的一面，也都有恶的一面，认为一个人恶，所以他的所有行为都是恶的，这太不公平。

不过话说回来，我也认为，在成功劝谏迎回李显为太子这件事上，首功不是吉顼，而是狄仁杰。为啥呢？我可不是道德论者，我是用证据说话。谁是首功，那要看武则天是如何认为的，从武则天召庐陵王回洛阳的过程中来看，武则天是将狄仁杰看做是劝动她的首席功臣。

这是颇具戏剧性的一幕。武则天在狄仁杰等人的反复劝说下，终于决定立李显为太子。朝廷的舆论氛围使她意识到，李唐复国的呼声很高，虽然自己的统治继续下去没有问题，可是一旦自己去世，而武家子弟即位的话，势必造成动乱，王朝得不到延续，武家也会覆灭。如果立李家人为太子，那么自己去世后，政治会平稳过渡，不至发生动乱，对李家、武家乃至整个国家都有好处。所以她最终决定，召回庐陵王李显，立他为太子。

当时李显一家在房州居住。圣历元年（698）三月，武则天派遣使者以召庐陵王一家回洛阳看病为名，将他们秘密接回来了。为什么要如此隐秘呢？因为近年来朝廷最重大的事情就是储君问题，万众瞩目，假如事不机密，被诸武得知，很有可能从中作梗，甚至采取非常手段。一旦接回来，则造成既成事实，谁也无可奈何。

武则天还想给狄仁杰一个惊喜，这个老汉一见她就呼吁召回庐陵王，天天讲，时时讲，说啥话题都能让他岔到庐陵王身上去，那叫一个磨叽啊。武则天想，行了，这回接回庐陵王了，看你还说啥。

于是她专门召狄仁杰来议事，事先把庐陵王李显藏在大帐后面。狄仁杰见了武则天又开始念经了，庐陵王这个，庐陵王那个。《旧唐书》记载说当时“仁杰慷慨敷奏，言发涕流”，说得泪流满面，武则天等他说到激动处，一下子将李显从大帐后拉出来，一把推到了狄仁杰面前：“还卿储君！”狄仁杰一看，又惊又喜，走下台阶，含泪拜贺。

换了一般人，此时除了激动、感恩戴德之外也没别的了，但是人家狄仁杰脑子跑得快，又是个不达目的誓不罢休的车轴脾气，拜贺一番之后，狄仁杰马上对武则天说：“太子还宫，人无知者，物议安审是非？”[11]您不能就这么把太子接回来啊，悄没声儿的，外界舆论还一无所知，既不隆重，也不庄严。不能这样。狄仁杰是要武则天以盛大的仪式欢迎李显回都，他的目的在于以这种方式促使武则天向天下宣告——前任皇帝回来了，要当太子了，背后的意思就是李唐未来要复国了。仪式越盛大，越能显示李显还都的重要性。狄仁杰够狡猾，武则天办了这个盛大的仪式以后想反悔都难。

武则天听从了狄仁杰的建议。她让李显重新出城，居住到龙门驿栈。这是洛阳南部最重要的驿栈。第二天武则天以一场盛大的仪式欢迎李显还都，据说当时“人情感悦”，天下人都觉得欢欣鼓舞。这是武周王朝历史上决定性的一幕，至此，李唐复国的趋势已经不可逆转。

我说狄仁杰是李显重新当太子的首席功臣，就是从这一幕看出来的，

要是吉项或者别人是首功的话，武则天怎么不在他们面前“还卿储君”呢？她专门把李显还给狄仁杰，毫无疑问是因为在武则天心目中，狄仁杰是拥立李显的首要人物。

那怎么解释后来唐睿宗表彰吉顼的那句“首陈返政之议”呢？那句话的重点是表扬他首先提出立李显为太子。可即便是所谓首次提出，这个功劳也不是他的呀，怎么解释？好解释，这就跟现在给人开追悼会一样，谁还不说几句好话啊，吉项在这件事情上也是有功的，这不能抹杀。唐睿宗表彰他的时候，他已经去世了，说几句拔高的话也是很正常的。

李显回来了，还是以这样一种隆重的方式回来了，大家都高兴，武家人不高兴，尤其是武承嗣。武承嗣上蹿下跳这么多年，把杀父之仇都扔到脑后了，你说为了个啥？还不就是为了当太子、当皇帝吗？我杀了多少人，费了多大劲，外加丢了多大的脸，最后啥也没得到。李显还都时那个盛大的场面对武承嗣来说是万箭钻心啊，于是乎，武则天时代最恶毒的人物，也是狄仁杰最警惕的人物——武承嗣在半年以后郁郁而终。《旧唐书》说他是“以不得立为皇太子，怏怏而卒”。当年他借酷吏之手费尽心机想害死狄仁杰，狄仁杰没死。你再看狄仁杰，人家连一句骂武承嗣的话都没说过，但是却杀人于无影无形之中，这才是传说中的“武林高手”。

但是武则天毕竟姓武，她可以决定在自己身后把天下交给儿子，但是她也不可能完全抛弃武家子弟。武承嗣死了，武则天下旨将其厚葬。紧跟着任命武三思为检校内史，同时任命狄仁杰为兼纳言。这样的任命意味着武则天在平衡两派势力，重用武三思，也重用狄仁杰，她还是希望两派能够和平共处。但这不是她可以左右的，这是后话。

这一年九月，皇嗣李旦正式向武则天提议让位于自己的哥哥。李显被正式确立为皇太子，武则天宣布天下大赦，以示庆祝。

也就在此时，突厥进犯。狄仁杰一看，机会来了。什么机会呢？历朝历代的太子，要想顺利继位，不能只靠太子的身份，那个不保险，最好要建立功勋。突厥进犯，给刚刚被立为太子的李显提供了一个机会，如果能击退突厥，那就算得上是开门见喜，建功立业了。此前是武懿宗那个草包将军在抵御突厥，名声太臭，他想招兵买马，结果人家一看是这货，根本不搭理，招兵招了一个多月，来报名的不过寥寥数百人。

在狄仁杰的鼓动之下，武则天任命太子李显为河北道行军大元帅，任命狄仁杰为副元帅，前去抵御突厥。这一下子百姓欢欣鼓舞，前来应募当兵的是人山人海，没几天就招募了5万多人。这就好比BBS上两个人发了同样内容的两个帖子，一个帖子5万多人顶，另一个帖子几百个人顶，这叫啥？这叫人品问题。百姓们用脚投票，不投武家子弟，而是投给了李家太子。

太子虽然是元帅，但是并不亲自上前线，最后是狄仁杰以副元帅身份，率领10万大军开拔前线。此时的突厥看见唐军主力开来，于是杀害了自己所掠夺的中原百姓，向北撤离，狄仁杰在后追赶，但是没有追上。突厥人都是骑兵，你想追他们太难了。

这一仗虽然没有建立奇功，但是却让武则天看到了人心之所向，也更让狄仁杰感到欣慰——百姓已经证明他的选择是正确的。狄仁杰就是这样通过自己的恒心和不断的努力，成功地为李唐复国奠定了基础，这也使得他成为唐朝历史上一代名相，青史留名。杜甫有一首诗叫《狄明府》，诗中有句子盛赞狄仁杰拥立李显的功绩：

狄公执政在末年，浊河终不污清济。
国嗣初将付诸武，公独廷诤守丹陛。
禁中决册请房陵，前朝长老皆流涕。
太宗社稷一朝正，汉官威仪重昭洗。

杜甫这首诗可谓饱含深情，代表了唐人的普遍心态。所以说，拥立李显是狄仁杰晚年意义最重大的举措之一。但是话可说回来，李显这个人在唐朝所有皇帝中算是比较昏庸的一个，可是狄仁杰为何要选择他呢？他的选择是不是错了呢？我们留待下讲来分析。

注释

①《资治通鉴》卷二〇六。

②《资治通鉴考异》。

③《资治通鉴》卷二〇六。

④《资治通鉴》卷二〇六。

⑤参见《朝野佥载》卷四。

⑥参见《朝野佥载》卷五。

⑦《资治通鉴》卷二〇六。

⑧《资治通鉴》卷二〇六。

⑨参见《资治通鉴》卷二〇六。

⑩《旧唐书》卷一三六《酷吏传》。

⑪《旧唐书》卷八九《狄仁杰传》。

第十讲 唐中宗其人

狄仁杰是唐朝著名的大臣，他历史声誉极好，有很多人推崇他，除了他品德高尚、才能非凡外，还有一个原因是他促成了武周政权回归大唐。但是，狄仁杰竭尽全力拥立的唐中宗李显，可以说是唐朝历史上比较昏庸的一个皇帝，他的种种表现令人不敢恭维。那么狄仁杰费尽心机拥立的李显到底是一个什么人？狄仁杰为什么要拥立他呢？

这一讲，重点谈谈狄仁杰拥立的唐中宗李显这个人。李显是高宗和武则天的第三个儿子，按照嫡长子继承制，皇帝这个宝座怎么也轮不到他来坐，但是造化弄人，没有帝王素质的他却被历史推到了前台。这个人，坦白地说，很不咋样，是唐朝历史上比较昏庸的一个皇帝。那么狄仁杰为什么一定要选择他呢？这是我们这一讲要谈到的问题。

为啥说唐中宗不咋样呢？咱们可以从他当皇帝之后的所作所为看出来。这里可能有个疑问——他当皇帝一共两次，第一次没几天，不算数，第二次当皇帝的时候狄仁杰已经死了，为啥要拿这个说事？钱钟书在《围城》里说过："当猴子蹲在地上的时候，红臀长尾巴是看不到的，当猴子起身上树，爬上高处，后部就会露出来，供大众瞻仰，这红臀长尾巴本来就有，并非地位爬高了的新标志。"我们就是要通过他爬高之后的事迹看一看他那原本就有的"红臀长尾巴"，再来分析一下狄仁杰力主立他的原因。

我觉得唐中宗有如下问题。

自我定位不清

一个皇帝，自我定位应该很清晰，这是你一切行为的出发点嘛。秦始皇自我定位就是统一天下；汉文帝自我定位是发展生产、提高国力；

汉武帝自我定位是弘扬国威……你唐中宗呢？很明显，他担当的角色与大家的预期不相符。他刚当皇帝的时候，举国上下都将他视作希望，期待他成为领导大唐复兴的一代英主。这是大家给他的定位。可是唐中宗自我定位很模糊，一方面他是李家的皇帝，一方面又试图扮演武家的保护者。一方面他恢复高宗时期的一切旧制，刚刚复国的时候，不仅国名换成了“唐”，而且“郊庙、社稷、陵寝、百官、旗帜、服色、文字皆如永淳以前故事”，也就是都恢复成高宗去世前的状态，首都也换成长安，而且还下令追究酷吏罪行。看起来万象更新。

但是唐中宗又不肯跟武周王朝彻底决裂。

这里面的原因，可能是因为中宗对其母亲一直心怀愧疚。他是靠政变推翻自己的母亲登上皇位的。政变那天他就不肯去，你说是胆小也好，说是怕伤害自己母亲也好，总之他是死活不愿意，政变者是强行把他扶上马背的，整个政变过程中他连句硬气话都说不出来。

政变之后，武则天被迁居到上阳宫。过了些天，唐中宗去看望她。结果这一去对他产生了极大的刺激。武则天在位的时候，很善于化妆，《新唐书》记载说：“太后虽春秋高，善自涂泽，虽左右不悟其衰。”而且武则天很善于保养，据说有秘方，唐人王焘写的《外台秘要》里记载过一则“近效则天大圣皇后炼益母草留颜方”，有兴趣的女读者不妨试一试。不过在我看来够麻烦的：“五月五日收取益母草。暴令干，烧作灰。取草时勿令根上有土，有土即无效。烧之时，预以水洒一所地，或泥一炉烧益母草。良久烬，无取斗罗筛此灰。干以水熟搅和，溲之，令极熟，团之如鸡子大作丸。于日里暴令极干讫，取黄土泥泥作小炉子，于地四边各开一小孔子。生刚炭，上下俱着炭。中央着药丸，多火经一炊久，即微微着火烧之。勿令火气绝，绝即不好。经一复时药熟，切不得猛火，若药镕变为瓷巴黄，用之无验。火微即药白色细腻，一复时出之于白瓷器中。以玉捶研，绢筛，又研，三日不绝。收取药以干器中盛，深藏旋旋取洗手面，令白如玉。女项颈上黑但用此药揩洗，并如玉色。秘之不可传。如无玉捶，以鹿角捶亦得。神验。”

善于化妆和保养，再加上可能心情也好，所以人们都觉得武则天看起来很年轻。唐中宗这回去看望自己的母亲，一进门就大吃一惊——出现在他面前的是一个精神颓废的老妇人。被赶下台的武则天精神不好，又没心情化妆，结果苍老之态尽显。唐中宗看见了大为伤心，他应该是觉得正是自己使得母亲变成了这个样子，所以非常内疚。

每隔10天左右，唐中宗就要去看望武则天一次。后来武则天去世，唐中宗亲自护送母亲的灵柩回长安，想把武则天埋到乾陵里去，但是有大臣反对，理由是卑不动尊啊。武则天去世前特地遗嘱，去帝号，号“则天大圣皇后”。既然是皇后，那就不应该打开乾陵地宫，乾陵地宫墓道是用石头填塞的，石头之间用铁连接，要想打开必须费很大劲，大臣们认为会惊动高宗皇帝的灵魂。但是中宗皇帝还是力排众议，将武则天埋葬入乾陵。

为了维护自己母亲的形象，唐中宗很反感大家称他为“中兴之主”，“中兴”本是朝廷内外许多人共同的期待，期待他成为带领大唐复国并且中兴的领袖，但是，人家唐中宗自己不认可。他刚刚即位时，天下很多寺庙、道观都改名“中兴寺”或者“中兴观”，表达对李唐复国的欣喜。可是唐中宗后来却下令，所有中兴寺或者中兴观一律改名“龙兴寺”、“龙兴观”，不许任何人说“中兴”。司马光评论说唐中宗的用意在于“示袭武氏后，不改其政也”，是要想表明自己是武氏政权的继承者，我可不想和武周王朝划清界限。

也正因为如此，所以他时刻照顾武氏家族的利益，不知道是不是武则天在去世前对唐中宗有所嘱托，反正唐中宗以后一系列举措证明——他试图在“唐朝皇帝”和“武氏家族保护者”两个身份之间玩平衡。

他不但继续尊奉武家先祖，而且还规定“武氏三代讳，奏事者皆不得犯”[①]。武家三代的名字，你们任何人都要注意避讳。许多大臣反复向他劝谏，请求他诛杀武氏子弟，尤其是那个阴险的武三思，但是唐中

宗根本不听，反倒和武三思结成儿女亲家，把自己最喜爱的女儿安乐公主嫁给了武三思的儿子，还拜武三思为司空、同中书门下三品，官居宰相之列。再加上武三思和韦皇后通奸，所以武三思的势力一时间竟然比武则天在世期间还要大。

领导政变推翻武则天的宰相张柬之，原本在狄仁杰去世时得到狄的遗嘱委托，要铲除武三思，但是他违背了狄仁杰的安排，没有动手，反倒把希望寄托在唐中宗身上，结果非但没看到诛杀武三思，反倒看到武三思越活越滋润。最后绝望的张柬之、桓彦范等人说："主上昔为英王，时称勇烈，吾所以不诛诸武者，欲使上自诛之，以张天子之威耳。今反如此，事势已去，知复奈何！"[②]皇上以前当亲王的时候，人都说他是个勇烈之人。我之所以不杀武家诸子弟，是想把他们留给皇上自己来杀，好让皇上借此建立自己的威望。现在情况反倒如此，大势已去啊。

后来，领导政变的张柬之等人被武三思铲除殆尽。这都是在唐中宗的默许之下进行的，谁看到这一幕都怀疑自己的眼睛——当今皇上究竟是叫李显还是武显啊？

唐中宗就是想在当李唐皇帝的同时，还要扮演武家保护者的角色，问题在于——你想平衡武家、李家的利益，那是不可能的，双方积怨太深，武家子弟在武则天在位期间大搞酷吏政治，迫害李唐宗室和朝臣，双方是你死我活的对立关系。武则天在世期间，依靠她的权威，双方还不至于发生正面冲突，但是暗地的较劲一刻也没停过。武则天当然是希望李家、武家可以和平共处，但那是她的一厢情愿。现在她去世了，武家势必遭到铲除，可是你看不到这一点，还想保护武家。保护也可以啊，你得引导武家子弟走正路，办几件对国家社稷有功的大事即可。可是武三思在他的纵容下，卖官鬻爵、欺压良善、诛杀功臣、欺压太子，坏事做绝，这实际上是把武家往死路上推啊。最后李家、武家的矛盾以太子李重俊叛乱的形式来了个总爆发，武三思死了，太子也死了，这下爽不爽？过不了多久，中宗也死了，国家除了动荡还是动荡，这就是唐中宗自我定位不准确带来的恶果。

没有领袖气质

唐中宗李显这个人，没有一点领袖气质，我们可以举出三点来：

第一，他言语不谨慎。

一个领袖人物，应该谨言慎行。中国古代对皇帝的言行、仪态都有很高的要求，天子无戏言啊，你不能随便乱讲话的。《吕氏春秋》记载说西周时候周成王和自己的弟弟叔虞一起玩，两个人都是小孩子，周成王随便拿了个树叶给弟弟说："这个封给你。"这就是孩子玩过家家嘛，可是周公听说了，马上就来找周成王，问："听说你要封叔虞？"成王回答："我是在和叔虞戏言而已。"周公很严肃地说："臣闻之，天子无戏言。天子言，则史书之，工诵之，士称之。"天子能随便说话吗？你的任何话人们都会传播，要被记录下来的，连玩笑也不能开。所以周成王就真的把今天山西的一块地方封给了自己的弟弟。这家伙，当个皇帝也不易啊，想玩个幽默都不成。

而唐中宗李显呢，他就管不住自己的嘴巴，还曾给自己惹来大麻烦。前面不是说过，他以前不是当过一次皇帝吗？结果没几天就想拜自己的岳父为宰相，遭到大臣们反对，他张嘴就来了一句："我以天下与韦玄贞何不可！而惜侍中邪？"不就是因为这句话被他母亲抓了话柄，被废黜了吗？都是嘴巴惹的祸。

从心理上来说，人们认为有领袖气质的人应该是沉稳不多言的，而唐中宗很明显不是这样的人。

第二，他不够稳重端庄。

不仅仅是语言啊，皇帝举止都要符合礼仪，都要端庄，你看世界上那些深孚众望的政治家，一个眼神、一个动作都透着自信和权威。你看古代皇帝头上戴的那个冕，有十二旒垂在那里，干吗用的？其作用之一就是随时提醒皇帝保持端庄，头动作稍微一大那些冕旒就乱晃，你就知道自己动作大了。嬉皮笑脸、坐没坐相站没站相那不是皇帝的做派。但是，咱们的李显同志恰恰属于后者。此人似乎是个性情中人，遇到高兴事就手舞足蹈，而且很不懂得皇帝该做什么不该做什么。比如说他宠爱韦氏和安乐公主，有一天突发奇想，咱们找个乐子吧。音乐歌舞、打猎都不新鲜，咱们看拔河吧！于是把宰相、将军、驸马等一大堆人分成两拨，叫做“东朋”、“西朋”，然后让他们拔河。场面很是热闹，其中有几个年纪很大的大臣四仰八叉地倒在地上，半天爬不起来，中宗和韦皇后在楼上高兴得手舞足蹈：“好好好……”你倒是高兴了，台下多少旁观者都觉得心寒。

所以说，从气质上来说，唐中宗也不是个合格的皇帝。

第三，他没有坚强性格。

一个人坚强不坚强，那要看他在逆境中的所作所为。李显在被废为庐陵王之后，精神一下子彻底崩溃了。他的两个哥哥均是死于非命，尤其是二哥李贤，那就是在被废流放到巴州之后，又被武则天派遣使者赐死的。此事就发生在他被流放到房州之前不久，你说他能不害怕吗？所以李显终日以泪洗面，觉得自己这一辈子完蛋了。每当听说有使者来到，李显就吓得要抹脖子要上吊：我不活了。这不是一个精神坚强者应有的做派，何况你还坐过几天龙椅呢。你看狄仁杰被贬官流放的时候，始终如一，没有一丝一毫的颓废。两者一对比，差距很明显。

说实话，按照唐中宗那种一惊一乍的性格，在房州憋屈久了早晚发展成精神病。可是他竟然还能熬过十几年，最终等来出头之日，主要是靠他的王妃，也就是未来的皇后韦氏。韦氏比她丈夫坚强多了。看到她丈夫整天寻死觅活的，就劝他：“祸福倚伏，何常之有，岂失一死，何遽如是也！”③福祸相依，你怎么就知道自己要永远倒霉？谁都难免一死，至于这样吗？于是唐中宗就在老婆的鼓励下振作精神。韦氏在这十几年里就是唐中宗的精神支柱。韦氏家族也很不幸，她的父亲韦玄贞被流放到钦州，即今天广西地区。在那里，当地酋长为了抢夺韦玄贞的一个女儿，将他们夫妇杀害了。所以韦氏跟着唐中宗，可以说福没有享受几天，苦头可是吃了不少。

唐中宗大概觉得很对不起韦氏，所以跟韦氏的感情非常好，史书说是“累年同艰危，情义甚笃”。而且唐中宗还在韦氏面前许下诺言：“一朝见天日，誓不相禁忌。”[④]我要是有朝一日能东山再起，我发誓，你干什么我都不禁止。注意啊，这句话又是唐中宗嘴巴太大的证据，这话敢随便说吗？后来韦氏为所欲为，跟中宗这番发誓有很大的关系。所以说，从性格上来讲，唐中宗李显也不合格。

不能管好家庭

皇帝的家事就是国事啊，家庭管不好直接影响国家政治。唐中宗的家庭，绝对是一个不正常的家庭。前面说了，唐中宗一家当年被武则天流放到房州，中宗终日以泪洗面，是韦氏始终在鼓励着他，因此他对韦氏始终有一种依赖的心理。等到当了皇帝，他就真的履行了自己的诺言——让韦氏为所欲为。而韦氏也就此发展成了唐代历史上著名的乱政皇后。

那么韦氏都干了些什么呢？

第一，这个女人有政治野心。武则天当了一回女皇，一下子把唐代妇女的权力瘾勾出来了，有政治欲望的女人一时间是层出不穷，个个都想学武则天，韦氏就是其中比较典型的一个。问题在于，你有武则天的野心，可你有武则天的能力吗？她很多事都是在模仿武则天，比如在长安城圜丘祭天的时候，皇帝首献，她亚献，完全在模仿当年的武则天，还想让女儿安乐公主做终献，遭到大臣们反对才作罢。武则天给自己先祖封王，她也给自己父亲封王。武则天搞垂帘听政，她也搞。那她的野心就很明显了。

第二，这个女人给唐中宗戴绿帽子。韦氏成为皇后之后，就与武三思勾搭上了。武三思能和韦皇后搭上线，主要还是靠上官婉儿。上官婉儿那是武则天生前的机要秘书啊，人很聪慧，文笔优美。此时她是唐中宗的妃子，她和武三思有私情，于是就把武三思引荐给韦后，韦后就此

和武三思眉来眼去。这个唐中宗呢，也不知道他是出于什么心理，竟然对这个绯闻毫无所动。韦后和武三思竟然胆大到一起坐在御床上玩双陆，唐中宗还站在旁边亲自“点筹”，就是帮着计数。顺便说一句，您别想歪了，“床”在唐代是坐榻的意思，不是睡觉用的。

韦皇后不但与武三思私通，还卖官鬻爵，公开兜售官职，岗位不够了就设立许多名目，一时之间官场上乌烟瘴气。自古以来皆是如此，买官的钱就是一笔投资，投资就要有回报啊，花钱买官的还不就是为了更方便地捞吗？所以说，唐中宗时期，唐代官场的腐败达到了一个新的高度。

有一个平民叫韦月将，大胆向皇帝上书，揭发韦后私通武三思的丑行，而且预言武三思将有谋逆之举，但是皇帝非但不听，反倒要将此人斩首。有大臣反对，来奏请皇帝按照律法程序进行审讯。唐中宗一听就一蹦三丈高，衣服还没整理好，趿拉着鞋就跑出来大骂：“朕谓已斩，乃犹未邪！”[5]我以为已经杀了他了，怎么还没杀？众大臣一致反对治死罪，不得已，唐中宗下令将韦月将流放，但是在流放地点派人将其杀害。

武三思还派人在大街上张贴揭露韦后和自己私通的大字报，他为什么这么干？这是一招苦肉计，他是想将这个大字报归罪到张柬之等五人身上，这五个人都是狄仁杰当年推荐上来的，是狄仁杰生前预设的棋子，推翻武则天就是这五个人领导的，因功封王，所以被称为“五王”。武三思知道，唐中宗一听到韦后给他戴绿帽子的传闻就恼火，所以就故意来这么一招，结果呢，导致唐中宗将“五王”全部流放，最后“五王”都死了。

唐中宗家庭问题最大的还不是韦后，而是安乐公主。这个安乐公主是唐中宗和韦后在流放期间所生，当时可能是因为条件艰苦，孩子生下来，唐中宗解下自己的袍子将孩子包裹起来，所以孩子小名就叫“裹儿”。

为人父母的人要是自己以前吃过苦，或者这个孩子幼年吃过苦，就特别容易溺爱这个孩子，好像发誓不再让孩子受罪一样。唐中宗就是这个心理，在自己所有孩子里，他最爱安乐公主。安乐公主自小就养成了一种大小姐脾气，以自我为中心，生活奢侈无度，而且什么事都敢干。卖官鬻爵有她的份儿，陷害“五王”也有她的份儿。为了卖官鬻爵方便，她甚至亲手写敕文，然后让她爸爸签字，还遮住内容不让中宗看，而唐中宗竟然就哈哈一笑，签字了事。当时她擅自提拔的官员多达数百上千人，甚至要预先挪用下一轮的职位指标才能满足其需求。

她看上了长安的昆明池，那是汉武帝时期开凿的一个巨型人工湖，向她爸爸要，中宗没答应。结果安乐公主差派大批民夫，给自己挖了一个比昆明池还要大、还要壮丽的人工湖，取名“定昆池”，意思就是你不给我昆明池，我搞个比昆明池还牛的镇住你。你看这猖狂劲。唐中宗和韦皇后还专门去参加落成典礼。

安乐公主的政治野心很大，也想当皇帝。她怂恿中宗立自己为“皇太女”，这个职称很有创意，前无古人啊。要想当皇太女，那现在的太子李重俊就是个障碍。安乐公主就联合母亲和自己的公公武三思欺负太子。这一下子酿成了一场激烈的血腥斗争。

李重俊是中宗第三个儿子。中宗长子李重润，武则天时期因为议论二张，和其妹永泰郡主、妹夫武延基一起被杀了。他就是著名的懿德太子，现在他的陵墓地宫已经公开展出。

中宗第二子李重福，被韦皇后诬告为当年向武则天举报李重润的幕后黑手，二张的帮凶，降职为濮州员外刺史，而且不许实际过问政事。遇到天下大赦，他也不得赦免。他向父亲求饶也不见回音，非常凄惨。一直到中宗死，他也没有机会重回京城。后来唐睿宗的时候，憋屈坏了的李重福干脆自均州潜回东都洛阳，纠集数百人发动兵变，想以皇子身份夺取大权，结果兵败自杀。

中宗第三子就是太子李重俊，其生母可能是一位不知名的宫女。所以他特别受韦后和安乐公主的欺负。韦后一门心思想着让安乐公主当皇太女，她们全然按照武则天的路数来，前进路上的任何障碍都必须铲除，

而武三思则是她们的帮凶。唐中宗糊涂软弱，未能保护太子，导致他们肆无忌惮。“安乐公主与驸马左卫将军武崇训常陵侮太子，或呼为奴。崇训又教公主言于上，请废太子，立己为皇太女。太子积不能平。”[⑥]唐朝历史上能顺利即位的太子不算多，太子被废甚至被囚、被杀的事情比比皆是，李重俊眼见自己的前途也是岌岌可危，愤恨之下，他决心冒险，先下手为强。

李重俊暗地里联合一些军人准备发动兵变，向他效忠的有左金吾大将军成王李千里、左羽林大将军李多祚、右羽林将军李思冲、李承况、独孤祎之、沙吒忠义等。

李重俊的计划是除掉武三思父子、韦皇后、安乐公主、上官婉儿，然后逼迫中宗退位。景龙元年（707）七月辛丑，李重俊举事，矫制发羽林千骑兵三百余人，首先冲入武三思府第，直取武三思父子，武家进行了激烈的抵抗，但是无济于事，武则天时代第二号奸臣武三思就此殒命。

政变第一步按计划完成了，可是第二步却很不顺利，叛军自肃章门斩关冲入宫中，四处寻找韦后和安乐公主、上官婉儿等人。要不说太子被皇帝疏远可能有些日子了，宫中谁住在哪里他都搞不清楚。由于搜索耗时太长，给敌人留下了反击的时间。上官婉儿首先意识到情况不对，立即跑到中宗面前喊道：“观其意欲先索婉儿，次索皇后，次及大家！”[⑦]他们是来要我和皇后的命的，下面就轮到大家（“大家”是唐代宫廷内部对皇帝的称呼）您了！中宗吓得手足无措，上官婉儿和韦后、安乐公主簇拥着皇帝登上了玄武门城楼，此时效忠皇帝的部队陆续赶到，开始只有百余人，很快就增加到两千余人，兵力比太子叛军多得多。这些部队将玄武门上上下下严密保卫了起来。

太子叛军搜索到玄武门，赫然看到大队甲士正簇拥着皇帝严阵以待，顿时就愣住了。此时太子骑在马上，还想指挥部队进攻，但是军心已经发生了动摇。太子和李多祚停下来，期待皇帝能向他们喊话，有所询问。

就在这个犹疑的当口，皇帝身旁的宦官宫闱令杨思勖趁势挺身而出，挥刀冲向叛军前锋羽林中郎将野呼利。野呼利原是一员猛将，是李多祚的女婿，他没料到一个宦官敢主动进攻自己，竟然被杨思勖一刀斩于马下（所以不要以为宦官都是翘着莲花指的娘娘腔），叛军士气大受挫折。中宗总算振作起来，冲着楼下叛军们喊话：“汝辈皆朕宿卫之士，何为从多祚反？苟能斩反者，勿患不富贵。”⑧叛军顿时崩溃，有人临阵倒戈，当场杀死了李多祚、李承况、独孤祎之、沙吒忠义，太子见大势已去，拨马逃跑，跑到长安城外被自己的部下所杀。

这场政变实在是太子被逼到绝路上之后的困兽之斗，天下人都为太子感到惋惜，为武三思之死暗地高兴。可是唐中宗是怎么做的？他下令把自己儿子的头砍下来，祭奠武三思父子。你看这人还是人吗？

李重俊的叛乱，实际上就是唐中宗平衡李家、武家政策失败的象征。双方矛盾太深，不可能调和，狄仁杰早在去世前就看到了这一点，但是他的继任者张柬之等人以及中宗皇帝都没有解决这个问题的魄力，最终酿成惨剧。中宗也就在此事过去不多久，就被安乐公主毒死了，最终他也害了自己。

对于狄仁杰，唐中宗也有他独到的看法。狄仁杰费尽心机、苦口婆心将他立为太子，甚至临去世还不忘巩固他的地位。可是唐中宗是怎么看待狄仁杰的呢？

中宗即位后，有人报告了一件事。说当年他当太子的时候，武则天有一次得病，狄仁杰曾经趁机奏请让太子“监国”，但是遭到了某些大臣的反对，此事没成。说实话，这就是狄仁杰想趁机让太子巩固自己的位子。那么唐中宗怎么评价这件事呢？他是这么说的：“人臣事主，必在一心，岂有主上少有不安，即请太子知事？乃是狄仁杰树私惠。”⑨天下哪里有这样的道理，皇帝身体一有病就奏请让太子监国的？这是狄仁杰想在我这里讨好处，巴结我，为自己博名声、讨好处啊。

你说狄仁杰能有什么私心？说实话，当时的狄仁杰已经是一人之下，

万人之上，又非常受武则天信赖，年纪也很大了，他还能有什么私心？他所作所为还不都是为你，也就是为大唐未来考虑吗？对于自己最大的恩人，唐中宗就是这么个态度。

那么他为何这样看待狄仁杰？主要的原因就在于他对自己参与政变赶自己母亲下台还是心存愧疚，觉得不够光彩。所以在登基后，先是奖赏张柬之等兵变领导人，然后再找借口一一收拾，而政变领导人张柬之、袁恕已、桓彦范等人都是狄仁杰生前推荐当官的，换句话说狄仁杰死前已经把局做下了，中宗肯定对他有意见，因此就借着陈年往事贬低一下狄仁杰。

我们总结一下，唐中宗这个人就是一个还算孝顺的儿子、一个糊涂的丈夫、一个溺爱孩子的父亲，说坏也坏不到哪里去，但是作为一个皇帝是绝对不合格的。这样的人，狄仁杰为何一定要拥护他呢？武则天除了李显之外，不是还有个儿子李旦吗？为何一定要支持李显呢？狄仁杰这样做大概有三个原因，我们来分析一下。

第一，了解程度不足。狄仁杰对李显缺乏了解，唐中宗的所作所为，绝大多数发生在他第二次当皇帝之后，而此时狄仁杰已经去世多年了。他当年第一次当皇帝时间极短，而且狄仁杰那时还在外地当官，对他肯定是缺乏了解的。他当庐陵王的时候长期流放在南方，狄仁杰更没可能与其接触了。以前的他比较低调，那些缺点都是到了最高处才露出来的。狄仁杰无法预料。

第二，礼法的原因。即便他有各种各样的毛病，狄仁杰也没有别的选择。因为高宗的嫡子之中只剩下了李显和李旦，李显是老三，李旦是老四，按照礼法来说，立长不立幼。尽管唐朝历史上皇位继承实际上屡屡打破这个规则，但是坚持规则的原则性不能变。

第三，法理的原因。这可能是最重要的原因——立李显为太子，象征着高宗统治的继续，而立李旦为太子，则意味着默认武则天当年废黜李显的合法性。李显当年继承的是高宗的皇位，但是被武则天找借口废黜，然后立了李旦，就此正式拉开了自己称帝的序幕。而我们后面会说到，以狄仁杰为首的朝臣们虽然承认武则天的统治，但是始终在强调武则天是替高宗监国，以后要归政于李唐的。这言下之意就是您的统治最好就此一届，说到底还是为了不让武家子弟继承皇位。因此，要想强调武则天武周朝的临时性，就不能承认她废李显、立李旦的合法性。那么就只能让李显重新当皇帝，这才体现出归政于李唐、延续高宗的统治。因此，狄仁杰只能选择李显。宋代著名理学家朱熹就曾经这样说过："中宗决不敢为黜母之事。然而并中宗废之，又不得。当时人心惟是见武后以非罪废天子，故疾之深；惟是见中宗以无罪被废，故愿复之切。若并中宗废之，又未知有何收拾人心。"[10]意思是中宗虽然昏聩，但是却不能舍弃他另立别人，因为当时人心都认定武则天废黜中宗是非法的，一心想使其复位，假如狄仁杰他们舍弃中宗，那么不知道拿什么来收拾人心。朱熹对狄仁杰心态的分析可谓一语中的。

最后，唐中宗的统治以悲剧宣告结束，他是被当皇太女心切的安乐公主联合韦后毒死的。但是不管怎样，大唐还是得以延续，因为在他死后，一个年轻有为的强势人物登场了，那就是李隆基，未来的唐玄宗。狄仁杰的理想还是得以实现了。

立李显为太子，是当时唯一正确的选择。狄仁杰没有做错。那么，一心复唐的他和武则天的关系如何呢？武则天是否会因此对他心怀不满呢？我们下一讲再做分析。

注释

①《资治通鉴》卷二〇八。

②《资治通鉴》卷二〇八。

③《旧唐书》卷五一《中宗韦庶人传》。

④《旧唐书》卷五一《中宗韦庶人传》。

⑤《资治通鉴》卷二〇八。

⑥《资治通鉴》卷二〇八。

⑦《资治通鉴》卷二〇八。

⑧《资治通鉴》卷二〇八。

⑨《旧唐书》卷九二《魏元忠传》。

⑩《朱子语类》卷一三二。

第十一讲　君臣鱼水

作为正统的儒家，狄仁杰忠于李唐王朝，对女人当政也有看法。但是在武则天改朝换代，建立武周王朝后，他对武则天个人也很忠诚，可以说是竭尽全力为武则天服务。而武则天虽然知道狄仁杰内心的真实想法，但仍然重用狄仁杰，两度拜狄仁杰为宰相。那么，狄仁杰和武则天，他们之间究竟有怎样的关系呢？

狄仁杰劝说武则天立李显为太子，总算是了结了自己最大的一件心事。但是大家可以注意到，这一举动意味着让武则天承认武周王朝是个临时性的王朝，虽然李显名义上被赐姓武，但是谁都清楚，武则天死后他一定会姓李的，天下会姓唐的。而狄仁杰就是促成这一切的首席功臣。

那么武则天与狄仁杰的关系如何？她是否因狄仁杰谋求复唐而对狄仁杰心怀不满，导致两人关系紧张呢？不是的。武则天和狄仁杰的关系可能是中国古代君臣关系中最特别的，正如以前我们所说的，狄仁杰是武则天一生最好的助手。与此同时，他也是武则天一生唯一的对手。武则天的一生是斗争的一生，太后中的战斗机。在她前进路上曾经有过众多敌人，比如王皇后、萧淑妃、长孙无忌、褚遂良、李唐宗室、徐敬业、裴炎等等，她的这些敌人与她的对抗都是正面对抗的形式，但是都被武则天一一战胜，他们的结局只有两个字——悲惨。

可是狄仁杰不一样，他以柔弱胜刚强，水一样的性格，温和却不失执著。他从来不与武则天进行正面对抗，甚至可以说他压根也没打算把武则天当做敌人，而是全心全意辅佐她，但是他完成了武则天前面那些敌人完成不了的目标，所以狄仁杰才是最后的胜利者。也正因为如此，我们说只有狄仁杰才是武则天真正的对手。您说这样的关系奇特不奇特？

武则天面对他，也是充满尊敬。晚年的她最需要的是一位德高望重、有高超行政能力的人来辅佐朝政，狄仁杰是最佳的人选。因此，从神功元年(697)闰十月担任鸾台侍郎、同凤阁鸾台平章事起，到圣历元年(698)担任检校纳言，再到久视元年（700）担任内史，狄仁杰几乎一年一升迁。这里顺便说一下，刚才咱们一口气说了三个年号，其实只有四年，武则天就有这个嗜好——爱换年号，她在位二十余年换了十七个年号，平均一年多一个。狄仁杰在当时宰相级别的官员中是升迁最快的。

武则天在所有大臣中最信任狄仁杰，《资治通鉴》记载说“太后信重内史梁文惠公狄仁杰，群臣莫及”。说句题外话，《资治通鉴》的作者司马光一直否认武则天皇位的合法性，所以始终称武则天为“太后”，实际上武则天此时是皇帝。在《全唐文》里记载着一道武则天的《授狄仁杰内史制》，她是这么称赞狄仁杰的：“出移节传，播良守之风；入践台阁，得名臣之体。岂惟怀道佐明，见期于管乐；故以竭诚匡主，思致于尧舜。九重肃侍，则深陈可否；百辟在庭，则显言得失。”这是说狄仁杰无论是出外担任地方官还是入朝担任宰相，都是出色的官员。自己把自己的目标定为管仲、乐毅那样的名臣，辅佐君主想让君主成为尧舜那样的君主。这个评价相当高啊。

你说当年武则天为了当上皇帝以及巩固皇权，大搞酷吏政治，杀了那么多的人，有的人根本就是些莫须有的罪名就被杀了，那么面对这个一心想光复大唐的狄仁杰，武则天怎么如此和善呢？

狄仁杰在第二次当宰相之后，帮助大唐复国的思想就很坚定，他直接就把武周王朝定性为临时性王朝，将武则天定位为高宗的监国者。唐代《狄梁公传》记载狄仁杰曾经当面对武则天说：“陛下身是大帝皇后，大帝寝疾，权使陛下监国；大帝崩后，合归冢嫡。陛下遂奄有神器，十有余年。今议缵承，岂可更异！”您是高宗的皇后，高宗病重，您监国。高宗去世了，您应该把政权交给嫡子，可是您没给，这已经十多年了，未来太子人选，可不能再换了。你看这话说得有多反动，多赤裸裸啊，可是武则天竟然能容忍，缘故何在？我们来分析一下：

首先，此种舆论已成氛围。有这种思想的在当时不止狄仁杰一个人，已经形成了一股思潮，就如同吉顼对二张所说的那样："天下士庶未忘唐德，咸复思庐陵王。"这是武则天经常能听到的声音，所以她只有采取法不责众的态度。按理说武则天绝非碌碌无为的昏君，为何天下人都想着大唐光复呢？说到底还是因为武则天是一个女人。因此包括狄仁杰在内的一班大臣，他们光复大唐的一腔正气是建立在封建道德观基础上的，男尊女卑、男权主义是他们的思想基础，武则天能力再强也未能扭转这种局面。这是古人的历史局限性，我们对此不能苛求。当然，我们前面还谈到过另一个重要的原因，那就是武家子弟太混账，如果不恢复大唐，天下就要落到这批小人手里了，所以狄仁杰他们的态度也有很现实的一面。

其次，武则天性格已经有所转变。狄仁杰赶上好时候了，武则天好杀，但是自打来俊臣被杀之后，武则天的性格有了很大变化。当时有一番对话，能体现武则天的思想转变。这段对话发生在武则天和大臣姚崇之间，时间是来俊臣死后若干日。《大唐新语》记载，当时武则天对于酷吏政治有所反思，她说："近者朝臣多被周兴、来俊臣推勘，递相牵引，咸自承伏。国家有法，朕岂能违。中间疑有滥者，更使近臣就狱推问，得报皆自承引，朕不以为疑，即可其奏。自周兴、俊臣死，更不闻有反逆者。然已前就戮者，岂不有冤滥耶？"武则天意识到，自打周兴、来俊臣死后，再也没有听说朝臣中有反叛者。那么以前那么多所谓"反叛者"，是不是都冤枉了呢？在这段话里，她还有为自己开脱的意思，我是尊重国家律法办事，酷吏坏，我派去复查的那些大臣也不尽责，所以才杀了那么多人。

而姚崇则回答说："自垂拱已后，被告身死破家者，皆枉酷自诬而死，告事者特以为功。天下号为罗织，甚于汉之党锢。陛下令近臣就狱问者，近臣亦不自保，何敢辄有动摇。赖上天降灵，圣情发寤，诛灭凶竖，

朝庭晏安。今日已后，微躯及一门百口，保见在内外官更无反逆者。”[①] 那些人的确是冤枉的，酷吏都是以诬告立功，幸亏您铲除了他们。从此以后，我以全家老小性命担保，内外官员再也不会出现反叛者。这是给武则天台阶下，是，的确是酷吏混账，蒙蔽了您，您也不含糊，把他们收拾了。从今以后您该高枕无忧了，再也不会有反叛者了。

武则天听了大悦：“已前宰相皆顺成其事，陷朕为淫刑之主。闻卿所说，甚合朕心。”[②]前面那些宰相都太过顺从于我，没人能制止诬告酷刑，让我无意中成为滥用刑罚的君主。说完赏赐姚崇银一千两。

这番话实际上就是武则天政策转变的一个信号。双方都是心照不宣。武则天通过多年的清洗，觉得皇权已经稳固了，再加上年纪大了，多疑好杀的性格有了变化，而姚崇则及时地递上一个台阶，一方面宣告了酷吏政治的结束，一方面又保全了武则天的面子。

姚崇这番话，代表着一方势力，哪一方呢？狄仁杰这一方。因为姚崇是狄仁杰的人，是他推荐上来的，后面我们要说到，狄仁杰一生推荐了许多人才，而且他推荐人才都有深意在里面，都是要为他的政治理想服务。这番对话发生时，狄仁杰不在场，姚崇实际上是代表着狄仁杰这一派发出声音。[③]

姚崇对待武则天的态度和狄仁杰一样，一方面忠于武则天个人，但是一方面又坚决要求李唐复国。后来姚崇还参与过神龙革命，把武则天赶下了台。武则天被迁居到上阳宫的时候，姚崇潸然泪下，张柬之等人说，你现在哭怕是不合适吧？姚崇回答：“元之事则天皇帝久，乍此辞违，悲不能忍。且元之前日从公诛奸逆，人臣之义也；今日别旧君，亦人臣之义也，虽获罪，实所甘心。”[④]我诛杀二张、赶武则天下台是尽人臣之意。但是跟随武则天这么久了，感情还是有的，我为此而哭泣啊，即便因此获罪我也在所不惜。

狄仁杰也就是死得早，要是他能活到此时，估计和姚崇有一样的表现。

咱们回到正题上，姚崇和武则天的那一番对话是一个分水岭，从此以后武则天再也不滥杀了，而且许多反面意见她也能接受了，也正因为如此，朝臣们提出的意见也越来越大胆。狄仁杰那一番关于“监国”的话才能说出来，说后还不至于给自己招来杀身之祸。

狄仁杰对武则天的辅佐那是倾谏言尽全力的，除了搞好日常行政工作之外，还主要体现在两个方面：

一、举荐人才。狄仁杰先后向武则天推荐人才数十人，这些人最后成了武则天晚年朝廷的顶梁柱，当时人称“天下桃李系在公门”，天下人才号称皆出自狄仁杰门下。而且他所推荐的这些人才，后来也是发动神龙革命的中坚力量。

二、勇于劝谏。唐太宗有了魏征的劝谏才成为一代明君，狄仁杰也勇于劝谏武则天。《资治通鉴》记载说：“仁杰好面引廷争，太后每屈意从之。”武则天知道狄仁杰很正直，也很耿直，所以对他的话多半听从。有些事情，即便跟狄仁杰意见不同，她也不当面反驳。咱们可以举个例子：武则天一生佞佛，但是她想创造一个中国佛教史上新纪录的愿望却被狄仁杰阻止了。武则天一生和佛教可谓颇有缘分。她母亲杨氏就是个虔诚的佛教信徒，武则天本人又曾经出家为尼，所以她和佛教关系紧密。当皇后时，太子李弘病重，她和高宗一起拜佛烧香，李弘病好了，武则天当然认为这是佛祖保佑了。后来生李显的时候难产，武则天许愿，要是能顺利生下孩子，就让他跟随玄奘法师出家，李显就成了玄奘的学生，玄奘给他起名叫“佛光王”。

武则天一生很热衷修佛寺，塑佛像。现在洛阳龙门石窟那一尊卢舍那佛就是她捐资修建的。不过说句题外话，现在有种说法是那一尊卢舍那佛的脸就是照着武则天的脸雕的，这种说法没有史料上的明确证据，只是部分现代人的猜测。

武则天当皇帝后，她的精神支柱就是那一部预言女人将在中国称王的《大云经》，为此她特地委派情夫薛怀义领着一批僧人做了《大云经疏》，

将这个“奥义”好好做了一番宣传。所以她后来搞起佛事活动来更是不遗余力。要是一般的佛事也就罢了，关键在于武则天搞得太大了，以至于影响到了国计民生。武则天这人一辈子就是喜欢大兴土木，她搞的工程都是宏伟的大工程，所以修起佛寺来也都是大手笔。全国各地到处都在兴建佛寺，建筑宏伟，装饰华丽，甚至大量使用黄金珠玉，狄仁杰对此曾有描述，他说“今之伽蓝，制过宫阙，穷奢极壮”，比宫殿还要壮丽。

武则天第一个面首是薛怀义。为了让薛怀义进出宫廷方便，武则天特地让薛怀义出家为僧，然后还让他主持佛事建筑的修建。在洛阳明堂以北兴建功德堂，高达1000尺，其中容纳一尊大佛，高达900尺，接近300米了（我对这个数字深表怀疑，估计有夸大成分），比乐山大佛还要大。据说那鼻子里就可以容纳数十人就座。佛像旁边不是经常有金刚像吗？于是修一尊金刚，光是面部就高达200尺，以牛血涂面，为了表示自己很虔诚，薛怀义竟然自称是刺自己膝盖出血涂抹的。瞎扯去吧，就是把你撂倒割喉放血也放不出来这么多啊。

久视元年，武则天又要兴建一座超级佛像，预计花费数百万钱，钱不够甚至还发动群众集资，让全天下僧尼每天每人出一钱。狄仁杰实在看不下去了，就进行谏止。他说：

> 臣闻为政之本，必先人事。陛下矜群生迷谬，溺丧无归，欲令像教兼行，睹相生善。非为塔庙必欲崇奢，岂令僧尼皆须檀施？得筏尚舍，而况其余。今之伽蓝，制过宫阙，穷奢极壮，画缋尽工，宝珠殚于缀饰，环材竭于轮奂。工不使鬼，止在役人，物不天来，终须地出，不损百姓，将何以求？生之有时，用之无度，编户所奉，常若不充，痛切肌肤，不辞箠楚。游僧一说，矫陈祸福，剪发解衣，仍惭其少。亦有离间骨肉，事均路人，身自纳妻，谓无彼我。皆托佛法，诖误生人。里陌动有经坊，阛阓亦立精舍。化诱倍急，切于官徵；法事所须，严于制敕。

膏腴美业，倍取其多；水碾庄园，数亦非少。逃丁避罪，并集法门，无名之僧，凡有几万，都下检括，已得数千。且一夫不耕，犹受其弊，浮食者众，又劫人财。臣每思惟，实所悲痛。

往在江表，像法盛兴，梁武、简文，舍施无限。及其三淮沸浪，五岭腾烟。列刹盈衢，无救危亡之祸；缁衣蔽路，岂有勤王之师！比年已来，风尘屡扰，水旱不节，征役稍繁。家业先空，疮痍未复，此时兴役，力所未堪。伏惟圣朝，功德无量，何必要营大像，而以劳费为名。虽敛僧钱，百未支一。尊容既广，不可露居，覆以百层，尚忧未遍，自余廊庑，不得全无。又云不损国财，不伤百姓，以此事主，可谓尽忠？臣今思惟，兼采众议，咸以为如来设教，以慈悲为主，下济群品，应是本心，岂欲劳人，以存虚饰。当今有事，边境未宁，宜宽征镇之徭，省不急之费。设令雇作，皆以利趋，既失田时，自然弃本。今不树稼，来岁必饥，役在其中，难以取给。况无官助，义无得成，若费官财，又尽人力，一隅有难，将何救之！⑤

他的大概意思是说如来本意是要慈悲为怀，不是为了劳烦天下人。现在国家边境尚不安宁，一切不着急的修建都应该停止，农业才是我们的本分。建佛寺再多，国家有难还是于事无补，梁武帝、梁简文帝的教训还不够深刻吗？就说那些僧尼的钱，哪个不是劳动人民的血汗钱？把国力都耗费在这上面，以后国家有难该怎么是好！

佛教东汉就传入了中国，学界甚至有观点认为西汉乃至秦代就已经传入了。佛教发展很迅速，但是中国历史上也多次掀起过反佛的浪潮，有所谓“三武一宗毁佛”（即北魏太武帝、北周武帝、唐武宗和后周世宗毁佛）。士大夫中反对佛教的人也不少，他们的理由无非有三点：一是民族主义的理由，佛教是外来宗教，中国人为啥要相信？二是礼法的理由，佛教徒不拜君亲，在儒家看来这是不忠不孝。三是经济的理由，

佛教广占福田，荫占人口，侵夺国家税收，甚至把铜都拿去铸佛像，国家铸钱都没铜用。狄仁杰就是站在正统儒家角度加以劝谏的，他做事的风格依旧，虽然他自己对佛教反感，但是他并没有直指佛教本身。因为他知道武则天的佛教信仰很虔诚，再劝她也无用，所以他主要是站在经济角度加以劝诫的，您是佛教信徒不假，可您也是天下之主，总不能不顾及国计民生吧？

武则天虽然打心底里不愿意，但是碍于狄仁杰的面子，还是暂时按捺住自己，叫停了工程。结果，狄仁杰去世后她立即又要兴建大佛，可见她实在只是暂时忍耐而已。

这个例子只不过是狄仁杰众多劝谏故事中的一个。它体现出狄仁杰对于武则天的影响力，不管你是否真心，是否情愿，有狄仁杰在，武则天就不能不注意自己的言行得失。

为了国家利益，狄仁杰常将自身利益置之脑后。我们以前提到过，他在劝阻武则天杀死契丹降将李楷固时候说过："苟利国家，岂为身谋？"为了国家，身家性命不算什么。

但是，狄仁杰很会拿捏事情的度，他明白，劝谏的时候有些事不能触碰武则天的底线，你可以以其他方式来反对，但是不要逞口舌之快。比如对待武则天晚年的男宠二张，武则天喜欢他们啊，护犊子，这种事情属于她的私生活。武则天很反感别人议论此事，永泰公主和懿德太子就是因为私下议论二张被杀的。永泰公主的驸马是武承嗣的儿子武延基，他也参与议论了，虽然是武家子弟，照样被杀了。你看，二张就是武则天的底线，不能触碰。狄仁杰一生劝谏无数，虽然他早将二张视为国家祸患，但是他不做口舌之争，没有从武则天私生活这个角度去主动攻击二张，而是在去世前针对他们有所安排。这说明狄仁杰劝谏武则天也有原则——能用劝谏解决问题的就用劝谏，不能用劝谏解决的，就另辟蹊径，不逞英雄。

那么武则天是如何对待狄仁杰的呢？一方面她尊重、优待狄仁杰，一方面她又要帮助狄仁杰匡正言行。

首先，武则天对狄仁杰非常优待。

武则天对狄仁杰从来不直呼其名，而是尊称为“国老”。宰相每天都要轮流在政事堂值班，称为“宿直”，狄仁杰年龄大了，武则天特地命令狄仁杰免除值班任务。出外巡游，文武百官随从，到了行宫，其他人都住集体宿舍，狄仁杰单独住一间。臣子见皇帝，都要下拜，狄仁杰每次下拜，武则天都要拦着他，说：“每见公拜，朕亦身痛。”⑥

即便是两个人意见相左的时候，武则天也很注意给狄仁杰留面子。比如前面讲到的狄仁杰借给武则天解梦的机会，劝说武则天召回庐陵王李显为太子，武则天虽然很不高兴，但是她没有呵斥，也没有发怒，而是命人将狄仁杰“扶出”——您老歇着吧。

有一次狄仁杰骑着马陪同武则天出外巡幸。这里顺便说一句，一般人印象里古代文臣坐轿、武官乘马，唐代不是那样的，唐代没有后世那种八抬大轿，只有篮舆、肩舆、步辇等类似轿子的东西，官员出行都是要骑马的。即便是狄仁杰这样年纪较大的文官也是如此。这一次出巡过程中碰到了大风，狄仁杰的帽子被风吹歪了，马匹也受惊了，开始奔跑起来，狄仁杰一时无法控制，形势很危险，武则天急令太子李显追赶上去，“追执其鞚而系之”⑦，就是追上去拽住马笼头。武则天身边那么多随从、卫兵，怎么单独让太子上去拉马呢？这是武则天的一种意思表示，太子是怎么上台的？那不就是狄仁杰的功劳吗？让太子来个“拯救丞相狄仁杰”，这不是可以拉近未来的君臣关系吗？同时也彰显自己对狄仁杰的优待。

其次，武则天也匡正狄仁杰的言行。

人无完人，金无足赤，狄仁杰也有缺点。你想，这个人生性聪慧，又很清高，难免会得罪人。他常劝谏武则天，人家武则天也时不时规劝他，匡正他。比如武则天就曾专门协调过狄仁杰和娄师德的关系。娄师德是郑州人，是高宗和武则天时期一位重要的大臣，曾经以文官身份镇守边疆，颇受唐高宗赏识。这个人长得高大黑胖，一足跛，性格很沉稳，而且很宽厚。《大唐新语》说他是“恭勤接下，孜孜不怠，而朴忠沉厚”，《朝野佥载》则评价说他是“外愚而内敏，表晦而里明”，表面看起来木讷，实际上心里跟明镜似的。

我们说几个娄师德的故事，可以看出他的性格。此人对待下级很宽容。有一次他以兵部尚书身份出巡并州，半路上在驿站吃饭，发现自己的饭白而细，随从们的饭黑而粗，他叫来驿长询问原因。驿长回答说是因为两浙的白米未到，所以只能给尚书吃精米，其他人吃粗食。娄师德听了，命令把自己的饭也换成粗食。

娄师德担任纳言（宰相）的时候，有一次在洛阳宫城光政门外一根横木上坐着，等待手下牵马过来。此时一个县令走了过来，他并不认识娄师德，见娄师德一副老实土气的外表，以为是个芝麻官，于是大咧咧和他坐在了一起。不一会儿，县令的儿子走来，远远看见自己的父亲和当朝宰相坐在一起优哉游哉，大惊失色，连忙上去提醒，县令吓得不轻，连忙站起来直道“死罪死罪”，娄师德笑道：“律法有规定‘不相识’算死罪吗？”

娄师德有个超级好脾气，遇到事你急他不急。有一次李昭德和他一起入朝，李昭德我们前面说过，急脾气，走得很快，而娄师德身体肥胖，脚又跛，走得慢，李昭德不得不屡屡站住等他，最后生气了，骂他：“叵耐杀人田舍汉！”你这个急死人的老农民！娄师德听了一点也不生气，笑着说：“师德不是田舍汉，更阿谁是？”[8]我不是老农民谁是老农民？

还有一次，他的弟弟要出任代州刺史，临行时娄师德问他：“我身为宰相，你又身为刺史，树大招风，你要如何做来保全性命呢？”

他弟弟回答说：“自今虽有人唾某面上，某亦不敢言，但拭之而已。以此自勉，庶免兄忧。”就是有人吐我一脸口水，我也不敢说什么，擦干了事，决不让您担心。

娄师德回答：“此适为我忧也。夫人唾汝者，发怒也。汝今拭之，是恶其唾。恶而拭，是逆人怒也。唾不拭，将自干，何如？”[⑨]你这个做法才让我担心呢，人家吐你口水，就是发怒了，你擦干口水就是对抗他，你能不能不去擦，等那口水自己干了？你看看人家这脾气。他弟弟听从了他的建议，果然在酷吏政治横行的时候保全了自己。这就是成语“唾面自干”的出处。

娄师德的宽厚，其实是长期浸淫官场带来的明哲保身作风，就连走后门这种事，娄师德也可以做得滴水不漏，让人抓不住把柄。他的一个同乡同姓者在梁州当小官，犯了法，都督许钦明判处其死刑，老家亲戚们跑来求告娄师德救其一命，娄师德厉声回答：“犯了国法，就是我娄师德的亲儿子也不能赦免，何况是他！”第二天在宴会上与许钦明相遇，娄师德说：“听说都督部下有一个姓娄的犯了国法，人家都说那是我的乡亲，其实我根本不认得他，只是小时候与他父亲一起放过牛而已。都督你可千万别因为我而枉法啊。”许钦明听了忙让人将犯人押来，并且解下了枷锁。娄师德声色俱厉地对犯人说：“你辞别父母，跑到这里好不容易当上了官，却不懂得廉洁谨守，谁也救不了你！”然后将面饼扔到他面前：“吃了这个，做个饱死鬼去吧！”许钦明心里跟明镜似的，宴会一结束就让人放了犯人。要说老娄实在是太熟谙官场文化了，太会做人，太精明了，这一番走后门可谓高明至极。一句“小时候与他父亲一起放过牛”救了人，一句“都督你可千万别因为我而枉法”又让任何人都无法抓住小辫子，冠冕堂皇的话也说了，后门也走了。所以说，在娄师德宽厚的外表之下，是一个老江湖的谨慎和狡黠。

娄师德曾经向武则天密奏，保举狄仁杰当宰相，狄仁杰不知道这回事。当宰相后，可能是看娄师德木讷，而且似乎整天无所作为，所以很看不惯，屡屡排挤娄师德。而娄师德则该什么样子还是什么样子，一点也不在意。武则天看在眼里，觉得有必要点拨点拨狄仁杰。她故意问狄仁杰：“师德贤乎？”

狄仁杰回答：“为将谨守，贤则臣不知。”镇守边疆还不错，贤不

贤我不知道。

武则天再问："师德知人乎？"娄师德是否有发现人才的本领？

狄仁杰回答："臣尝同官，未闻其知人。"我和他是同事，没听说过他善于发现人才。

武则天笑道："朕之用卿，师德实荐也，亦可谓知人矣。"你当宰相，就是娄师德的推荐，看来娄师德还是会发现人才。而且武则天还向他出示了当年娄师德推荐他的奏章。

狄仁杰十分惭愧，退下来之后，慨叹道："娄公盛德，我为其所容，莫窥其际也。"[10]娄公德行高尚，我为他所包容，他的盛德我看不到边际啊。

明代思想家李贽对这个事情有自己的看法，他在《藏书》中说："梁公实重娄公，而反数挤之于外。朋党之疑不开，二张之交已合，后虽忮忍，而不知反正之权，固已在此老掌握之中久矣。所谓污其身以善其君者，梁公有焉。"他的意思是狄仁杰之所以排挤娄师德，是故意向武则天展示自己的缺点，好让武则天放心，麻痹她。"污其身以善其君者"嘛，部下不能表现得自己很完美，什么都比领导强，有时故意制造点破绽让领导抓住，满足一下领导指点部下的欲望嘛。

李贽说的倒也不是没有先例。比如秦始皇统一六国的时候，将全国部队交给大将王翦去攻打楚国，结果王翦在秦始皇来为大军饯行的时候，向秦始皇索取大量的田宅，行军在半路上还连续派五批使者向秦始皇求田宅。有人说："您要田要房是不是也太贪了点？"王翦说："你不懂了吧，秦王性好猜疑，现在全国兵力都在我手里，我要不装着胸无大志只顾追求享乐的话，他还不怀疑我啊？"估计李贽就是按照这个思路来解释狄仁杰为何排挤娄师德的。

我前面说过，中国古代历史学家、思想家往往是些"道德论"者，一旦肯定某个人，他们就往往把这个人塑造成一个完人，有缺点也要帮助其辩解，朝着好的方向解释。我看这大可不必，人无完人，狄仁杰也不是没有缺点的，以狄仁杰的性格，聪慧清高，面对似乎无所事事的娄师德，看不惯他是很有可能的，对其产生误解也是很有可能的，李贽的解释有点牵强附会的感觉，而且他没有任何证据，全是猜测。

武则天和狄仁杰的关系就是这样，君臣关系非常融洽，但同时可以说亦敌亦友，不过总的来说这种关系是有利于国家社稷的。但是，两个人的合作也不是全无缝隙，狄仁杰的几项重大建议，武则天就没有采纳，而狄仁杰的这些建议，也反映出他在某些方面的弱点，究竟怎么回事呢？我们留待下讲。

注释

①《大唐新语》卷三。

②《大唐新语》卷三。

③《大唐新语》记载此事发生于长安年间（701—704），即狄仁杰去世后。然《旧唐书·姚崇传》将此事定为“圣历初”，即公元698年。考对话语气，当发生在来俊臣被杀不久，故《旧唐书》所定年代更可靠。

④《资治通鉴》卷二〇八。

⑤《旧唐书》卷八九《狄仁杰传》。

⑥《资治通鉴》卷二〇七。

⑦《资治通鉴》卷二〇七。

⑧《隋唐嘉话》卷下。

⑨《太平广记》卷一七六。

⑩《大唐新语》卷七。

第十二讲　和而不同

尽管狄仁杰是一位杰出的政治家，但他也有短处。在民族、外交和国防方面，他前后提出的两个建议最终都没有被武则天采纳，那么以儒家思想为基本理念的狄仁杰都提出了哪些建议呢？为何有人批评他的这些主张是妇人之仁、“小慈为大慈之贼”？

所谓寸有所长，尺有所短。尽管狄仁杰是一位杰出的政治家，但是他也有短处。有时候他和武则天有意见不统一的地方，武则天并没有听取他的建议，什么建议呢？有关边防政策的建议。这些问题上，武则天比狄仁杰站得更高，看得更远。但是狄仁杰的建议，并非出自无知，而是他一贯的仁政思想的体现，但是却被人批评为“小慈为大慈之贼”。这是怎么回事呢？

神功元年，也就是在他第二次任宰相这一年，狄仁杰奏请武则天撤销安西四镇，这一建议一时间引起了轩然大波。朝廷内意见分歧也很严重，引发激烈辩论。

安西四镇是怎么回事呢？咱们把这个大背景交代一下。安西四镇是唐王朝在西域地区设置的四个重要军区。唐太宗时，今天新疆吐鲁番有个高昌国，国王麴文泰是汉族人。高昌国本来和唐朝关系不错，可是这家伙受到唐太宗邀请访问长安的时候，觉得唐朝国力大不如隋朝，好欺负。那是，他以前来过长安，那时是隋炀帝当权，隋炀帝好面子，爱搞大工程，隋朝表面看起来风光得很。唐太宗时期，国家还没从战乱中恢复过来，再加上唐太宗这个人比较低调，不搞那些虚浮的事情，结果高昌国王就觉得唐朝不咋地。他不懂，唐太宗那叫做“包子有肉不在褶上”。

不久麴文泰在西突厥的怂恿下反唐，还阻断了丝绸之路。丝绸之路大家知道，那是连接东西方的交通要道。西域很多国家都指着它活呢，于是都向唐朝求救。唐太宗派遣大军去打高昌国。高昌国王满不在乎，人家说了，唐军来不了："唐去我七千里，沙碛居其二千里，地无水草，寒风如刀，热风如烧，安能致大军乎！"[①]唐朝与我相距甚远，路途艰险，唐军根本来不了，我才不怕呢。你知道为什么高昌国的牛都在天上飞吗？因为地上有人在吹。结果呢，唐军不仅来了，还带着抛石机那样的重型武器，高昌国王一听这个消息，立马脑溢血发作死掉了。你不是很牛吗，还是没牛到底。

唐朝灭了高昌国，就在这个地方设置了安西都护府。后来西突厥主动求和，唐太宗命令唐军进驻龟兹（今新疆库车）、焉耆（今新疆焉耆西南）、于阗（今新疆和田西南）、疏勒（今新疆喀什）四城，增建堡垒，对西域进行管理和控制。安西都护府也迁到龟兹，担任四镇总指挥。这就叫"安西四镇"，这是唐朝对西域行使统治权的重要保障。

那么狄仁杰为何要提出撤销四镇呢？原来安西四镇从设立第一天开始，就处在多方势力斗争的旋涡最中心，西突厥、吐蕃把它们看做是眼中钉、肉中刺，这其中还有很多小国夹在中间，而且这场斗争里还能影影绰绰看到波斯、大食的影子。安西四镇命运多舛，几废几立。狄仁杰提出这个建议之前，安西四镇已经三度废弃，一次是因为西突厥叛乱，还有两次是因为对吐蕃作战失败。

吐蕃是青藏高原上的民族，在松赞干布时期和唐王朝联姻，文成公主入藏。吐蕃还曾经帮助唐朝击败天竺，双方关系非常好。但是唐太宗和松赞干布都去世之后，吐蕃被权臣掌控，与唐朝的关系开始出现裂痕。此时的吐蕃实力雄厚，势力向四方拓展，帕米尔高原、印度、中亚都有他们的影子。西域作为一个国际性的交通要道势必受到他们的重视，西域不仅关系到青藏高原西侧的安全，还是通往南亚的交通要道，谁控制了这里谁就占据了主动，所以在这里吐蕃就和唐朝展开了激烈的争夺，双方多次发生战斗。唐朝名将程知节，也就是程咬金在西域曾经败给过吐蕃。著名将领薛仁贵也败给过吐蕃，而且输得很惨，在青海大非川战役中10万大军几乎全军覆没，薛仁贵被俘，吐蕃可能不想得罪唐朝过甚，于是释放了唐高宗面前的这位红人。唐人替薛仁贵遮丑，说他是“约和而还”[②]。前面说过，李敬玄率领18万大军在青海湖也败给了吐蕃，狄仁杰第一次担任军事任务就是在这次战败后，奔赴岐州整顿军务，抵御吐蕃可能发动的进攻。

狄仁杰这一次提出废除安西四镇，也和吐蕃有关。原来吐蕃与唐的战争让吐蕃人民也是苦不堪言，吐蕃决心议和，但是提出的议和条件是请唐撤销安西四镇。您可千万别以为狄仁杰是被吓着了，附和吐蕃才提出废除四镇，在国防方面狄仁杰有他一贯的主张和思想，此事只是话赶话说到四镇问题了。

这里可能有个疑问，前面说了，因为和吐蕃作战失利，安西四镇不是废弃了吗，怎么吐蕃又提出废四镇呢？这是因为四年前的长寿元年（692），武则天派遣大将王孝杰击败了吐蕃，重新设置了安西四镇。

王孝杰是陕西临潼人，当年跟随李敬玄上青藏高原与吐蕃作战，唐军失利，他被吐蕃俘虏了。吐蕃赞普在巡视战俘营的时候看到了他，一下子变得非常激动，为什么呢？因为王孝杰的外貌太像赞普死去的父亲了，于是赞普下令优待王孝杰。

王孝杰在吐蕃军中待了很久，很可能人身自由没有受到约束，后来找机会跑回内地了。此时武则天正在储备力量反击吐蕃。武则天这人在用人方面很有一套，王孝杰是败将，按理说不法办就算客气的，更别提重用了。但是武则天敏锐地意识到，王孝杰在吐蕃待了这么久，一定对吐蕃的内部情况有很深的了解，于是任命王孝杰为武威军总管，率军攻打吐蕃。这一次取得了重大胜利，王孝杰一举收复了四镇，重置龟兹、于阗、疏勒、碎叶四城，留三万人镇守，然后凯旋。武则天扬眉吐气，大大奖赏了王孝杰。

要说四镇兵力不多，加起来也不过三万，但是对于吐蕃来说也是如鲠在喉。因为西域虽然地域辽阔，但是自然环境和交通条件很不好，有大片的沙漠戈壁，干旱，人口也不多，因此这里自古以来就养活不了大兵团，三万人的军队在这里就算是一支雄厚的武装力量了。当年汉代班超经营西域数十年，其实也就是仰仗不多的兵力。

吐蕃觉得自己受到了威胁，为什么呢？因为青藏高原的东边是武周的剑南道，北边是武周的陇右、河西，如果西边再来个安西四镇，那么对于吐蕃来说这是个半月形包围圈，所以吐蕃觉得这是一个极大的威胁。他们接连与武周展开战斗，双方互有胜败。后来吐蕃提出议和，但是有条件——武周应撤销安西四镇。他们在国书中是这么说的："四镇诸部接界，惧汉侵窃，故有是请。"[③]四镇离我们太近了，我们是担心你们从这里出发攻击我们，所以才有这样的请求。

吐蕃的议和，以及这样的请求，在朝廷里引发了激烈的长时间争论，狄仁杰就提出了自己的主张，他建议废除安西四镇。引发了一场不小的震动。你不要以为这是狄仁杰害怕吐蕃，不是的。此时武周掌握着主动权，主动求和的是吐蕃，是吐蕃害怕武周对它形成包围。狄仁杰提出这样的建议，是从他一贯的仁政思想出发的。他的建议原文很长，我们节选分析一下。

第一层意思：夷夏有别，各安其分

他说："臣闻天生四夷，皆在先王封疆之外，故东拒沧海，西隔流沙，北横大漠，南阻五岭，此天所以限夷狄而隔中外也。"中国古人总以为自己是天下之中，"中国"嘛，那时的"中国"一词含义和今天不一样，今天的中国是一个多民族的大国家，古代的"中国"特指中原地区。他说了，你看，我们东边是大海，西边是沙漠，北边有大漠草原，南边有五岭，这是老天设置的天堑，将四夷隔在外面，给咱们留下了一个富庶安宁的中原。这话有汉族中心主义的嫌疑，当然，这是古人的历史局限性，我们不应苛求。

狄仁杰说这番话的意思是，既然老天是这么安排的，那么我们就应该维持这个界限，不要去逾越。夷夏有别，应该各安其分。

第二层意思：穷兵黩武，得不偿失

他说："陛下今日之土宇，过于汉朝远矣。若其用武荒外，邀功绝哉，竭府库之实，以争硗确不毛之地，得其人不足以增赋，获其土不可以耕织。苟求冠带远夷之称，不务固本安人之术，此秦皇、汉武之所行，非五帝、三皇之事业也。"您的疆域大大超过汉武帝时期了，耗尽国力去争夺那些不毛之地，得到其人口不足以增加赋税，得到其土地也不能耕种。假如争夺的是万邦来朝的虚荣，那您这样做，是秦始皇、汉武帝那种好大喜功之人的做派，不是三皇五帝那样明君的做派。

他还说："近者国家频岁出师，所费滋广，西戍四镇，东戍安东，调发日加，百姓虚弊。"国家近年对外征战过多，东边保安东都护府，西边保安西都护府。百姓苦不堪言。狄仁杰认为内政搞好了，人民生活有保障才是治国的根本。为了不毛之地的西域耗尽民力是得不偿失，他进一步说："……征求不息。人不复业，则相率为盗，本根一摇，忧患不浅。其所以然者，皆为远戍方外，以竭中国，争蛮貊不毛之地，乖子养苍生之道也。"耗尽国力，争夺不毛之地，实在是不值得。

第三层意思：撤销四镇，以夷治夷

狄仁杰提出一个具体的建议：在西域地区扶植突厥可汗之后，以夷治夷，可以避免损耗中原实力。他说："窃见阿史那斛瑟罗，阴山贵种，代雄沙漠，若委之四镇，使统诸蕃，封为可汗，遣御寇患，则国家有继绝之美，荒外无转输之役。"他提出封居住在内地的突厥可汗之后阿史那斛瑟罗为可汗，让他去镇守西域，以夷治夷。这样一方面体现了国家存亡绝续的美德，一方面又可以减轻内地负担。

什么叫存亡续绝呢？这是中国古人公认的一种政治美德，作为东亚领袖，中原王朝认为自己有义务维护各个小国的利益，一旦某个国家灭亡了，就应该将其扶植起来，让其死而复生，从而维护基本的国际秩序。

这就叫存亡续绝。

那么既然以夷治夷，四镇也就没有存在的必要了吧，所以狄仁杰紧跟着提出："请捐四镇以肥中国，罢安东以实辽西，省军费于远方，并甲兵于塞上。"这是狄仁杰这份奏章最核心的主张。

第四层意思：实行防御性国防政策

其实，狄仁杰这番关于四镇的言论是他对于唐朝整个国防政策的一个检讨。唐朝自唐太宗开始，实行的是积极防御战略，经常对外出击，是自汉武帝以来中国武功最盛的时期。唐太宗和唐高宗时期，唐朝实际控制区域东边从朝鲜半岛开始，西边到达四镇，北面到达大漠，南面到达今天中南半岛。但是从唐高宗时期开始，危机也开始显现了。唐朝国力维持如此大的一个布局实在是有些力不从心，难免有捉襟见肘的时候。一方面国内民众对于沉重的兵役颇有微词，另一方面在东西两线的作战中也遭遇到一些挫折，所以狄仁杰借着四镇的事情提出了自己的战略主张，他说："伏惟陛下弃之度外，无以绝域未平为念。"不要再挂念远方还有没平定的地方，把军队收缩回来。他认为日后的国防策略应该以防御为主："当今所要者，莫若令边城警守备，远斥候，聚军实，蓄威武。以逸待劳，则战士力倍；以主御客，则我得其便；坚壁清野，则寇无所得。"

按照他的设想，国家应该把军队收回到中原地区，坚固边防，坚决打击入侵之敌，除非敌人内部有隙，否则不要进行远征。

这番话证明，表面看起来狄仁杰说的是四镇问题，实际上他提出的是自己对整个国防战略思想的主张。

狄仁杰这番议论和他的政治思想是一脉相承的，他一生有浓厚的仁政思想。狄仁杰特别关注民生问题，你看他之所以在民间有那么高的威望，就是因为他时刻以民众利益为上。战争对于老百姓的影响是全方位的，老百姓非常怕打仗。因为一打仗国家就征调百姓服兵役，远赴绝域，生死未卜。你看杜甫的《兵车行》是怎么描写的："车辚辚，马萧萧，行人弓箭各在腰。耶娘妻子走相送，尘埃不见咸阳桥。牵衣顿足栏道哭，哭声直上干云霄。”那不就是老百姓被迫服兵役，和家人生离死别的场景吗?

刘仁轨当年在朝鲜半岛作战的时候就注意到士兵们对于兵役有很大的意见，士气十分低落，当时士兵们对他说：“今日官府，与往日不同，人心又别。贞观、永徽年中，东西征役，身死王事者，并蒙敕使吊祭，追赠官职，亦有回亡者官爵与其子弟。从显庆五年以后，征役身死，更不邮问。往前渡辽海者，即得一转勋官；从显庆五年以后，频经渡海，不被记录。州县发遣兵募，人身少壮，家有钱财，参逐官府者，东西藏避，并即得脱。无钱参逐者，虽是老弱，推背即来。显庆五年，破百济勋，及向平壤苦战勋，当时军将号令，并言与高官重赏，百方购募，无种不道。洎到西岸，唯闻枷锁推禁，夺赐破勋，州县追呼，求住不得，公私困弊，不可言尽。发海西之日，已有自害逃走，非独海外始逃。又为征役，蒙授勋级，将为荣宠；频年征役，唯取勋官，牵挽辛苦，与白丁无别。百姓不愿征行，特由于此。”④意思是说从高宗显庆五年（660）开始，政府越来越不顾及人民疾苦，有功勋的也不得赏赐。各地政府征发兵役，有钱人家有办法逃脱，贫苦人家的子弟被官吏们“推背即来”，连律法规定可以减免徭役负担的“勋官”（唐代授给有功人员的一种荣誉称号，有品级而无实际职掌）也无法幸免，以至于有些人为了逃免兵役“自害”（自残）或者逃亡。当年太子李弘在世的时候也曾经为百姓们沉重的兵役负担向父皇哭诉进言。

狄仁杰是一个纯粹的儒家，所以他秉承儒家的仁政思想，怜恤百姓，认为穷兵黩武、追求边功是要不得的，所以他才有这样的主张。要说明的是，他不是一个人在战斗，在这一刻，他被好多人的灵魂附体了。他这样的思想自古即有，代表着一种思潮。当年汉武帝北伐西征，大败匈奴，使得汉朝成了中国历史上空前强盛的朝代，但是他的积极进攻战略也造成了国内负担沉重，民不聊生，尤其是匈奴对内地威胁消除以后，汉武帝还在东征西讨，这未免就有些好大喜功了。所以当时汉朝国内很多人，

尤其是贤良文学儒生们对他的国防政策提出了直言不讳的批评。到了晚年，汉武帝检讨自己的一生，觉得自己确实有些过分了，所以下达了一道“轮台罪己诏”，否决了在轮台地区屯田戍边的主张，转而结束战争，开始恢复生产，与民休息。

今天狄仁杰的主张和那些儒生的如出一辙，都是强调好大喜功、穷兵黩武对国家的危害，强调夷夏有别，我们应该镇守中原四边就可以了，远征要不得。

刚才提到的杜甫《兵车行》，那不也是用诗歌的方式针对君主对外穷兵黩武提出了批评吗？他说：“边亭流血成海水，武皇开边意未已。”还说：“信知生男恶，反是生女好。生女犹是嫁比邻，生男埋没随百草。君不见青海头，古来白骨无人收。新鬼烦冤旧鬼哭，天阴雨湿声啾啾。”所以说，狄仁杰这样的思想并不特别突兀。

后来唐玄宗开元年间，狄仁杰的政治继承人姚崇和宋璟为相，果然就贯彻了这种“不事边功”的思想。有这么一个故事，我们前面提到过的突厥大可汗默啜可汗，手下雄兵数十万，北亚霸主。自武则天时代开始就是中原的心腹大患，武则天当年头疼得很。他在讨伐拔曳固的时候，打了个大胜仗，一时之间得意扬扬，放松了警惕，没想到树林里有个拔曳固的散兵游勇看见他了，从树后突然跳出来将其斩落马下，一代枭雄默啜可汗就这样死了。结果呢，当时有个唐朝低级军官叫郝灵荃在这里出使，于是怂恿拔曳固人和他一起将默啜可汗的首级献给了玄宗皇帝。郝灵荃兴奋啊，天上掉了个24K金镶边的大馅饼啊，正好砸中我的头啊，我带来了默啜可汗的首级，朝廷怎么不得给我封个大大的官做啊？没想到，宰相宋璟认为，假如奖赏郝灵荃，就等于在鼓励军人们谋求边功，长此以往，国家又要变得穷兵黩武，所以此风不可长。他磨蹭了整一年，才给了郝灵荃一个郎将头衔。郝灵荃那个哭啊，最后哭死了。这就说明狄仁杰那样的主张不乏实践者。

但是，狄仁杰这样的主张正确与否呢？国家安全和民生，究竟哪一个更重要呢？哪个都重要，关键是要看具体形势而定。您要问我的意见，我认为在当时来说，狄仁杰的主张不对。

为什么说不对呢？唐朝和西汉一样，首都定在长安，关陇地区是他们统治集团的根本所在。当年有这么个故事，汉高祖刘邦在战胜项羽之后，要建都了。选址颇费思量，刚开始想选洛阳，因为当时战乱刚刚结束，天下凋敝，人口稀少，各大名城都被战火波及，就连秦帝国壮丽的首都咸阳也被项羽一把火烧掉了，唯有洛阳、曲逆（今河北顺平县）等少数几个城市还多少有点城市的样子，加上洛阳曾是东周首都，所以刘邦想选这里。但是有个士卒娄敬站出来反对，他向刘邦指出，只有定都关中，才能维护统治："且夫秦地被山带河，四塞以为固，卒然有急，百万之众可具也。因秦之故，资甚美膏腴之地，此所谓天府者也。"[⑤]关中地区最有利的就是其地势，北面有黄河和陕北高原，东面有天险函谷关，西有陇山、祁山等，南面有巍峨的秦岭，进可攻退可守。这里农业发达，人口众多，号称天府之国，所以这里是定都的最佳选择。汉朝、唐朝能够成为中国历史的辉煌时代，和都城的选址有很大关系。

但是关中地区的四塞，也就是四面的天险，有一处是一个弱点，就是西面，西面虽然也有不少山地，但是相对而言通过还是比较容易，你看诸葛亮从四川出发打长安，为啥总是要绕道出祁山？他怎么不走近路直接通过秦岭？就是因为西面比较好通过一些。秦朝和西汉早期，西面没有强大的敌人，所以关中是安全的。但是后来就不一样了，汉武帝为何一定要向西北打？那就是因为匈奴在西北地区有强大的军队，如果和北面的匈奴协同进攻，长安两面受敌，敌人可以通过河西走廊直接冲入关中。所以霍去病他们就拼命向那里打，汉朝夺取了河西走廊，设置了河西四郡，汉武帝狂喜啊，号称"断匈奴右臂"，然后又在西域地区远设烽燧。你要想保障长安的安全，就必须保障河西走廊的安全，要保障河西走廊的安全，就必须守住西域。西域就是关中的西大门，对于汉唐来说必须保住。

狄仁杰请拔四镇的要求在朝臣内引发了激烈的辩论，支持者有，反对者也大有人在。有个大臣叫崔融，他针锋相对写了个奏折，后人叫它做《请不拔四镇议》。和狄仁杰的那个主张针锋相对，崔融的奏章也很长，可以分作三层意思。

第一层意思：外族入侵，自古有之

崔融说外族入侵这个事情“五帝不能臣，三王不能制。兵连祸结，无代不有”，这是个自古以来就有的问题，必须面对，不能简单地退缩了事。

第二层意思：前车之鉴，四镇不可弃

唐朝不是没有放弃过四镇，高宗时放弃过，武则天时期也放弃过，可是放弃后效果并不好。崔融指出，有四镇在，我方像张开双臂面对吐蕃，吐蕃腹背受敌，瞻前顾后，可是高宗时期四镇被放弃后，吐蕃一下子生龙活虎，“吐蕃果骄，大入西域。焉耆以西所在城堡，无不降下”。最后怎么样？以致“临我燉煌”，一直打到敦煌城下，敦煌那是河西走廊的大门，河西受到了威胁，那长安也就受到了潜在的威胁。所以，“拔旧安西之四镇，委难制之西蕃”，断然不可。

第三层意思：废弃四镇耗费民力更多

四镇放弃容易，要想再恢复那可就难了。崔融指出：“河西危，则不得救矣。方须命将出师，兴役动众。向之所得，今之所劳。向之所劳，今之所逸。”今天付出的代价，是为了未来的安宁，是防微杜渐。要等到河西危险了，你再来兴师动众出兵西域，那时耗费的物力财力就不是今天可以比拟的了。

所以崔融批评了狄仁杰的主张，他说：“小慈者，大慈之贼。前事者，后事之师。”[6]这话说得很重，他认为狄仁杰的仁政是妇人之仁，是小慈，国家安全才是大慈。

武则天此时也在犹豫。最后她没有采纳狄仁杰的建议。为什么呢？

因为狄仁杰有关扶持阿史那斛瑟罗为可汗，替大周朝镇守西域的主张看起来很美，实际上根本不可行。因为在这方面她已经有过教训了。十多年前的垂拱元年（685），她曾经这样实践过。当时她立西突厥王族阿史那元庆为昆陵都护、兴昔亡可汗，立阿史那斛瑟罗为蒙池都护、继往绝可汗，统治西突厥地盘。然后撤销四镇。这算是以夷治夷了吧？结果呢，两人内不能安抚突厥部落，外不能抵御吐蕃，很快就落荒而逃了。这是一次惨痛的教训。当时西域还有正在屯田戍边的官军，两个可汗尚且不能在西域立足，更别说这次了，这次官军要是全部撤离，阿史那斛瑟罗根本不是吐蕃的个儿。

最后出来结束争论的是郭元振。此人是外交方面的一个能臣，对于民族事务非常熟悉，而且性格很沉稳。说个小故事——唐中宗时期，他以安西大都护的身份出使突骑施，和突骑施大可汗乌质勒会晤，可能是为了说点机密话，他把乌质勒请到帐篷外说话，当时正在下大雪，雪很厚，两人站在雪里说了半天，郭元振倒无所谓，乌质勒年纪很大，着凉了，回去就死掉了。

结果人家儿子不干了，你这是谋杀我爸，而且你这损招够有创意的啊。于是连夜安排人手准备杀郭元振。郭元振的手下劝他：“您赶紧跑吧。”郭元振说：“这是人家地盘，往哪里跑？我以诚信待人，什么也不怕。”第二天他来大帐中凭吊乌质勒，以表明自己毫无恶意，纯粹是意外之失。吊唁时郭元振哭得是情真意切，乌质勒儿子很感动，竟然和郭元振成了好朋友了。少数民族兄弟就是朴实。讲这个故事就是让大家看看郭元振的沉稳和外交才干。

这次吐蕃请和，大家讨论四镇去留，郭元振提出了自己的见解，算是这场争论里最有水平的发言，他是反对废弃四镇的。他说：“如钦陵云‘四镇诸部接界，惧汉侵窃，故有是请’，此则吐蕃所要者。然青海、吐浑密迩兰、鄯，比为汉患，实在兹辈，斯亦国家之要者。”吐蕃害怕我们的四镇威胁他们，那他们占据青海吐谷浑故地，不也威胁我们的兰

州、鄯州？所以，他能提出来要我们废弃四镇，我们也应该针锋相对，提出这样一个建议：“国家非吝四镇，本置此以扼蕃国之要，分蕃国之力，使不得并兵东侵。今委之于蕃，力强易为东扰。必实无东侵意，则还汉吐浑诸部及青海故地。”[⑦]明说了，我方设置四镇，就是为了分散你方的兵力，使你们不敢放手东侵。你方要是有诚意和谈，无意东侵，那就请你方把青海吐谷浑故地还给我们好了。咱们交换。

他还向武则天预言——吐蕃不会答应这个条件，且吐蕃以后必然内乱。因为此时吐蕃是权臣论钦陵掌握大权，赞普被架空了，而吐蕃人民深受战争之苦，一心想与中原恢复良好关系。论钦陵假如不答应我们的要求，人民就会失望，他也就快覆灭了。武则天最后听从了郭元振的建议。果如郭元振所料，过了不多久，吐蕃内乱，论钦陵被杀。

这番关于四镇的讨论，狄仁杰的建议没有被采纳。后来的历史证明，四镇的确不能放弃。安史之乱的时候，唐军在西北地区的主力全部撤回来勤王，吐蕃趁机占据了西域和河西走廊，这一下子唐朝的首都暴露在人家鼻子底下了。后来唐代宗的时候，吐蕃还曾经攻克了长安，皇帝出逃了。虽然吐蕃占据长安时间很短，但是从此以后，吐蕃重兵动不动就兵临关中，威胁长安腹地，唐朝不得不在首都以西布置重兵加以防范。白居易写过一首诗名叫《西凉伎》，里面有两句是这么说的：“平时安西万里疆，今日边防在凤翔。”凤翔就是陕西宝鸡地区。以前多好，安西四镇，边疆万里，现在可好，边防就设在凤翔了。这就是放弃西域的后果。

后来，狄仁杰又提出一个关于高丽的建议，也没有被采纳。

高丽此时是一个已经覆灭的国家。此前几百年的时间里，朝鲜半岛一直是三国鼎立的局面，北面是高丽，南面相当于今天韩国东部是新罗国，西部是百济国。三国之间互相有攻伐。高丽实力最强，而且经常和靺鞨一起侵犯中原王朝边境。百济和新罗弱一些，百济和日本好，新罗则和中原王朝好，而且好得那样的真诚、那样的纯粹，不管中原王朝怎么城头变幻大王旗，人家是咬定青山不放松，始终坚持和中原王朝维持良好关系，以便抗衡高丽和百济。中国南北朝时期，人家新罗哪头也不得罪，同时向南朝、北朝进贡称臣。大哥，我跟定你了，你罩着小弟啊。

隋炀帝打过高丽，原因第一在于隋炀帝好大喜功，而高丽统治者性格倔犟，不肯向隋朝按时朝贡，隋炀帝很不爽。第二个原因在于隋炀帝怀疑高丽和突厥有勾结。第三个原因在于高丽总是打新罗，而新罗是向隋朝称臣的。所以隋炀帝出动100多万大军进攻高丽，结果呢，接连三次伐高丽，要么被高丽击败，要么因为农民起义爆发不得不撤军。隋朝因此折腾得灭亡了。

唐太宗是多么厉害的人物，照样拿高丽没办法，唐朝建立后高丽依旧桀骜不驯，并且在辽东兴建长城，太宗认为不用问啊，你这长城是冲我来的。而且高丽还是在继续打新罗，新罗实在撑不住了，不断向唐朝求援。另外，高丽有一座用阵亡隋军将士尸骨修筑的小山叫“京观”，用来夸耀他们的战绩。唐太宗让他们把京观平了，尸骨安葬了，不要打新罗了，人家也不听。最后唐太宗御驾亲征，兵分水陆两路，直指高丽，结果呢，也败了。要说损失并不大，阵亡者只有万人左右，而且还曾经在驻跸山战役中击溃歼灭过高丽大兵团，但是，时间耗不起了。一座山城接一座山城地打，仗一直打到秋末，还没有过鸭绿江呢，最后攻打安市城始终不胜，于是不得不撤军了。这是唐太宗李世民一生中少有的窝囊仗。

到了高宗时期，终于实现了隋唐两代的梦想——平定高丽。唐军先登陆朝鲜半岛南部，消灭了和高丽结盟的百济，那家伙，日本不干了，人家和百济也是盟友啊，日本军队在朝鲜半岛登陆，想帮助百济复国。结果，和唐朝水军在白江口遭遇了，唐军一见日军，劈头盖脸打过去了，连续四次大战，日本军队大败。前面讲到刘仁轨的时候提到过这场战役，这一幕和甲午战争多像啊，都是朝鲜有事，然后中国军队、日本军队分别进入半岛，然后双方爆发战争。不过，唐军可不是清军，战况也截然相反。平定百济以后，唐军联合新罗军队，南北夹击，最终灭了高丽。

高丽被灭，最大的受益者实际上是新罗。为什么呢？因为三国鼎立，高丽最强，新罗依靠自己的力量是无法获胜的，这回唐军来了，把其他两国都灭了，新罗一下子壮大起来了。当时唐朝在平壤设立了安东都护府，负责统治高丽旧地，但是新罗就逐步开始排挤唐朝的势力，还和唐军爆发了武装冲突。恰巧在此时，西部的吐蕃正在迅速扩张，唐朝无力两头兼顾，所以就逐步把安东都护府往回撤。新罗就统一了整个朝鲜半岛。

而狄仁杰针对安东都护府问题也提出过建议。他是这么说的："今以海中分为两运，风波飘荡，没溺至多。准兵计粮，犹苦不足。且得其地不足以耕织，得其人不足以赋税。臣请罢薛讷，废安东镇。三韩君长，高氏为其主，诚愿陛下存亡继绝之义，复其故地，此之美名，高于尧舜远矣。"[⑧]注意，狄仁杰这番建议和前面有关四镇的建议如出一辙，也是从保护民生这个角度出发，建议罢废安东都护府，重新扶持散落在中国的高丽王室后裔，存亡续绝。

可是要我说，这个建议比刚才那个还不靠谱。为什么呢？隋唐两代，断断续续用了70年时间才平定了高丽。高丽和新罗不一样，它是朝鲜半岛最强大的国家，有着当东北亚霸主的雄心壮志，它的欲望，不仅仅局限于朝鲜半岛。而新罗呢，它没有高丽那样的野心，它满足于消灭两大夙敌高丽和百济，统一朝鲜半岛。在排挤了唐朝势力之后，对其他地方也没有要求。况且，新罗从文化上来说，更贴近唐朝。

当年新罗金真德女王为了和唐朝搞好关系，命令国内行中国年号，穿唐朝式样的官服，积极学习中国文化，而且还亲自制作了一幅织锦，上面有一首她自己作的《太平颂》，送给了唐高宗，那里面盛赞唐朝说："大唐开洪业，巍巍皇猷昌。止戈戎衣定，修文继百王。统天崇雨施，理物体含章。深仁偕日月，抚运迈陶唐。幡旗既赫赫，钲鼓何锽锽。外夷违命者，翦覆被天殃。淳风凝幽显，遐迩竞呈祥。四时和玉烛，七曜巡万方。维岳降宰辅，维帝任忠良。五三成一德，昭我唐家光。”[9]你听听，“我唐家”，眼看就不把自己当外人了。要我说金真德女王也是的，你了解一下我们中国的风俗嘛，在我们这里女人绣个东西送给男人意味着啥呢？武则天没找上门去跟你 PK 就算客气了。

一直到了唐玄宗时期，唐玄宗还盛赞新罗，说：“新罗号为君子之国，颇知书记，有类中华。”[10]也就是说，新罗和唐朝是真正的睦邻友好关系，文化上也很接近。假如狄仁杰的建议被采纳了，那就不得了了，你扶持了新罗的世仇高丽，先不说扶植能否成功，你首先要考虑一下新罗的感受吧？新罗能不和你记仇吗？朝鲜半岛势必又要回到动乱之中，唐朝也就会失去一个相对稳定的东北边疆。此时的东北，维持现状是最佳的选择，所以说，狄仁杰的建议是画蛇添足，多此一举。武则天没有听从他的建议。

狄仁杰两次建议没有被采纳，体现出狄仁杰的弱项——就是民族、外交和国防问题。狄仁杰一直从事内政工作，没有担负过外事职务。他数次担负军事任务，抵御过吐蕃、契丹、突厥，但是都是处在二线，没有发生实际战斗，因此他缺乏这方面的经验。但是他的两次重大建议，在民间获得了广泛支持，因为战争确实给人民带来了很大的苦难。我们不能因为他的建议有某些不足就武断地认为他忽视国家安全，作为宰相来说，提出多种意见，提醒皇帝爱惜民力，这是宰相的职责。保卫国家安全，做出最后决断，这是君主的职责。政治忌讳一言堂，让武则天听听不同意见，只有好处没坏处。

狄仁杰的最大长处，不在于国防，而在于发现和使用人才。而且他发现人才和使用人才的过程，包含着他特别的用意，这个用意将在暗地里决定武则天和她的大周朝的命运，究竟是怎么一回事呢？我们留待下讲。

注释

①《资治通鉴》卷一九五。

②《资治通鉴》卷二〇一。

③《旧唐书》卷九七《郭元振传》。

④《旧唐书》卷八四《刘仁轨传》。

⑤《史记》卷九九《刘敬叔孙通列传》。

⑥《唐会要》卷七三。

⑦《旧唐书》卷九七《郭元振传》。

⑧《全唐文》卷一六九。

⑨《旧唐书》卷一九九《新罗传》。

⑩《旧唐书》卷一九九《新罗传》。

第十三讲　天下桃李，悉在公门

狄仁杰虽然在武则天的武周王朝中官至宰相，但他的内心中，一直坚持李唐复国的理想。到晚年的时候，他预感到自己来日无多，所以就致力于发现人才，推荐人才，狄仁杰希望他亲自推荐的这些人，能够实现自己李唐复国的理想。那么，狄仁杰究竟推荐了哪些人？这些人最终实现了狄仁杰的愿望吗？

21世纪什么最贵？人才！岂止是21世纪，哪个世纪都是这样，人才是立国的根本。所以自古以来，举荐人才就是宰相的职责。可是知人何其难也。《论语》说："问智，子曰'知人'。"老子曰："知人者智，自知者明。"两位思想家都认为知人的人是最聪明的人。认清一个人很难，用好一个人更难。所以古人把"知人"和"善任"并列。

狄仁杰就是一个知人善任的人。他一生善于发现人才、使用人才，以人才治国，以人才布局，通过举荐人才，让自己的政治抱负在自己死后得以实现。甚至可以说，狄仁杰是唐朝300年间最好的伯乐。

您可能要问，狄仁杰的政治理想不就是恢复李唐吗？那么既然李显已经被立为太子了，这个理想不就已经实现了吗？问题在于李显未来能否顺利即位存在很大的变数，唐朝历史上不能即位的太子比最终即位的太子还要多。更何况武家子弟、二张对他都是很大的威胁，所以狄仁杰必须组建一支自己的队伍，保障李显顺利即位。

狄仁杰一生推荐人才众多，一时间遍布朝堂，当时人称赞他说："天下桃李，悉在公门矣。"[①]那么狄仁杰推荐了哪些人才呢？我们拣几个重要的来看一看。

张柬之

张柬之是襄阳人。年轻时仕途很不顺利，60 多岁的时候才不过做到青城县丞。后来他参加了贤良方正科考试，获得第一名，当了监察御史。张柬之年龄这么大了，却是老骥伏枥，志在千里。

什么志呢？匡复唐室。在这一点上他和狄仁杰是一致的。他一直看不惯武则天，曾经得罪过武则天。当时他在许王李素节门下担任参军，李素节的母亲不是别人，正是当年和武则天争宠的萧淑妃。那你说武则天会怎么对待萧淑妃的儿子？李素节在外地当官，长时间不许他进京，理由是他有病。李素节想念高宗，曾经写了一篇《忠孝论》，抒发自己对父亲的想念。写完了自己看也就罢了，张柬之好心办坏事，他劝李素节把这个悄悄送给高宗看，希望能引起高宗的重视。之所以悄悄送上去，就是怕武则天看到。

结果呢，这篇文章还是落到武则天手里了。武则天当时在皇帝身边遍插耳目，没什么能瞒过她。武则天拿到《忠孝论》一看：“你小子贼心不死啊！”于是把李素节降格为郡王，贬到更远的地方去了。后来李素节被武承嗣诬告杀害了。张柬之呢，他没丢命算是命大，后来他仕途一直不顺可能和此事有关。

后面发生的一件事，可能让武则天看到了张柬之的才能。当时，突厥默啜可汗为自己的女儿请求和亲。突厥很强大，是劲敌，能来和亲是好事。武则天挑选了一番，选了淮阳王武延秀，武延秀是武承嗣的儿子。张柬之当时就反对，他说：“自古无天子求娶夷狄女以配中国王者。”武则天很生气，可是后来发生的事情恐怕就让她后悔莫及了——要是听了张柬之的有多好。

前面我们讲过，武延秀到了突厥，没想到人家默啜可汗一看就恼了，认为只有李家皇子才配得上我可汗的女儿，武家小儿算什么东西。于是发兵来打，檄文上又絮絮叨叨把武家骂了一顿，捎带着直接把武家定义成“小姓”了。武则天可谓又急又气。你说当时要是听了张柬之的多好，免遭其辱啊。这件事武则天虽然嘴上不说，但是恐怕心里也会对张柬之高看一眼。

狄仁杰很欣赏张柬之。为什么呢？因为张柬之和他的政治理念非常接近。

一是仁政思想接近。张柬之在担任蜀州（今四川崇庆县）刺史的时候，目睹了一项弊政：当时武则天为了镇守云南，设置了泸南七镇，派了大量的士兵驻守。这里是唐朝少数民族的聚居地，按律法不向国家上缴赋税，所以这些驻军的补给都要靠内地运输。四川等地老百姓苦不堪言。当地环境很恶劣，所以士兵死亡也很多。张柬之向武则天建议，废除七镇，撤回驻军。他说："陛下之赤子身膏野草，骸骨不归，老母幼子，哀号望祭于千里之外。于国家无丝发之利，在百姓受终身之酷。臣窃为国家痛之。"[②]镇守七镇，除了让人民受苦之外，对国家没好处。所以他提出废罢七镇。但是武则天没有听他的。此事和前面说的狄仁杰有关安西四镇、安东都护府的建议如出一辙，都是从仁政角度反对盲目用兵。这一点狄仁杰很欣赏。

二是复唐思想接近。狄仁杰保举张柬之，就是看出他复唐的思想很坚决。有一次张柬之从荆州长史任上卸任，要去洛阳做官。和他的继任者杨元琰办交接的时候，两人撇开众人，特地划着一条小船，到长江江心上议事。具体说了什么不清楚，史籍中说"语及太后革命事，元琰慨然有匡复之志"。后来张柬之当宰相后，任命杨元琰为将军，说了这么一番语重心长的话："君颇记江中之言乎？今日非轻授也。"[③]还记得咱们当年江中所说的话吗？今天这个将军头衔不是随便给你的。言下之意就是要他为李唐复国做准备啊。后来神龙革命，杀死二张、推翻武则天，就是张柬之领导的。狄仁杰当时已经去世了，他也许不会同意张柬之动用武力，但是在复唐这件事上，张柬之最符合狄仁杰的心意。再加上他能力很强，所以狄仁杰推荐张柬之很坚决。

有一次，武则天问狄仁杰："朕要一好汉使，有乎？"

狄仁杰回答说："臣料陛下若求文章资历，则今之宰臣李峤、苏味道，亦足为之使矣。岂非文士龌龊，思大才用之，以成天下之务者乎？"您要什么人才？要是想要文章写得好的，您身边大有人在。您今天这样问，莫非是想要一个能安邦定国的人才？

武则天说："是啊！"于是狄仁杰马上说："荆州长史张柬之，其人虽老，真宰相材也。且久不遇，若用之，必尽于国家。"那我就推荐张柬之当宰相。

武则天大概第一嫌张柬之年龄大，第二还记着李素节的事情，所以没有让他当宰相，而是给了张柬之一个洛州司马的头衔。

过了些天，武则天再问狄仁杰："有什么人可以当宰相啊？"

狄仁杰回答："张柬之。"

武则天一看，得，狄老汉的车轴脾气又杠上了。她说："已迁之矣。"我已经给他官当了。

狄仁杰回答："臣荐之，请为相也。今为洛州司马，非用之也。"④我是推荐他当宰相，不是当司马！

武则天还是犹豫没答应。后来狄仁杰去世后，武则天曾经问姚崇，有什么人可以当宰相，姚崇的回答和狄仁杰的一样——张柬之。姚崇那也是狄仁杰的人啊。而且姚崇话说得还很迫切："张柬之沉厚有谋，能断大事，且其人年老，陛下急用之。"这人当宰相没问题，只是年龄大了，当时张柬之已经80岁了，您赶紧用他。经过狄仁杰、姚崇反复的推荐，武则天最后终于任命张柬之为宰相。这就有了后来轰轰烈烈的神龙革命。

桓彦范

桓彦范，润州曲阿人也，即今江苏丹阳人，他的祖父桓法嗣曾任弘文馆学士。《旧唐书》说桓彦范自小"慷慨俊爽"，年轻时以门荫调补右翊卫，后来又担任司卫寺主簿。狄仁杰看重其耿直，推荐他当了监察御史。咱们不是说了吗，狄仁杰早年也当过御史，以敢于在皇帝面前冒死直谏而著称。他提拔桓彦范当御史，就是看中桓彦范也是这样的人。

他对桓彦范说："足下才识如是，必能自致远大。"[⑤]你有如此才华，以后必能自己闯出一番天地。你看狄仁杰推荐人多有艺术，张柬之年龄大了，所以狄仁杰就推荐他一步到位当宰相，桓彦范还年轻，所以狄仁杰来个"扶上马送一程"，从御史开始干起，多锻炼一下。

桓彦范曾经冒死劝谏武则天，要求将武则天的男宠张昌宗治死罪。为什么呢？张昌宗找一个术士算命，竟然得出一结论——张有天子之分。官员勾结术士本就是违法的，更何况得出这么一结论，大逆不道啊。所以一大批大臣纷纷进言，要求武则天处死张昌宗。其实就是大家早看男宠二张不顺眼，抓住机会开炮而已。这里面桓彦范态度最激烈。

武则天呢，当然舍不得。前面说过，二张是她的底线，触碰不得的，但是桓彦范冒死直谏。他说："君在，臣图天分，是为逆臣，不诛，社稷亡矣。"直接把杀不杀张昌宗跟国家安危挂钩了。武则天最后拗不过这些人，但是又舍不得张昌宗，于是来了个花招——先把张昌宗捆起来，送往御史台受审，桓彦范等人当时正在那里磨刀霍霍向猪羊呢。然而还没等审问开始，武则天再下一道赦令，赦免了张昌宗。桓彦范等人大失所望。

桓彦范还曾经主持为酷吏政治受害者平反昭雪。他冒死向武则天建言，主张将文明元年（684）以后被治罪的人，除徐敬业和唐宗室叛乱元凶之外一律赦免。"表疏前后十奏，辞旨激切"，据说每当武则天有所质疑，桓彦范就越发慷慨激昂，他曾对亲近说："今既躬为大理，人命所悬，必不能顺旨诡辞，以求苟免。"[⑥]既然我主管大理寺，遇到人命关天的事情，一定不能曲意迎合皇上，要公事公办！桓彦范这种坚持原则的勇气给他带来了极大的声誉。

后来，桓彦范也成为神龙革命的中坚力量。桓彦范的母亲也是位坚强的女性，当时，政变能否成功尚不可知，掉脑袋的风险极大。桓彦范事变前特地向母亲报告，母亲回答说："忠孝不两全，先国后家可也。"[⑦]后来政变成功，桓彦范因此和张柬之等人一起被封王。

敬晖

敬晖是山西人，明经出身，很能干，他在河北抵御突厥时被狄仁杰看中了。当时敬晖到卫州担任刺史，此时的卫州（今河南卫辉市）一片混乱，地方官将老百姓全部驱赶入城去加固城墙，大片的庄稼撂在地里没人收割。敬晖说："金汤非粟而不守，岂有弃收获而缮城郭哉？"[8]城池有了粮食才守得住，哪里有把粮食撂在一边去修城墙的？于是他命令把老百姓放回家收割。这是很明智的举动，因为突厥人来不来还是个问题，你先慌得自乱阵脚，那不行。卫州人民对敬晖感恩戴德。这和狄仁杰当时去镇守魏州的时候采取的措施几乎一模一样。所以狄仁杰很欣赏敬晖的举动，他也得到了狄仁杰的推荐。

袁恕己

袁恕己是河北沧州人。史籍上明确说他也曾经受到过狄仁杰的推荐，只是为何被推荐，没有明确的记载。不过唐中宗时期的一件事大概可以看出来此人的为人。当时有个将作少监叫杨务廉，此人特别有巧思，善于制作各种器物、营建宫殿，并以此来取悦于唐中宗。袁恕己看不惯，担心他把朝廷风气败坏了。

《史记·宋微子世家》记载了这么一个故事，商纣王原本生活并不奢华，但是从某一天开始使用一双象牙筷子吃饭，他的大臣箕子看见了就长叹一口气，说："彼为象箸，必为玉杯；为杯，则必思远方珍怪之物而御之矣。舆马宫室之渐自此始，不可振也。"他能用象牙筷子吃饭，就一定会配用玉杯，有了精美的餐具，食物就必须精美，远方就要给王室进贡。这以后，车马、宫殿，什么都要变得奢华起来，国家也就危险了。结果大家都知道，商朝就是亡于纣王的荒淫奢侈。这叫什么？这叫见微知著。

所以袁恕己就很反感杨务廉这样的人，他便向皇帝进言，要求将杨务廉流放。他说："务廉致位九卿，积有岁年，苦言嘉谋，无足可纪。每宫室营构，必务其侈，若不斥之，何以广昭圣德？"[9]杨务廉这种人，当官这么多年，没见给国家立什么功，只见整天营造宫殿、器玩，奢侈无度，不贬逐了他，怎么体现皇帝的圣德？于是，皇帝将杨务廉流放到南方去了。从这一点来看，狄仁杰看中他不是没有理由的。

崔玄暐

崔玄暐是河北安平人，他母亲是一位深明大义的人，所以他自小就有良好的家教。他出去当官之前，母亲就告诫他："儿子去当官，假如做父母的听到他很穷，这是好消息。假如听说他过着奢侈的生活，这是坏消息。我们家亲戚中当官的也有不少了。有的父母，看见儿子寄来的钱就高兴，丝毫不问这个钱是哪里来的。假如是贪污的钱，这种儿子与盗贼何异？你拿国家的俸禄，忠诚廉洁是你立身的根本，你要牢记。"我觉得，这番话就是在今天仍然有现实意义。

狄仁杰看上崔玄暐估计和他的清正廉洁有关。史籍上都说崔玄暐是狄仁杰推荐的，但是神龙革命那天武则天的一句话让这个问题变得有些扑朔迷离。当时，政变者们包围了武则天的寝殿，武则天走出来，环顾四周，看见崔玄暐的时候，她说："他人皆因人以进，惟卿朕所自擢，亦在此邪？"[10]别人都是靠人推荐当官的，只有你是我亲手提拔的，怎么你也来了？

这是怎么回事呢？其实武则天指的是狄仁杰死后她对崔玄暐的保护。当时崔玄暐任天官侍郎，天官就是吏部，天官侍郎主管官员选拔、任用，那可是个肥差啊，要是徇私舞弊的话捞钱大大的，可是崔玄暐牢记母亲的教诲，上不巴结领导，下不接受贿赂，结果就被人看做眼中钉，把他调离了。可是没过多久，武则天又把他找回来了。武则天说："卿向改职，乃闻令史设斋相庆，此欲肆其贪耳。卿为朕还旧官。"[11]听说你调离之后，吏部的官员们个个弹冠相庆，摆酒畅饮，认为这下子可以放手贪污受贿了，所以我将你官复原职。过了两年，武则天又任命崔为宰相。

也就是说崔玄暐初期当官应该是受到了狄仁杰的推荐，但是狄仁杰去世后，他受到武则天的保护和重用，所以武则天说崔玄暐是她自己提拔的。

据说武则天那句话说出来之后，崔玄暐回答："此乃所以报陛下之大德。"[12]我正是以此来报答陛下您的大德。

以上五个人，就是发动神龙革命、推翻武则天的主谋，事变成功后他们因功被封王，所以被称为"五王"。这五个人都出于狄仁杰的门下，他们有共同的特征，这些特征综合起来，简直就是狄仁杰的画像，哪些特征呢？

第一，清正廉洁，有仁政思想，能干。

第二，反感武家子弟和二张。

第三，对李唐有感情，一心复唐。

也就是说，狄仁杰推荐人才是有深意在里面的。他晚年可能是身体健康每况愈下，已经意识到来日无多了，所以他推荐人才实际上是在为自己死后的政局发展布子儿，以此来延续自己的政治生命。据说他曾经这样对五人说："所恨衰老，身先朝露，不得见五公盛事，冀各保爱，愿尽本心。"[13]狄仁杰是个很谨慎的人，他说话往往不说透，尤其是这么重要而又隐秘的事情。我老了，恐怕等不到看见你们五个人成事的时候了，你们各自保重，要尽心尽力。这话其实是说——我死后就看你们的了。

结果，狄仁杰最后的希望没有落空，五王发动政变的基本路数也能看到狄仁杰的影响：他要求对二张采取措施，结果二张被杀了；他要求不伤害武则天，结果武则天是善终的。但是他要求对武三思采取措施，五王没有听。事实证明，不听老人言，吃亏在眼前，五王最后被武三思害死了。

狄仁杰所推举的人才，其影响力不仅仅体现在神龙革命、李唐复国这件事上。他一生推举的人才很多，不仅仅是这五个。其他很多蒙狄仁杰推荐的人，最后都成了经天纬地的栋梁之才。《旧唐书·狄仁杰传》说：

“仁杰常以举贤为意，其所引拔桓彦范、敬晖、窦怀贞、姚崇等，至公卿者数十人。”这里面我们再谈谈姚崇。

姚崇

姚崇是陕州人，即今河南陕县人，原名叫姚元崇，他受到狄仁杰推荐时还年轻，所以他的才华是在很久以后才得以完全展示，这一点也体现了狄仁杰发现人才潜力的独到眼光。姚崇这个人小时候据说还是个不良少年，不爱学习。但是有一天看到了一本书，叫做《修文殿御览》，这是本北齐时候的类书，姚崇一看就被吸引住了，于是开始发奋读书，后来以学识渊博而著称。他参加科举，中的是下笔成章科，可见他文章了得。所以现在有的家长也别太担心，有的孩子就是开窍晚，但是一旦开窍就不得了。

姚崇当官，以才干著称，分析起事情来头头是道，武则天很喜欢，后来就发生过咱们前面讲过的故事。酷吏政治结束后，武则天总觉得面子上下不来，专门找姚崇聊天，说这些个酷吏太坏了，滥杀无辜都是他们搞的，我是受了蒙蔽了。姚崇当时就顺着武则天说，而且还以全家百口性命担保，从此以后再也不会有谋反者了。武则天听了很高兴。这也就是姚崇帮助武则天正式宣布——再也不搞酷吏政治了。

后来突厥有个酋长叫叱利元崇，叛乱了。姚崇原名不就是姚元崇吗？武则天特地跟姚元崇说：“你把名字改了吧，别跟反贼叫一个名字。”姚元崇这才改名叫姚崇。

姚崇最后成为一代名相，那主要是在唐玄宗时期，他一生经历武则天、唐睿宗、唐玄宗三朝，都官拜宰相。尤其是唐玄宗时期，他是开元之治的功臣，辅助玄宗整顿吏治，改革弊政，励精图治。后人评价唐玄宗，说他用人前期明白，后期糊涂。前期明白就指的是任命了姚崇、宋璟等为宰相，后期糊涂指的是任用李林甫、杨国忠为宰相。

可以说，在姚崇身上，狄仁杰的政治理念得以延续到“开元盛世”。

窦怀贞

金无足赤，人无完人。狄仁杰推荐人才也有失误的时候，比如推荐窦怀贞就是他的一个败笔。窦怀贞是唐太宗时期大将窦德明的侄子，早年间还是个很不错的人。据说窦家由于是功臣兼是外戚（窦德明是唐太宗生母窦太后兄长的孙子），所以家庭条件优越，子弟们多过着奢侈的生活，唯有窦怀贞注重个人修养。《旧唐书》说他早年“独折节自修，衣服俭素。圣历中为清河令，治有能名。俄历越州都督、扬州大都督府长史，所在皆以清干著称”，还是个清正廉明的好官。大概就是因为这个缘故，他被狄仁杰看上了，受到了推荐，官越当越大。但是此人实际上是一个趋炎附势的谄媚之徒，而且谄媚得还挺恶心。只是他隐藏较深，狄仁杰一时看不清楚而已。他原形毕露是在唐中宗时期，那时狄仁杰早已去世了。

唐中宗时期，韦皇后当权。韦皇后父亲不是叫韦玄贞吗？按理说皇后父亲的名字不必避讳，但是窦怀贞为了讨好韦后，主动改名叫“窦从一”，舆论开始觉得——这个家伙不地道。后来又发生这么一件事——有一次宴会，唐中宗问窦怀贞：“听说你家夫人已经去世了，不知道你续娶了吗？”窦怀贞回答：“还没有。”唐中宗说：“我帮你续弦好吗？”窦怀贞当然巴不得了，皇帝指婚啊。

其实呢，唐中宗这个没正形的家伙是想拿窦怀贞开涮。不一会儿，只见一支送亲队伍盛装而出，宦官、宫女一大堆，打着灯笼、拿着宝扇，簇拥着一个穿着华丽翟衣的女子。什么叫“翟衣”？那是给内命妇穿的高等级的衣服。窦怀贞心里那个美，不用问，肯定是美女，大家闺秀啊，迎入洞房。唐代风俗，刚入洞房新娘要以扇遮面，类似盖头的作用，新郎要念一首《却扇诗》，新娘子才去掉扇子，和新郎见面。唐中宗起哄让窦怀贞念了好几首《却扇诗》，念完新娘把扇子一去，窦怀贞定睛一看：我的妈呀！你别说还真是一妈——韦皇后的奶妈王氏。王氏又老又丑，估计窦怀贞立马就傻眼了，石化了。唐中宗、韦皇后他们乐得前仰后合。

让人家涮了，窦怀贞不以为耻反以为荣，后来写公文、奏折落款都是“皇后阿奢”，古人把奶妈的丈夫称为“奢”，就相当于奶爸啊。皇后阿奢就是皇后奶爸嘛，窦怀贞落款竟然是这个，真是脸皮厚到极点。大家讽刺他，把他叫“国奢”，就是“大唐奶爸”的意思，他竟然还欣然接受。你以为他真的满意这门婚姻？才不是呢，他就是想靠这个讨好韦后。后来韦皇后被太平公主和李隆基诛杀，窦怀贞立即回家把自己这个老婆亲手杀掉了，你看这人是不是个墙头草随风倒。

后来，窦怀贞与太平公主合谋，想谋害李隆基，被李隆基先下手为强，太平公主被铲除了，窦怀贞也投水自杀了。狄仁杰推荐他，是狄仁杰推荐人才过程中唯一的失误。后来的《新唐书》、《资治通鉴》都特地把狄仁杰推荐窦怀贞的事情抹掉了，这还是传统的“为贤者讳”，我们今人就大可不必避讳这个事了。

狄仁杰推荐人才还有过“内举不避亲”的佳话。春秋时期晋国大臣祁奚向国君举荐人才的时候举荐了自己的仇敌，国君问：“那不是你的敌人吗？”祁奚回答：“您是让我举荐人才，不是问我仇人是谁。”后来他又举荐自己的儿子，国君问：“那不是你的儿子吗？”祁奚回答：“您是让我举荐人才，不是问我儿子是谁。”古人认为祁奚推荐人才真正做到了心底无私。可惜有史以来好多人只记住了后半段，只举亲了，不避仇就忘记了。狄仁杰也曾经举荐过自己的儿子，而且事实证明，他的举荐非常正确。当时他推荐儿子狄光嗣当官，结果非常称职，武则天很高兴，夸赞说：“祁奚内举，果得其人。”把狄仁杰比作祁奚了。

这里顺便说一下，狄仁杰还有个不肖子，叫狄景晖，这小子后来当了魏州司功参军。前面说了，狄仁杰在魏州担任刺史，抵御过契丹，当地老百姓感谢狄仁杰，给他修了一座生祠。结果，狄景晖这小子在魏州胡作非为，估计还经常说两句“我爸是狄仁杰”什么的。魏州老百姓一怒之下，把狄仁杰生祠毁了，一直到唐后期才重建。

狄仁杰在自己人生的最后几年，用举荐人才的方式为未来做好了铺垫，他开始坦然接受人生的最后阶段。他在世的最后时光，也是矛盾斗争日趋激烈的时刻，狄仁杰将如何对待呢？我们留待下讲。

注释

①《资治通鉴》卷二〇七。

②《旧唐书》卷九一《张柬之传》。

③《资治通鉴》卷二〇七。

④参见《大唐新语》卷六。

⑤《旧唐书》卷九一《桓彦范传》。

⑥《旧唐书》卷九一《桓彦范传》。

⑦《资治通鉴》卷二〇七。

⑧《旧唐书》卷九一《敬晖传》。

⑨《旧唐书》卷九一《袁恕己传》。

⑩《资治通鉴》卷二〇七。

⑪《新唐书》卷一二〇《崔玄暐传》。

⑫《资治通鉴》卷二〇七。

⑬《资治通鉴考异》引《狄梁公传》。

第十四讲　梁柱摧兮

公元 697 年，68 岁的狄仁杰被武则天召回朝中，第二次担任宰相一职，此时距离他去世还有三年时间。在这段时间里，经过狄仁杰等大臣的力劝，武则天最终立李显为太子，困扰已久的继承人问题，看似和平地解决了。年事已高的武则天越来越沉迷于享乐而疏于朝政，武家子弟、太平公主、二张兄弟等各股势力都蠢蠢欲动。那么一心想要匡复大唐的狄仁杰，在他人生的最后三年里，面对波云诡谲的政治局面，都做了哪些巧妙安排呢？

狄仁杰第二次担任宰相一共三年时间，公元700年他就去世了。要说三年时间一眨眼就过去了，但是对于狄仁杰来说，这最后的三年时光却是诡谲、充满矛盾斗争的三年，朝廷内外正处在一个微妙的时刻。表面的平静下蕴藏着巨大的旋涡，而他就处在这个矛盾旋涡的最中心。

此时国家的政治形势我们需要整理归纳一下，武则天开始出现了几个变化。

第一，性格转向宽厚

此时的武则天性格转向宽厚，这个变化给国家政治带来了很多变数。

古代社会是人治社会，既然是人治社会，政治就会随着统治者个人的变化而变化。我们说武则天性格开始转向宽厚，这个所谓“宽厚”也只是和她以前相比而言，她晚年杀人还是不少，只是再也没有那种系统化、规模化的酷吏政治了。武则天晚年自信心增强了，不再疑神疑鬼、看谁都像阴谋分子了，所以狄仁杰他们在此阶段内有许多劝谏被采纳，很多反面意见她也可以接受。即便是她不愿意接受的意见，她也不再像年轻时候那样动不动火冒三丈，从帘子后面跳出来和人PK了。那她怎么做呢？晚年的武则天听到不爱听的话，经常是和颜悦色——你说得对，嗯，你说得太好了，赏赐你金银财宝……然后呢，该干吗干吗，虚心接受，坚决不改。

不过，有时候严厉意味着责任感，宽厚意味着倦怠，武则天就是这样，宽厚的同时她开始怠政了。谁都知道当皇帝好，为了争皇位亲娘老子都可以不要。但是真的当上几十年皇帝，有的皇帝晚年就会出现怠政的现象，一提起政治就倒胃口，什么事也不想管。你看那个南朝梁武帝就是这样，半个世纪的皇帝，《梁书》说他是“及乎耄年，委事群幸”，到老就信任那些奸佞小人，国家政治走下坡路了，最后自己在侯景之乱中饿死了。唐玄宗也是这样，皇帝当了近半个世纪，到了晚年什么都没兴趣，就对杨贵妃有兴趣，信任李林甫、杨国忠，最后怎么样？发生了安史之乱。

武则天晚年也是这样，从她和高宗一起听政算起，掌权也有半个世纪，权力的滋味已经失去刺激感了。她也开始怠政，开始迷恋丹药，你看秦始皇统一六国后，人生失去奋斗目标了，整天就琢磨着找长生不老药。武则天也一样，晚年特别幻想长生不老。她一生信佛，但是晚年却开始亲近道士，为啥呢？因为道士说自己能给她炼长生不老丹，所以武则天开始信任道士。公元 700 年，有个叫胡超的道士，给她炼丹药，据说武则天吃了后感觉很好，旧疾祛除，于是改元为“久视”，就是长久掌权的意思。

武则天宠爱男宠二张，原因之一就是二张会炼丹药。有一次有人举报张昌宗兄弟贪赃枉法，武则天命桓彦范等加以审理。数日后，桓彦范等奏：“昌宗兄弟共有赃四千余贯，法当解职。”张昌宗申辩道：“臣有功于国家，所犯过错不至于解职。”武则天问群臣：“昌宗于国有功否？”小人杨再思奏曰：“昌宗合炼神丹，圣躬服之有效，此实莫大之功。”[①]就是说张昌宗会炼丹药，皇上吃了很有效，这多大的功劳啊，贪点小钱不算啥。张昌宗就是靠这个蒙混过关。

第二，越来越宠信二张

武则天和二张的年龄差距，那是奶奶和孙子的差距。越到晚年，武则天越宠爱二张，似乎想从两个年轻人身上汲取青春元素。

二张十分骄横，不把朝中百官放在眼里，武则天经常举办宴会，让二张在宴会上拿群臣开玩笑，武则天在上面哈哈大笑。朝中讨好二张的人也很多，武承嗣曾经为他们牵马拽蹬，武三思吹捧张昌宗是仙人投胎，于是武则天让张昌宗穿上羽毛衣服，拿着箫，骑着木头鹤，扮演个山寨版的仙人。

朝臣中很多人吹捧二张那叫一个肉麻。有一次宴会，大家看见池子里的莲花，于是有人吹捧张昌宗说“六郎面似莲花”，张昌宗排行老六，所以叫六郎。前面提到的那个小人杨再思挺身而出，说：“不然不然，不是六郎面似莲花，而是莲花面似六郎。”[②]我第一次看到这段记载的时候鸡皮疙瘩起了一身。

二张得势使得朝廷风气败坏，很多人也想走他们的路线，还有人给武则天上疏自荐，特别强调自己在某方面拥有超强能力。这都是前所未有的荒唐事。

所谓一人得道鸡犬升天，张家不仅是二张，连带其他人都得意一时。比如张昌宗的弟弟张昌仪，就当了洛阳县令，别看是县令，这可是天子脚下的县令，牛！他收受贿赂，卖官鬻爵，干尽坏事。有一次，一个姓薛的人贿赂他 50 两金子，求他把自己提拔一下。张昌仪跟吏部官员打了招呼。结果呢，过了些天吏部官员跑来说：“对不起啊，我把名单搞丢了，您上次跟我说的那人叫什么来着？”张昌仪大骂：“混账东西！不会办事！我也忘记了！只记得姓薛。”没招儿了，吏部官员回去把那一年参加迁转的所有姓薛的官员都官升一级，一共六十多人。对这些姓薛的人来说，这就叫无事家中坐，馅饼天上来。

有人吹捧、巴结二张，可也有人不买二张的账，谁呢？狄仁杰。武则天整天怂恿二张拿大臣开玩笑，就是不敢惹狄仁杰。狄仁杰这人咱们前面说了，他有很多劝谏武则天的事例，但是他从来没有主动攻击过二张，因为二张是武则天晚年的底线，不能轻易触碰。但是，要是二张惹到狄仁杰身上，狄仁杰也毫不客气。你想啊，狄仁杰是什么人？严肃的老夫子，正统儒家，怎么会看得上二张这种“特殊人才”呢？

《集异记》里记载了这样一个故事：南海地区给武则天进贡了一件集翠裘，顾名思义应该是用翠鸟的羽毛制成的一件大衣，很名贵。武则天把这件衣服赏赐给了张昌宗。这一天狄仁杰进宫奏事，正碰上武则天和张昌宗在玩双陆棋。估计狄仁杰进去看见张昌宗第一眼就没好气儿，一大男人，油头粉面，穿着件鸟毛做的衣服，这就是传说中的鸟人嘛。武则天看见狄仁杰进来，估计是为了缓和一下二张和狄仁杰的关系，就让他坐下和张昌宗一起下棋。

为了活跃气氛，武则天问狄仁杰：“卿二人赌何物？”

狄仁杰故意说：“赌昌宗所衣毛裘。”就赌他那件鸟服。

武则天说：“卿以何物为对？”你拿什么赌啊？

狄仁杰一指身上的紫袍：“臣以此敌。”

武则天一听就笑了：“卿未知，此裘价逾千金，卿之所指为不等矣。”不对等啊，你那紫袍能值几个钱啊？

狄仁杰站起来正色回答：“臣此袍乃大臣朝见奏对之衣，昌宗所衣乃嬖幸宠遇之服，对臣之袍，臣犹怏怏。”我这是朝廷宰相的官服，他那是靠当男宠换来的衣服，让我跟他赌，我还不乐意呢。

武则天没办法，就让他们开始下棋。张昌宗让狄仁杰刚才那番话噎得七荤八素的，脑子早乱了，一会儿败下阵来。狄仁杰拿过他那件鸟服，趾高气扬地走了，走到门外，把衣服扔给家奴。你穿去吧。然后骑上马扬长而去。

你说二张能不嫉恨狄仁杰吗？那没办法，狄仁杰不是个主动树敌的人，但是二张的存在是国家最大的隐患，为了社稷，狄仁杰必须站到他们的对立面上去。

当然，前面说过，二张在立李显为太子这件事上也有功，曾经劝说过武则天，但是正如司马光指出的——二张那是为了在武则天死后谋个长久富贵，所以才这样做的，并不像狄仁杰那样是为了国家社稷。

第三，越发倚重太平公主和上官婉儿

武则天年纪越来越大，也就越来越不爱管事。她将一般的事务委托给狄仁杰等人，还有些机密重要的事情，不能放到明面上干的，就逐渐开始交给太平公主和上官婉儿。

太平公主不用介绍了，武则天的宝贝疙瘩，老小，长相、性格都接近武则天，武则天最爱的人就是她了，给武则天推荐张昌宗的就是她。你看这小棉袄当的，多贴心啊。武则天晚年很多机密事都交给她去办。史书上说："二十余年，天下独有太平一公主，父为帝，母为后，夫为亲王，子为郡王，贵盛无比。"[③]父母都是皇帝的公主，天下独一份啊，所以太平公主势力大极了，因此史书才说她"天下独有太平一公主"嘛。武则天把太平公主宠得也不知天高地厚了，朝廷内外什么事她都掺和，政治野心膨胀，尤其在武则天晚年时候更厉害。后来她跟李隆基斗争失败，把自己由太平公主变成了太平间公主，都是这时候埋下的祸根。

上官婉儿经历比较曲折，她的祖父是唐高宗时期的宰相上官仪。上官仪被武则天杀了，按照律法，他的家属成了奴隶。那时候上官婉儿尚在襁褓之中。长大后的上官婉儿聪慧伶俐，还写得一手好文章，终于被武则天发现，留在身边内掌制命，就是当了个秘书。史书记载，从圣历年间开始，武则天开始让婉儿参决百司奏事，也就是开始参与国政，圣历年间正是咱们所说的狄仁杰担任宰相的那几年。

不过此阶段内太平公主她们的得势对于狄仁杰来说是好事，为什么呢？太平公主毕竟姓李啊，她跟自己的两个哥哥——李显和李旦那是血浓于水的关系，有助于李家子弟继承皇位。而且李显和李旦，一个糊涂，一个软弱，太平公主则很强势，由她辅助哥哥，对狄仁杰来说是好事。上官婉儿虽然后来和武三思有私情，但是起码此时她还不是那边的人，对狄仁杰的事业构不成威胁。

第四，开始极力调和李、武两家矛盾

此时狄仁杰还在时刻警惕着武家子弟。武家子弟中的武承嗣已经被

气死了，而此时武家子弟里势力最大的就是武三思。武三思这个人比起武承嗣来说城府更深些，他也是做梦都想当太子、当皇帝，但是他看到李显已经被立为太子，又有狄仁杰的辅佐，所以他也就暂时蛰伏下来，韬光养晦。狄仁杰在世最后几年的史料中很少能看到武三思在搞什么手脚。

武则天也明白，自己死了以后，武家和李家难免起冲突。她不愿意看到这样的事情。

据说大臣吉顼在离京赴外地任职的时候来辞别武则天，双方有一场意味深长的对话。吉顼说："臣今远离阙庭，永无再见之期，愿陈一言。"我这次远行，也许再没回来的机会了，想跟您说句话。

武则天命令赐座，然后让他说。

吉顼坐下就问武则天："合水土为泥，有争乎？"水和土和成泥巴，它们有矛盾吗？

武则天说没有。

吉顼又说："分半为佛，半为天尊，有争乎？"这团泥巴一半塑成一个佛像，一半塑成一个天尊像，有矛盾吗？

武则天说有，一个佛教的，一个道教的，肯定有矛盾嘛。

吉顼跪下磕头说："宗室、外戚各当其分，则天下安。今太子已立而外戚犹为王，此陛下驱之使他日必争，两不得安也。"您现在让李家当太子，武家人为王，这是您把一团泥巴分作佛像和天尊像，一定会有纷争的啊。吉顼说这话什么意思只能揣摩了，有可能他是在暗示武则天要放弃一方，也有可能是在敦促武则天调和双方矛盾。可是显然他没有什么具体的办法。

武则天说："朕亦知之。然业已如是，不可何如。"[④]我也知道，但事情已然如此，不知怎么办才好。

后来她采取的是个笨办法，召集太子李显、相王李旦、太平公主和武三思、武攸宁等武家子弟，一起举办个盛大的仪式，指天画地，赌咒发誓，要永远和好，不闹矛盾，等等，然后把誓词刻到铁牌子上。靠发誓来解决政治矛盾，在历史上我们还看不到成功的例子。这还不算，她还要求武家和李家联姻。刚好，当时李家这边女儿多，李显和李旦的女儿加起来有 19 个，武家那边呢，男孩比较多，于是陆陆续续结成好几门婚姻。武三思就和李显结成了儿女亲家。

这种表面的和好让李显也丧失了警惕，他跟武三思关系还越来越好，当然了，前面说了，武三思后来在暗地里还给他戴上了绿帽子。武三思恐怕一天也没有放弃惦记着皇位，李显怎么还和他友好呢？这也不奇怪，因为李显本来就是个糊涂蛋，看不清形势。

他看不清，狄仁杰可看得清。吉顼提不出解决李家、武家矛盾的办法，武则天则搞出个无奈之举，唯有狄仁杰最清楚——这矛盾就无法调和，肯定会以斗争的方式来了结。

但是很明显，狄仁杰并不想在他有生之年出来主持这场斗争。一则他和武则天之间有君臣感情。二则可能是他身体状况越来越不好了，不足以应对这样复杂重大的斗争。所以他采取的对策就是两个，一个是他以推荐人才的方式组建了一支队伍，这支队伍的根本任务是为李家保驾护航，是未来斗争的主力军。另一个是他尽自己的努力巩固李显的地位。

圣历三年（700）夏，武则天得病了，来到三阳宫避暑，三阳宫是她给自己建的一座行宫。狄仁杰随行。在这个过程中，狄仁杰趁势提出请太子李显监国。皇帝离开京城，由太子监国，也不是没有先例，但是此时狄仁杰提出这个问题却有点引人注目，为什么呢？因为这次武则天病得不轻，再加上年纪又这么大了，难免让人产生联想。此时太子出来监国，颇有点等着接班的意思。狄仁杰的奏议遭到了一个人的反对，谁呢？魏元忠。魏元忠秘密向武则天上疏，建议否决这个提议。

要说魏元忠是狄仁杰的战友啊，当年两个人一起遭到酷吏陷害被投入监狱了，怎么这时候出来阻挡狄仁杰呢？我们前面说了，魏元忠这人前后有变化，刚开始时是一个正直人士，但是后来随着仕途的坎坷，逐

渐产生了变化，变得世故贪财，所以他此时站出来反对狄仁杰，有可能是以此来向武则天表忠心。他说了些什么不清楚，史籍中没有明确记载，到了唐中宗时期此事才为外界所知。此事虽然没有成功，但是可以反映出狄仁杰的心态——他要抓紧一切机会巩固李显的地位。

此后的一段时间里波澜不惊。在三阳宫避暑的时候，有一个胡僧（外国僧人）来邀请武则天到山中观看埋葬舍利。武则天信佛，就答应了。狄仁杰出来阻挡，他说："佛者夷狄之神，不足以屈天下之主。彼胡僧诡谲，直欲邀致万乘以惑远近之人耳。山路险狭，不容侍卫，非万乘所宜临也。"[5]前面说过，狄仁杰一生对佛教是敬而远之，每逢武则天的佛事活动对政治和民生形成干扰，他就要出来劝谏。您是中国君主，不能为佛这个夷狄之神而屈尊前往山中。这个胡僧是想借着您的名义骗周围群众的钱。再加上山区不利于警卫，您还是别去为好。看到了吧，利用名人炒作不是现在才有的。

武则天听从了狄仁杰的建议，她说："以成吾直臣之气。"[6]成全我的这个直臣吧。"直臣"就是敢于劝谏的大臣。这是史籍中记载狄仁杰对武则天最后的一次劝谏。

武则天后来病情好转，心情不错，改元久视，并且和群臣一起游石淙山，狄仁杰在这里留下了他最后一首诗作，名叫《奉和圣制夏日游石淙山》，诗文云：

宸晖降望金舆转，仙路峥嵘碧涧幽。
羽仗遥临鸾鹤驾，帷宫直坐凤麟洲。
飞泉洒液恒疑雨，密树含凉镇似秋。
老臣预陪悬圃宴，余年方共赤松游。

您要问这诗写得如何？要说也就是首中规中矩的诗，没有多出彩，奉制诗都是这样的，陪皇帝写的诗，官样文章，历来很少能出精品。但是狄仁杰这首诗里面还是透露出一些信息，他提到了“老臣”二字，也提到了“余年”，您可以把这看做是文学上的修辞。但是假如联想起我们前面提到的他对张柬之等五人说的那番话，就有点意味深长的感觉了。当时他不是对五人说了吗：“所恨衰老，身先朝露，不得见五公盛事，冀各保爱，愿尽本心。”狄仁杰已经衰老了，身体不行了。在这人生的最后时光里，他关心的不是自己，而是国家社稷。

这一年秋，狄仁杰病重。张柬之、桓彦范、敬晖、崔玄暐、袁恕己五人前往狄仁杰府中探视。想来狄仁杰此时心中是感慨良多啊，自己的一生是坎坷的一生，责任重大的一生，自己的肉体也许就要湮灭，但是自己的政治理想却需要在自己身后发扬光大，国家的命运也需要得到扭转，而希望就在面前这五个人身上。

但是此时的狄仁杰却选择了沉默。《狄梁公传》记载说：“偶对终日，竟无一言。少顷，流涕及枕，但相视而已。”五人坐了一天，狄仁杰一言不发，最后流出泪水。

五人惶恐，不知所措，最后退出屋外。狄国老这是怎么了呢？袁恕己猜测说：“岂不气力转羸，须问家事乎？”是不是马上不行了，想交代家事啊？

张柬之年龄最大，是这些人的头，他回答说：“未闻大贤废国谋家者也。”大贤之士，都是先国后家的。一定还有下文。

果不其然，过了一会儿，有人来传话，说是狄国老请张柬之、桓彦范、袁恕己三人入内，留敬晖、崔玄暐在外等候。三人进去后，狄仁杰张嘴说话了：“向者无言，盖以二公之故。此二公能断而不能密，若先与议之，事必外泄，一泄之后，则国异而家亡也。”我刚才不说话，是因为敬晖、崔玄暐在场。这两人是能干的人，但是却不善于保守秘密。有他们在，就会泄密。可见狄仁杰即将交代的是很秘密重大的事情。

此时狄仁杰才开始进入正题，他们的密谈自然是国家姓武姓李的问题。李显被立为太子只是李唐复国的第一步，前途未卜，迷雾重重，二

张是障碍，这一点毫无疑问。但是二张的恶是摆在明面上的，大家一目了然，这个不用多说。而武三思等武家子弟才是狄仁杰格外强调的，在武承嗣死了以后，武三思韬光养晦，蛰伏了一段时间了，有些人已经对其放松了警惕。狄仁杰心里跟明镜似的，他特别指出："梁王三思尚掌权，可先收而后行也。不然，则必反生大祸。"要想复国，梁王武三思必须首先铲除，否则必然酿成后患。有关二张和武则天的问题，狄仁杰没有特别强调，反倒是武三思，狄仁杰特别指出对他要有断然措施。为什么呢？因为这几年来，狄仁杰也好，张柬之等五人也好，在其他问题上可能都达到了心领神会的境地，唯独对于武三思究竟该怎么处置，有可能还有不同意见。杀死武三思这一点没有异议，但是该在何时，由何人动手，恐怕没有达成一致。

后来政变发生之后，二张被杀，武则天下台，唯独没有杀武三思。袁恕己当即提醒张柬之："昔有遗言，使先收三思，岂可舍诸？"狄国老遗言不是让我们先杀武三思吗？怎么能不动手呢？张柬之回答说："但大事毕功，此是机上之物，岂有逃乎！"[⑦]张柬之的意思是，不着急，等我们完成大事，他不过是桌子上的一盘菜，还能逃了他？

其实向张柬之提出这个问题的人不止一个，政变后洛州司马薛季昶、朝邑县尉刘幽求也曾经向张柬之等人提起。但是张柬之等人的回答是"大事已定，彼犹几上肉耳，夫何能为！所诛已多，不可复益也"[⑧]，跟刚才回答袁恕己的话一样，还多了一句杀人够多了，不要再杀了。这算什么理由？这最该杀的人，二张之外就是武三思了，九十九拜都拜了，还差最后这一哆嗦？后来张柬之曾经透露过自己的真实想法，他不是不想杀武三思，而是想把这个机会留给唐中宗，让他能借此树立威望。没想到人家唐中宗不但不杀武三思，还和武三思关系日渐亲密，张柬之到此时才明白了狄仁杰生前那番话的深刻用意——这个手必须我们自己下！不能靠中宗！可是为时已晚，"五王"最后都被武三思铲除。

久视元年（700）九月，狄仁杰去世，享年71岁。这在当时就算是高寿了。狄仁杰的一生是波澜壮阔的一生，经历了朝代变迁，遇到过种种艰难险阻，最终凭借自己超强的才华成为国家航船的舵手，并最终将这艘航船引入了正确的海域。虽然自己看不到这一幕的实现，但是他已经为此做好了铺垫。

狄仁杰去世之后，武则天和整个朝廷都陷入了悲哀。武则天说："朝堂空矣！"我的朝堂没人了！她下令废朝三日，赠仁杰文昌右相，谥号"文惠"。后来唐睿宗上台后又追封他为梁国公，这也就是很多史书称狄仁杰为"狄梁公"的原因。

此后每当朝廷内有重大事情议而不决的时候，武则天都环顾群臣，然后长叹一口气说："天夺吾国老何太早邪！"[⑨]老天呀，你夺走我的狄国老实在太早了点啊。言下之意其他人都是废物嘛。您可能说这不得罪人吗？武则天的个性还管你那个？

狄仁杰虽然去世了，但是他的政治生命还在延续。国家形势还有很多未知因素，而他的队伍正在紧锣密鼓谋划着复国行动。狄仁杰的理想能否实现，请继续关注。狄仁杰是一个政治家，可是又是如何在千年以后获得了一个"神探"的名衔，我们也将在最后一讲中加以阐释。

注释

①《大唐新语》卷九。

②参见《大唐新语》卷九。

③《旧唐书》卷一八三《外戚传》。

④《资治通鉴》卷二〇六。

⑤《资治通鉴》卷二〇六。

⑥《资治通鉴》卷二〇六。

⑦《资治通鉴》卷二〇七。

⑧《资治通鉴》卷二〇八。

⑨《资治通鉴》卷二〇七。

第十五讲　余音铿锵

公元700年的秋天，狄仁杰病故。武则天闻讯后黯然泪下说："朝堂空也。"这足见武则天对狄仁杰的君臣情深。然而就在狄仁杰去世五年后，公元705年，宰相张柬之等人杀死二张兄弟，逼迫82岁的武则天退位，随后中宗李显继位，复"唐"国号，史称"神龙政变"。那么这场政变究竟是怎么发生的？为什么有人说是已经过世的狄仁杰，直接导演了这场政变呢？

狄仁杰去世了，可是他的政治理想还没有彻底实现。此时距离神龙革命还有五年时间。在这五年中，形势不出狄仁杰所料，二张对政权的威胁越来越大，同时，太子李显的态度十分暧昧，必须采取强力手段才能实现复国的目的。

狄仁杰去世以后，二张越来越飞扬跋扈。朝廷内巴结他们的官员逐渐形成了一个政治集团。武则天对二张十分放纵，不仅赐给他们大量的财富，还帮助他们改善“形象”。据说二张文化水平都不高，仅仅能“粗属文”而已，武则天为了给他们脸上贴金，干脆组织了一批文人替他们撰书，下诏让张昌宗领衔撰写《三教珠英》，手下领导着李峤、阎朝隐、徐彦伯、张说、宋之问、崔湜、富嘉谋等26位著名文人，分门撰集，最终形成了1300卷的皇皇巨著，以张昌宗编纂有功，晋升为司仆卿，封邺国公，张易之为麟台监，封恒国公，各实封300户。张易之、张昌宗平时写应制诗，也是由宋之问、阎朝隐代笔。

连太子李显、相王李旦、太平公主都怕张氏兄弟三分，甚至联名请求武则天给张昌宗封王。怕字当头哦。

原本二张就是玩物而已，可是到了武则天最后阶段，武则天开始将政治事务交给二张办理，《旧唐书》上记载说：“则天春秋高，政事多

委易之兄弟。”而且武则天不许人们对二张有非议，狄仁杰当年曾经羞辱张昌宗，可是到了武则天最后阶段，武则天已经不能容忍这种事情了。

举个例子，狄仁杰去世第二年，太子李显的长子李重润和李重润的妹妹永泰郡主、妹夫武延基一起议论二张。这三人都是小年轻，口无遮拦，也不知道具体说了些什么，史籍上没有详细记载，总之是骂二张。结果被张易之听说了，报告了武则天。武则天盛怒，立即逼迫三人自杀。还有种说法是交给太子李显处置，李显把他们杀了。不管是怎么杀的，总之这三人是因为议论二张而死。

这事情事关重大，李重润是太子长子，按照惯例，他将成为未来的太子，国家领导人。武延基是武承嗣的儿子，武家嫡系继承人。武则天这次一举将李家、武家第三梯队全部干掉了。这一下子您可以想想看，李家、武家都会心怀不满，武家这边倒罢了，因为武承嗣已经死了，武三思那个滑头虽然会不满，但他不会为了侄子而和武则天、二张闹翻。至于太子李显，他当然伤心了，可是他是敢怒不敢言。当时你看不到他有任何表现。后来武则天下台了，他当皇帝了，这才大张旗鼓悼念自己这一双儿女，李重润被追封为懿德太子，永泰郡主被封为永泰公主，而且为她修建了一座超规格的宏伟墓葬，就建在乾陵旁边，规格之高，陵墓之大，以至于后人，包括郭沫若都以为是章怀太子墓，一直到20世纪60年代考古工作者发掘出土了墓志才知道这是永泰公主墓。这样豪华的陵墓说明了什么？说明唐中宗内心里是非常痛惜自己这对儿女的。

李重润事件对朝廷震动极大，包括张柬之在内的很多人感到二张的威胁越来越大，武则天维护二张的这种心理已经超出了可控制范围。就在李重润事件之后没多久，张柬之他们就谋划发动政变，可是却半途而废，究其原因，竟然跟已经死去的狄仁杰有关。这是怎么回事呢？

就在李重润事件一个月后，武则天率领文武百官起驾前往长安。张柬之他们意识到，这是一个机会——发动政变的机会。因为一旦武则天离开洛阳，那么原有的警卫体系必然也会产生变化，下手的时机也许到了。就在张柬之等人密谋的时候，忽然一件意外的事情阻止了他们。

当时几个人坐在一起密谋，但是不知从何说起为好，气氛有些紧张。最后还是桓彦范第一个开口，但是刚一开口，忽然之间狂风大作，雷雨交加，震撼人心。五个人面面相觑，说：“此是狄公忠烈之至，假此灵变以惊众心，不欲吾辈先论此事，未至其时，不可复言也。”这是狄国老的英灵在警告我们，时机未到，不能轻举妄动。

这段故事是唐代《狄梁公传》记载的，带有点灵异色彩。我们当然不相信所谓狄仁杰显灵，别说我们，古人也不信，比如司马光《资治通鉴考异》就对此持否定态度。其实要我说，张柬之等人还是对此时发动政变缺乏信心，原本就摇摆不定，所以一场风雨只是心理诱因而已，帮助他们做出了按兵不动的决定。

为何他们缺乏信心？我们猜测一下——主要原因可能是此时武则天身体还很健康。如果发动政变，必须首先要对武则天下手，武则天精明强干，威望犹存，此时政变胜算很小，而且这一点很可能是违背狄仁杰初衷的。狄仁杰对武则天是有君臣感情的，要不然他也就不会以立太子的方式谋求复国，谋求发动政变不是更直接吗？他不愿意这样做，而是寄希望于武则天善终之后，所以才采取拥立李显为太子的方法。所以假如狄仁杰活着，不会同意此时发动政变。所谓“未至其时”指的就是这个。

于是张柬之他们第一次政变企图就被所谓的狄仁杰显灵阻止了。

此时的二张愈发骄横跋扈，继续胡作非为。这两个家伙脑子基本一直是进水状态，湿乎乎的，每次一出手总是能得罪一片人，麻将术语这叫“一炮三响”。前面那个李重润事件已经让他们把李家子弟、武家子弟得罪了，一炮双响吧。紧跟着他们又来了一回，这次是真的“一炮三响”。怎么回事呢？

这事情和魏元忠有关。魏元忠担任洛州长史的时候，杖杀过张易之的一个家奴，这个家奴狗仗人势，横行街头，被魏元忠杀了。二张对魏元忠恨之入骨。

不久二张就捏个罪名诬告魏元忠，说是魏元忠与司礼丞高戬一块聊天："天子老矣，当挟太子为耐久朋。"意思是武则天老了，咱们投靠太子吧，太子年轻，可以让咱们长保荣华富贵。这话如果属实就是大逆不道，武则天一听就恼了，命令严惩魏和高。结果朝廷舆论哗然，朝臣们纷纷上书，为魏元忠辩护。武则天一看众怒难犯，于是赦免魏、高的死刑，但是死罪已免，活罪难逃。魏、高被流放到岭南了。临走的时候一群大臣来到城外为他们饯行，依依惜别。而二张在里面盯上了一个人，谁呢？崔贞慎。崔贞慎是太子东宫官员，二张诬告他和魏元忠是同党，意欲谋反。

这二张告状的方式还挺龌龊，根据《大唐新语》等书记载，他们虚构了一个名叫柴明的告状人，以他的名义写信举报称崔贞慎等与魏元忠谋反。武则天命大臣马怀素审理，而且预先给马怀素"上眼药"："这事儿肯定是真的，大概问问就行了，赶紧结案上奏。"审理期间武则天派遣宦官催促再三，说："崔贞慎谋反证据确凿，何费工夫，要审到几时啊？"

马怀素是个正直的人，他已经察觉到此案有冤情，不顾武则天的催促，执意奏请要让"柴明"到庭作证。武则天被将了一军，尴尬地说："我也不知道柴明在哪里，你判案子就靠那封举报信好了，何需柴明！"

马怀素摇头说："那可不行，臣认为崔贞慎的案子是冤案。"

武则天怒骂："你想纵容反贼吗？"

马怀素说："魏元忠以国相身份遭到流放，崔贞慎等以亲朋好友身份相送，如果以此为谋反，简直就是欺瞒神明。汉代彭越以谋反罪名伏诛，栾布大哭为其收尸，汉朝没有治他的罪，更何况魏元忠罪过没有超过彭越，陛下岂能追究送行者的罪呢？陛下您掌握着生杀权柄，欲加之罪，您自己定夺好了。但是今天既然交付给臣来审理，臣就只知守法办事。"

武则天问："也就是说你认为崔贞慎无罪吗？"

马怀素说："臣见识庸浅，看不出崔贞慎罪过何在。"

武则天原本怒气冲冲，但是许久后终于冷静下来，说："卿其能遵守我大周的律法。"于是赦免了崔贞慎。

大臣们早都对此案义愤填膺，马怀素顶住武则天的压力救下崔贞慎，刚刚退出门外就有大臣握住他的手，亲昵地说："马子，马子，可爱，可爱！"[①]围人一片慨叹。

仰仗着马怀素坚持原则，崔保住了一条命。可是二张在送行的一大帮子人里专门盯上崔贞慎使得张柬之他们警觉起来了——这仅仅是冲着崔本人吗？崔是太子的人，现在办了崔，很可能是想以此为突破口将太子牵连进来。这是当年来俊臣等酷吏惯用的手段，他们要想害人，一般先从外围下手，将目标人物的亲旧抓起来，逼他们诬告目标人物，这样看起来就"有凭有据"。酷吏虽死，但是二张继承了其衣钵，诬告正直大臣也不止一次了，这次很明显是冲太子去的啊！

威胁到太子，这是狄仁杰一派最不愿意看到的。狄仁杰生前用力最深的事情就是立李显为太子，他虽然死了，但是留下一支为李显保驾护航的队伍。崔贞慎事件使得这支队伍和二张的矛盾浮上水面了。

二张一举得罪了朝臣和太子，这算是一炮二响吧？这还没完，这里面还暗藏有一响呢，二张无意中还得罪了一个人——太平公主。为什么呢？和魏元忠一起被流放的高戬，那是太平公主的情夫。《资治通鉴》记载说："司礼丞高戬，太平公主之所爱也。"所以后来张柬之他们发动政变，杀二张，推翻武则天，为何太平公主还参与？那就是因为太平公主早就对二张记恨了。当然，太平公主还不至于为了一个情夫投身政变集团，更重要的原因是当时自己的母亲已经病重，二张把持大权，要是不动手，闹不好江山不姓李也不姓武了，所以她参与到政变集团中了。

办一件事能得罪所有人，二张的才能可谓是惊天地泣鬼神。这几件事使得以狄仁杰一党为代表的朝臣和二张的矛盾上升为最主要的矛盾。

公元 705 年，武则天病重。此时武则天的一个举动使得朝廷上下人心惶惶，当时她住在深宫之内，谁也不见，唯独二张在身边服侍。《资治通鉴》说："宰相不得见者累月，惟张易之、昌宗侍侧。"崔玄暐大胆向武则天进言："皇太子、相王，仁明孝友，足侍汤药。宫禁事重，伏愿不令异姓出入。"您病重，应该是您的儿子来服侍啊，怎么能叫姓张的来服侍呢？武则天打哈哈："德卿厚意。"你的好意我心领了。然后呢，一切照旧。

其实崔玄暐的上书是张柬之他们在试探武则天。皇帝病重，奸臣在侧，这是很危险的事情，大家想一想秦始皇，秦始皇死的时候，谁在身旁？赵高，赵高要阴谋秘不发丧，最后说服李斯，伪造诏书立了秦二世胡亥。最后怎么样，国家大乱。

还有就是隋文帝，他当皇帝还不是北周宣帝死的时候身旁那帮子见风使舵的家伙们拥立的吗？当时周宣帝是年纪轻轻忽然暴病，所有人都没料到，唯有他身边的一批佞臣为了建立拥戴之功，派人秘密去找周宣帝的老丈人杨坚，跟他说"太上皇不行了，您赶紧来辅政"。什么辅政，其实就是来当皇帝，杨坚不敢啊，太突然了，这帮子佞臣再派人来说"您来不来？您不来我来了啊"。杨坚赶紧说："那还是我来吧。"于是就夺取天下了。您看，皇帝刚死这个当口多么微妙，多么危险。

这就是历史教训，前车之鉴，皇帝病重，连亲生儿子都不见，唯独二张在旁。说实话，二张要是想学赵高，谁能挡得住？崔玄暐的上书是张柬之等人通过正规渠道采取的最后一次试探，但是被武则天拒绝了。看来正规渠道走不通，趁着武则天还没死，应该采取断然措施。

于是，张柬之等人正式着手策划政变。要想政变，军方的态度非常关键。张柬之做宰相的时候，任命了杨元琰为将军。前面说过，杨元琰当年曾经和张柬之在长江江心密谋复唐，所以这个任命是意味深长的。光一个杨还不够，还有个将领很关键——李多祚，这是禁军将领，张柬之成功说服了他。另外还说服了大将李湛，李湛是大臣李义府的儿子，李义府是个奸佞小人，当年武则天能立后，他是个吹鼓手，以阴险狡诈著称。但是他这个儿子和他不一样，比较有正义感，对二张深恶痛绝，所以张柬之推荐他担任左羽林将军，属于禁军系统。后来李湛起到了很关键的作用。

政变计划赢得了多方的支持，相王李旦、太平公主都支持而且积极参与。太子李显呢？有迹象表明他至少知情，此事他应该是主角，但是他不想出头，所以他算是比较被动的。

此时此刻，也就是长生院内的武则天和二张还被蒙在鼓里。外面正在紧锣密鼓落实政变计划。

终于，神龙元年正月二十二日，政变爆发。张柬之等人派遣部队把守住洛阳各大交通要道，占领政府机关，然后兵分两路，张柬之亲自带队直奔玄武门，进入玄武门就可以控制皇宫。这里顺便说一下，唐代长安、洛阳都有玄武门，这个玄武门和唐太宗李世民“玄武门之变”那个玄武门不是一回事儿。另外一路由李多祚、李湛等率领，去找太子李显，保护他入宫。

没想到李显这个软蛋竟然当场筛糠，连门都不敢出。大家对他说：“先帝以神器付殿下，横遭幽废，人神同愤，二十三年矣。今天诱其衷，北门、南牙，同心协力，以诛凶竖，复李氏社稷，愿殿下暂至玄武门以副众望。”大家为你抱屈都20多年了，今天内外联合，一鼓作气诛杀奸佞小人，您赶紧跟我们去玄武门吧。

李显继续筛糠：“凶竖诚当夷灭，然上体不安，得无惊怛！诸公更为后图。”奸佞小人固然该杀，可是皇帝身体不好，别吓着她，以后再说吧。

李湛说：“诸将相不顾家族以徇社稷，殿下奈何欲纳之鼎镬乎！请殿下自出止之。”[②]众将士为社稷不顾身家性命，您却缩回去，把我们晾那里，您这不是害我们吗？行，您自己出来和将士们说吧。

太子哪有胆子面对这群如狼似虎杀气腾腾的将士？这才不情愿地走出来，可是还扭扭捏捏不肯走，政变者强行把他抱上了马，这才一同前往玄武门。

刚到玄武门，就见一片乱哄哄，原来把守大门的一部分禁卫军忠于职守，不肯向政变者投降。结果李显一到，这部分部队再也不敢阻拦，闪开了道路，大家冲入宫内。走不多远恰巧发现二张，大家一哄而上，将他们砍翻在地。

紧接着就发生了我们第一讲描述过的场景——武则天走出来，简单的几句对话就让她明白，大势已去了。于是她接受了既成事实，转身进入寝殿。武则天与政变者的对话是她在历史舞台上留下的最后一幕，女皇在此刻应该说保持了威严。她输了，但是输得很有风度。

我们可以猜测一下她当时的心理。当时她看到李显，又看到张柬之、桓彦范等人，这些人要说有什么共同点、交集的话，那就是狄仁杰啊。这太子李显，不是狄仁杰想尽办法立的吗？你看他当年为了立这小子费了多少脑细胞啊！我梦见个下棋不胜，他就说是因为“宫中无子”，这回好，这“子”进来了，我出去了。你再看张柬之，狄仁杰两次三番推荐他，我才让他当了宰相，这老爷子竟成了政变头目。剩下的人，也都或多或少和狄仁杰有关。所以我们猜测，当时武则天脑海里一定闪现过狄仁杰的身影。当时她和政变者的对话一共寥寥数句而已，但是其中有一句话意味深长，我们前面也提到过，当时她对崔玄暐说：“他人皆因人以进，惟卿朕所自擢，亦在此邪？”这些人都是“因人以进”，唯独你是我自己提拔的。崔玄暐是不是武则天自己提拔的，前面我们做过分析了，值得注意的是“因人以进”这句话中的那个“人”，是谁呢？毫无疑问就是狄仁杰。政变这些人不都是他提拔的吗？

从政变到武则天去世，还有几个月的时间。在这段时间里，有关武则天的记载很少，有人忙着庆贺，有人暗地伤心，有人正在策划新的阴谋，而武则天的历史使命已经完成，她现在不过是一个行将就木的老妇人。

你说在人生的最后时光里，她仇恨狄仁杰吗？我想她回想起狄仁杰，感情应该是很复杂的，正如狄仁杰对她的感情一样。狄仁杰能干，廉洁，为她分忧，为她担当了许多重任，是国家的栋梁。这是她看重、尊重狄仁杰的原因。而狄仁杰也是最后导致她下台的主要原因，但是我想武则天也不会就此将狄仁杰视为寇仇，为什么呢？因为李唐的复国，武则天明白，这是个不可扭转的趋势，是当时的一种思潮，狄仁杰不过是出来顺应形势罢了。当然，武则天原本以为这一切会在自己死后发生，没想到自己还活着就看到了这一幕。狄仁杰可能也是这样想的，他对武则天还是有君臣感情的，他不愿意伤害武则天，原本想通过立太子的方式和平地改朝换代，政变本不在他的计划范围内。但是局势的发展，尤其是二张势力的发展、武三思的阴险使得他不得不预谋政变，可是他把这一切安排在自己死后，这是不是意味着他不愿意亲自对武则天下手呢？可能性比较大。

这里顺便说一句，狄仁杰的正义和历史声誉建立在男尊女卑的基础之上，古来那么多人推崇他就是因为他恢复了李唐，大家都不认可武则天这个女皇。对现代人来说，武则天的女性身份不会让我们对她产生恶感，我们只关心她这个皇帝当得怎么样，而不管她是不是女人。甚至可以说，武则天现在还有这么多"粉丝"，主要是因为她是个女的。而狄仁杰一心谋求复唐，最根本的思想基础不是说武则天是个坏皇帝，要论才干和品质，武则天算是相当不错的。他的思想基础还是男尊女卑，"牝鸡之晨，惟家之索"。但是大家不要把这个看做是狄仁杰墨守成规、迂腐，这是历史大背景使然，在当时的历史条件下，一切政治制度、思想都是不能容忍女性当权的，这本来是一个平衡的系统，整个国家建立在这个平衡之上。武则天当权，势必导致这个系统崩溃，国家失去平衡，狄仁杰出面是要维护这个体系，我们不能超越历史条件，苛求他有妇女解放的思想。

有关狄仁杰的生平，我们就介绍到这里。现在狄仁杰很火啊，小说、电影、电视剧甚至动画片都有他的身影，很多人都认为他是个神探，中国版的福尔摩斯，而且还会飞檐走壁，武功高强。大家可以看到，狄仁杰一生就是个儒生，是一个政治家，他断过案没有？断过，很能断案，前面不是说了吗，在担任大理寺丞的时候，他曾经一年断案 17000 余起，创造了惊人的政坛纪录。但是，在唐代的史料中，基本没有狄仁杰断案的细节。作为一个大理寺官员，狄仁杰断案主要依靠的应该是卷宗，您说他有没有像福尔摩斯那样深入现场、仔细勘察、逻辑推理？这个不好说，起码没有明确的记载。既然如此，疑问就来了，狄仁杰那个神探的美名是怎么来的呢？

这个主要还是文学家的功劳，而且还是中外文学家共同努力的结果。狄仁杰是名人啊，唐代很多笔记小说就拿他演绎，很多故事我们没有涉及，因为都是神神怪怪的，一看就是小说家言。不过狄仁杰能成为这种神怪小说的主角，说明在那时他已经被蒙上了传奇色彩。在中国古代文化背景下，一个历史人物要成为文学人物，往往需要一点这种神秘主义的传奇色彩。到了明代，出现了一个剧本，叫做《狄梁公返周望云忠孝记》，传演一时，但是主要讲的是狄仁杰生平，涉及断案的内容很少。

清代晚期出现了一部以狄仁杰为主角的公案小说——《狄公案》。作者不详，这部小说在当时颇有些影响力。一共64回，讲了6个案件，而且其情节已经开始天马行空了。作者充分发挥文学想象力，讲了很多曲折动人但是于史无据的故事，不过用了很多唐代真实的人名，武则天不用说了，还有二张、武承嗣、武三思、薛怀义、张柬之等等。狄仁杰在这个小说里第一次成为一名神探，他不但抓住了许多狡猾的罪犯，还与薛怀义、二张、武三思等展开斗争，案件还涉及武则天的私生活，揭露其纵容、包庇面首的行为。清代出现这样的小说并不奇怪，因为清代是中国公案小说大发展的时代。作者根本没有打算把这写成历史纪实，情节多数是虚构的不说，连官职名称都是混乱的，比如出现了巡抚、都指挥使、知县等官职，这都是唐代没有的。作者目的在于指桑骂槐，骂女人当政祸乱朝纲，您看看这书什么年代出版的，19世纪90年代，那时候谁当政？慈禧嘛。这本书里多次骂武则天，比如这一句：“先皇晏驾，女后临朝，国事日非，荒淫日甚。凡从前老成硕望，半就凋零。我辈生不逢辰，遇了无道之世。”这是骂谁啊？骂武则天啊还是骂老佛爷啊？

看您自己怎么理解了。

而且在这部小说里，作者为了指斥女人惑乱朝纲，特地将狄仁杰塑造成了武则天的对立面，似乎狄仁杰很热衷与武则天对抗。通过前面的篇章我们已经知道，狄仁杰与武则天的关系很复杂微妙，有对抗也有合作，即便是对抗，也是采用非常含蓄的手段，小说作者为了骂慈禧在很大程度上偏离了史实。这种借古讽今、隔山打牛的招数，在中国文学史上也是屡见不鲜的。这书为何没有作者姓名？估计就是作者本人有意隐瞒的，就怕老佛爷追究。

这本清代小说第一次将狄仁杰塑造成了一个神探，但是让狄仁杰蜚声海内外的不是这本书，而是一个荷兰人写的书。

荷兰有个著名的汉学家名叫罗伯特·汉斯·梵·古利克（Robert Hans van Gulik），汉语名字叫高罗佩。此人 1910 年出生于荷兰海尔德兰省，是荷兰驻印度尼西亚陆军军医中将威廉·梵·古利克的儿子。3 岁到 12 岁时他一直生活在印尼，对亚洲文化有了初步的了解。据说就在此阶段内高罗佩被一只精致的中国花瓶所吸引，开始醉心于中国灿烂辉煌的历史文化。

1922 年，高罗佩随家人回国。在中学就读的时候展现出了语言方面的天赋，他在阿姆斯特丹大学一位语言学家的指导下学习了梵语，即便如此仍然觉得不够“解馋”，还聘请了一位当时在瓦赫宁恩学习农业的中国留学生教授汉语。高罗佩一生掌握了汉、英、日、梵、藏、德、法、意、印尼、马来、拉丁、西班牙、古希腊、阿拉伯等 14 门外语，而且多数都比较精熟。说到这个，足以令纠缠于四六级、雅思、托福不得自拔的我们感到汗颜。

18 岁时，高罗佩进入莱顿大学就读，该学校当时是欧洲研究东亚文化的学术重镇，高罗佩在此地可谓如鱼得水，他系统地学习了汉语和日语。从 20 岁开始，高罗佩开始练习中国书法，终生不辍，对各种字体都十分熟稔，尤以行书见长，号称“高体”。他还喜欢绘画，尤其是

模仿中国明代的木版画，围棋也成为他的爱好，并且写得一手漂亮的近体诗。

我们来看一首他写的诗，写作时间是1951年，彼时高罗佩在香港邂逅了一位在重庆时结交的中国友人，遂作七言一首相赠，诗云：

漫逐浮云到此乡，故人邂逅得传觞。
巴渝旧事君应忆，潭水深情我未忘。
宦绩敢云希陆贾，游踪聊喜继玄奘。
匆匆聚首匆匆别，便泛沧浪万里长。

格式工整，情真意切，高罗佩的诗文功夫由此可见一斑。

莱顿大学毕业后，他又进入乌得勒支大学文学院深造，1935年出版了一本以中国、日本、印度和中国西藏地区文化为主题的专业著作，并以此为毕业论文获得了博士学位。

毕业后，高罗佩进入荷兰外交部工作，他的第一个工作是担任荷兰驻日本大使馆秘书。工作之余，高罗佩热衷于搜集东亚书籍、古玩、字画、乐器，还经常发表一些有关东亚传统文化的文章，为他在学术界博得了美名。

不久抗战爆发，日军在中国的暴行逐步曝光，令包括高罗佩在内的西方外交官们感到愤慨。不久欧洲也爆发了战争，高罗佩的祖国荷兰被卷入了战火。1942年，高罗佩随大使馆撤出日本，前往盟国中国的陪都重庆担任荷兰驻华大使馆一等秘书。1944年他出版了《明末义僧东皋心越禅师传》一书，描述了高僧心越禅师在明朝末年国家陷于危难时忠贞不渝的故事，这大概可以看做是高罗佩对正在进行艰苦抗战的中国的致敬。

1943年12月18日，高罗佩在重庆迎娶了中国女子水世芳。水世芳出身显赫，是清末重臣张之洞的外孙女，中国京奉铁路局局长水钧韶的第八女，婚后两人育有三子一女。高罗佩对中国文化的热爱终于使他的家族中有了中国元素。

高罗佩后来虽然回到了欧洲，但是生活起居均有强烈的中国色彩，就现在能看到的照片而言，他的书房完全是中式风格，摆放着中式家具，书桌上摆放着文房四宝，书架上堆放着线装书，墙上挂满条幅，甚至还有一个佛龛。就在这样书房里，高罗佩一生笔耕不辍，写出了大量汉学著作。

他所研究的问题涵盖广泛，甚至还延伸到了性学领域，这是中国学者以前羞于涉足的禁地。高罗佩在接触到中国古代春宫画之前，一直认为中国传统文化是严肃保守的，但是在日本搜集到的明朝万历年间套色木刻“秘戏”图册使得他改变了想法，开始注意到这个庞大却鲜有人涉足的领域，于是他搜集了大量相关资料加以研究，最终写出了《秘戏图考》和《中国古代房内考》两部性学史著作，均名噪一时。由于当时中国与世隔绝，而且性学在中国长期是禁区，所以中国学术界一直到 20 世纪 80 年代才开始接触到这两部重要著作。现在的国人已经能够坦荡看待性问题，性学研究也逐步兴起，而高罗佩在这方面可谓开山鼻祖。他的这两部著作中文版也已经正式出版。

这个人治学态度很严谨。他曾经写过一本《长臂猿考》，研究中国古人如何看待长臂猿以及长臂猿在中国传统文化中所扮演的角色，为此特地在家中养了 4 只猿，仔细观察，还录音，目的是让读者感受一下李白诗歌中“两岸猿声啼不住”的意境。你看看，为了研究古代的猿，特地养几只猿，精神可嘉。

19 世纪到 20 世纪前半期，西方盛行探案小说，福尔摩斯、波罗等都是那时创造出来的脍炙人口的神探形象，广大读者终日沉醉其中，不能自拔。高罗佩则觉得心里不是滋味。在抗战时期他接触到了不少中国古代通俗小说，还曾经翻译过《狄公案》，那时他已经开始被狄仁杰这个形象所打动，他曾经说：“狄仁杰在唐代历任多职，位极宰辅，他以

其经天纬地之才参议朝政，对唐室内政、外交均产生了重大影响。更主要的是，他为官一生，尤在州县，断滞狱无数，因而口碑载道，誉满华夏。中国人视他为执法如山、断狱如神的清官神探，他的美名至今仍在中国民间传扬。中国人对他如我们对福尔摩斯那样喜爱。”③

高罗佩有感于福尔摩斯探案小说的流行，替中国人抱屈，说：“中国历代循吏名公岂非含屈于九泉之下？盖宋有《棠阴比事》，明有《龙图公案》，清有狄、彭、施、李诸公奇案，足知中土往时贤明县尹，虽未有指纹摄影以及其他新学之技，其访案之细、破案之神，却不亚于福尔摩斯也。”④

最终他决定用自己的笔为狄仁杰，也为中国文化争得那一份该得的荣誉，于是自20世纪40年代末开始，他以狄仁杰为主角创作了系列探案小说，小说一共140万字，分16个中长篇、8个短篇。故事紧张曲折，对西方读者来说有股浓郁的异国风情，因此很快风靡全世界，先后被译成29种文字，发行量极大。西方一些著名大学还把他的小说列为学生必读书目。

高罗佩曾经告诉读者，他所写的小说借鉴了大量中国古代公案小说的元素，比如篇章结构、序言小诗、小标题等，而且他遵循了中国公案小说惯例，即主角往往是县令，虽然狄仁杰一生主要事迹是担任宰相期间发生的，但是在高罗佩的小说中，他主要是以县令身份出现。这样就使得主角有机会深入民间，从而为西方读者展现更广泛的中国古代民间生活画卷。

高罗佩致力于告诉西方一个真实的中国历史。西方人认为中国古代一直都是留辫子的，高罗佩不厌其烦地向读者说明，这是清代的风俗，不是中国的传统。中国人名字中前面的是姓，后面的才是名……

他还借小说介绍了中国的侠士文化。早在中国现代武侠小说盛行之前，高罗佩就已经痴迷于中国的武术传统，所以在《黄金案》一文中，他把狄仁杰塑造成了一位武艺高强的侠士，可以一举击败并收降两个孔武有力的劫匪。在他的心目中，狄仁杰是侠士与儒生士大夫的结合体，身为欧洲人的他，大概对于“绅士”阶层有着天然的好感，在他的笔下，狄仁杰就是中国的绅士，是儒与侠的结合。因此他所描绘的狄仁杰既有耐心又有风度，且很有自制力，并且抛却了中国传统公案小说中动不动刑讯逼供的做法，重证据，重推理，俨然是一位具有现代司法精神的法官。

传统公案小说中主角往往借助神鬼力量断案，情节中往往充斥着因果报应等思想，高罗佩对此一概加以了摒弃。

另外，在小说中他还向读者展现了中国古代的公衙、审案程序、节日、宗教生活、饮食习惯，甚至还包括一些游戏，比如在《铁钉案》中他饶有兴致地向读者介绍了“七巧板”这种中国传统的益智玩具。在小说中，受害人精通七巧板，可以用它摆出各种人物、动物、植物形象，在遇害去世之前，还用七巧板指明了凶犯的身份。为了说明七巧板的玩法，高罗佩还亲自手绘了几张插图，直观展现了七巧板的精妙之处。我读到这篇小说的时候也觉得兴趣盎然，因为现在多数中国人已经不了解这类古老玩具了，所以看他的小说真是增长见识。

当然，由于身为西方人，所以高罗佩不由自主地受到了西方文化的影响，比如在他的笔下，唐代的中国妇女往往积极参加到社会生活中来，而且性格奔放、大胆泼辣。说实话，以笔者研究隋唐史的经验来看，唐代妇女固然地位比宋以后的妇女要高，但是毕竟还是生活在传统礼教大背景之下，所以基调还是含蓄、内敛的，不会有那么多大胆、出格的行为。不过高罗佩笔下的妇女们毫无疑问更适合现代读者的口味。

为了准确传达文化信息，他亲自为小说绘制了一百多张插图，画风颇接近明代画风。前面说了，高罗佩喜爱明代木版画，所以就仿照其风格绘制插图，这些插图本身也是宝贵的资料，可以让西方读者直观感受中国古代的服装、房屋、家具陈设风采。不过遗憾的是，高罗佩主要是按照明代风格描绘的，所以插图没有体现唐代特色。例如八仙桌、高凳等等，在狄仁杰那个时代，人们主要是席地而坐，凳子等家具不是没有，

但是尚未流行开来。再例如小说中出现的“巡抚”等官名也是唐代没有的，高罗佩对此亦有解释，即此为文学创作，故请读者在阅读时加以注意。

高罗佩的狄仁杰系列小说情节生动，逻辑推理颇能拿人，初读便令人觉得不忍释卷，可谓精彩至极。再加上对西方人来说具有浓郁的异国情调，所以一经推出，即在西方世界产生了巨大的轰动效应。高罗佩从此笔耕不辍，一口气创作了 140 万字的狄仁杰系列小说，使得狄仁杰成为与福尔摩斯、波罗齐名的世界级的“名侦探”，也成为西方人最熟悉的唐代人物，知名度甚至超过了许多皇帝，高罗佩功不可没。学界有评价说：“非学术圈里的西方人了解中国，往往来自《大唐狄公案》。”

小说最初是西文版的，现在也有了中译本，《大唐狄公案》就是中译本总称，而且狄仁杰神探形象现在在电视、电影、戏剧舞台上也日益活跃，他借着一个西方人的文笔在他的祖国“复活”了，这也算是世界文化交流史上的一段佳话吧。

高罗佩于 1967 年 9 月 24 日病逝于海牙，享年 58 岁，他凭借自己的汉学成就和《大唐狄公案》的成功青史留名。[5]

综合以上可以说，正是在中外文学家的共同努力下狄仁杰被塑造成了一个神探，虽然这个形象距离真实的狄仁杰有一定差距，但是却塑造了另一种充满魅力的狄仁杰形象。您喜爱狄仁杰，究竟是因为他是个政治家还是因为他是个神探，这无关紧要，因为狄仁杰已经是中国传统文化的一个符号，代表着那个时代，代表着我们对那个时代的纪念。

注释

①参见《大唐新语》卷四。

②《资治通鉴》卷二〇七。

③金满楼：《名士高罗佩：狄仁杰背后的文化推手》，《海南日报》，2010 年 10 月 11 日。

④陈洁：《传奇人物传奇书：高罗佩和〈秘戏图考〉》，《中华读书报》，2010 年 12 月 3 日。

⑤本书有关高罗佩事迹的描述，一方面参考了陈来元等翻译的《大唐狄公案》（海南出版社 2008 年版）序言部分，一方面来自笔者对该书的阅读理解，特此声明。

附　录

《旧唐书》卷八九《狄仁杰传》①

狄仁杰字怀英，并州太原人也。祖孝绪，贞观中尚书左丞。父知逊，夔州长史。仁杰儿童时，门人有被害者，县吏就诘之，众皆接对，唯仁杰坚坐读书。吏责之，仁杰曰："黄卷之中，圣贤备在，犹不能接对，何暇偶俗吏，而见责耶！"后以明经举，授汴州判佐。时工部尚书阎立本为河南道黜陟使，仁杰为吏人诬告，立本见而谢曰："仲尼云：'观过知仁矣。'足下可谓海曲之明珠，东南之遗宝。"荐授并州都督府法曹。其亲在河阳别业，仁杰赴并州，登太行山，南望见白云孤飞，谓左右曰："吾亲所居，在此云下。"瞻望伫立久之，云移乃行。仁杰孝友绝人，在并州，有同府法曹郑崇质，母老且病，当充使绝域。仁杰谓曰："太夫人有危疾，而公远使，岂可贻亲万里之忧！"乃诣长史蔺仁基，请代崇质而行。时仁基与司马李孝廉不协，因谓曰："吾等岂独无愧耶？"由是相待如初。

仁杰，仪凤中为大理丞，周岁断滞狱一万七千人，无冤诉者。时武卫大将军权善才坐误斫昭陵柏树，仁杰奏罪当免职。高宗令即诛之，仁杰又奏罪不当死。帝作色曰："善才斫陵上树，是使我不孝，必须杀之。"左右瞩仁杰令出，仁杰曰："臣闻逆龙鳞，忤人主，自古以为难，臣愚以为不然。居桀、纣时则难，尧、舜时则易。臣今幸逢尧、舜，不惧比干之诛。昔汉文时有盗高庙玉环，张释之廷诤，罪止弃市。魏文将徙其人，辛毗引裾而谏，亦见纳用。且明主可以理夺，忠臣不可以威惧。今陛下不纳臣言，瞑目之后，羞见释之、辛毗于地下。陛下作法，悬之象魏，徒流死罪，俱有等差。岂有犯非极刑，即令赐死？法既无常，则万姓何所措其手足！陛下必欲变法，请从今日为始。古人云：'假使盗长陵一抔土，陛下何以加之？'今陛下昭陵一株柏杀一将军，千载之后，谓陛下为何主？此臣所以不敢奉制杀善才，陷陛下于不道。"帝意稍解，善才因而免死。居数日，授仁杰侍御史。

时司农卿韦机兼领将作、少府二司，高宗以恭陵玄宫狭小，不容送终之具，遣机续成其功。机于埏之左右为便房四所，又造宿羽、高山、上阳等宫，莫不壮丽。仁杰奏其太过，机竟坐免官。左司朗中王本立恃宠用事，朝廷慑惧，仁杰奏之，请付法寺，高宗特原之。仁杰奏曰："国家虽乏英才，岂少本立之类，陛下何惜罪人而亏王法？必欲曲赦本立，请弃臣于无人之境，为忠贞将来之诫。"本立竟得罪，繇是朝廷肃然。

寻加朝散大夫，累迁度支郎中。高宗将幸汾阳宫，以仁杰为知顿使。并州长史李冲玄以道出妒女祠，俗云盛服过者必致风雷之灾，乃发数万人别开御道。仁杰曰："天子之行，千乘万骑，风伯清尘，雨师洒道，何妒女之害耶？"遽令罢之。高宗闻之，叹曰："真大丈夫也！"

俄转宁州刺史，抚和戎夏，人得欢心，郡人勒碑颂德。御史郭翰巡察陇右，所至多所按劾，及入宁州境内，耆老歌刺史德美者盈路。翰既授馆，召州吏谓之曰："入其境，其政可知也。愿成使君之美，无为久留。"州人方散。翰荐名于朝，征为冬官侍郎，充江南巡抚使。吴、楚之俗多淫祠，仁杰奏毁一千七百所，唯留夏禹、吴太伯、季札、伍员四祠。

转文昌右丞，出为豫州刺史。时越王贞称兵汝南事败，缘坐者六七百人，籍没者五千口，司刑使逼促行刑。仁杰哀其诖误，缓其狱，密表奏曰："臣欲显奏，似为逆人申理；知而不言，恐乖陛下存恤之旨。表成复毁，意不能定。此辈咸非本心，伏望哀其诖误。"特敕原之，配流丰州。豫囚次于宁州，父老迎而劳之曰："我狄使君活汝辈耶！"相携哭于碑下，斋三日而后行。豫囚至流所，复相与立碑颂狄君之德。

初，越王之乱，宰相张光辅率师讨平之。将士恃功，多所求取，仁杰不之应。光辅怒曰："州将轻元帅耶？"仁杰曰："乱河南者，一越王贞耳。今一贞死而万贞生。"光辅质其辞，仁杰曰："明公董戎三十万，平一乱臣，不戢兵锋，纵其暴横，无罪之人，肝脑涂地，此非万贞何耶？且凶威胁从，势难自固，及天兵暂临，乘城归顺者万计，绳坠四面成蹊。公奈何纵邀功之人，杀归降之众？但恐冤声腾沸，上彻于天。如得尚方斩马剑加于君颈，虽死如归。"光辅不能诘，心甚衔之。还都，奏仁杰不逊，左授复州刺史。入为洛州司马。

天授二年九月丁酉，转地官侍郎、判尚书、同凤阁鸾台平章事。则天谓曰："卿在汝南时，甚有善政，欲知谮卿者乎？"仁杰谢曰："陛下以臣为过，臣当改之；陛下明臣无过，臣之幸也。臣不知谮者，并为善友，臣请不知。"则天深加叹异。

未几，为来俊臣诬构下狱。时一问即承者例得减死，来俊臣逼胁仁杰，令一问承反。仁杰叹曰："大周革命，万物唯新，唐朝旧臣，甘从诛戮。反是实！"俊臣乃少宽之。判官王德寿谓仁杰曰："尚书必得减死。德寿意欲求少阶级，凭尚书牵杨执柔，可乎？"仁杰曰："若何牵之？"德寿曰："尚书为春官时，执柔任其司员外，引之可也。"仁杰曰："皇天后土，遣仁杰行此事！"以头触柱，流血被面，德寿惧而谢焉。既承反，所司但待日行刑，不复严备。仁杰求守者得笔砚，拆被头帛书冤，置绵衣中，谓德寿曰："时方热，请付家人去其绵。"德寿不之察。仁杰子光远得书，持以告变。则天召见，览之而问俊臣，俊臣曰："仁杰不免冠带，寝处甚安，何由伏罪？”则天使人视之，俊臣遽命仁杰巾带而见使者。乃令德寿代仁杰作谢死表，附使者进之。则天召仁杰，谓曰：“承反何也？”对曰：“向若不承反，已死于鞭笞矣。”“何为作谢死表？”曰：“臣无此表。”示之，乃知代署也。故得免死，贬彭泽令。武承嗣屡奏请诛之，则天曰：“朕好生恶杀，志在恤刑。涣汗已行，不可更返。”

万岁通天年，契丹寇陷冀州，河北震动，征仁杰为魏州刺史。前刺史独孤思庄惧贼至，尽驱百姓入城，缮修守具。仁杰既至，悉放归农亩，谓曰：“贼犹在远，何必如是。万一贼来，吾自当之，必不关百姓也。”贼闻之自退，百姓咸歌诵之，相与立碑以纪恩惠。俄转幽州都督。神功元年，入为鸾台侍郎、同凤阁鸾台平章事，加银青光禄大夫，兼纳言。仁杰以百姓西戍疏勒等四镇，极为凋弊，乃上疏曰：

臣闻天生四夷，皆在先王封疆之外，故东拒沧海，西隔流沙，北横大漠，南阻五岭，此天所以限夷狄而隔中外也。自典籍所纪，声教所及，三代不能至者，国家尽兼之矣。此则今日之四境，已逾于夏、殷者也。诗人矜薄伐于太原，美化行于江、汉，则是前代之远裔，而国家之域中。至前汉时，匈奴无岁不陷边，杀掠吏人。后汉则西羌侵轶汉中，东寇三辅，入河东上党，几至洛阳。由此言之，则陛下今日之土宇，过于汉朝远矣。若其用武荒外，邀功绝域，竭府库之实，以争硗确不毛之地，得其人不足以增赋，获其土不可以耕织。苟求冠带远夷之称，不务固本安人之术，此秦皇、汉武之所行，非五帝、三皇之事业也。若使越荒外以为限，竭资财以骋欲，非但不爱人力，亦所以失天心也。昔始皇穷兵极武，以求广地，男子不得耕于野，女子不得蚕于室，长城之下，死者如乱麻，于是天下溃叛。汉武追高、文之宿愤，藉四帝之储实，于是定朝鲜，讨西域，平南越，击匈奴，府库空虚，盗贼蜂起，百姓嫁妻卖子，流离于道路者万计。末年觉悟，息兵罢役，封丞相为富民侯，故能为天所祐也。昔人有言：“与覆车同轨者未尝安。”此言虽小，可以喻大。

近者国家频岁出师，所费滋广，西戍四镇，东戍安东，调发日加，百姓虚弊。开守西域，事等石田，费用不支，有损无益，转输靡绝，杼轴殆空。越碛逾海，分兵防守，行役既久，怨旷亦多。昔诗人云：“王事靡盬，不能艺稷黍。”“岂不怀归，畏此罪罟。念彼恭人，涕零如雨。”此则前代怨思之辞也。上不是恤，则政不行而邪气作；邪气作，则虫螟生而水旱起。若此，虽祷祀百神，不能调阴阳矣。方今关东饥馑，蜀、汉逃亡，江、淮以南，征求不息。人不复业，则相率为盗，本根一摇，忧患不浅。其所以然者，皆为远戍方外，以竭中国，争蛮貊不毛之地，乖子养苍生之道也。

昔汉元纳贾捐之之谋而罢珠崖郡，宣帝用魏相之策而弃车师之田，岂不欲慕尚虚名，盖惮劳人力也。近贞观年中，克平九姓，册李思摩为可汗，使统诸部者，盖以夷狄叛则伐之，降则抚之，得推亡固存之义，无远戍劳人之役。此则兵日之令典，经边之故事。窃见阿史那斛瑟罗，阴山贵种，代雄沙漠，若委之四镇，使统诸蕃，封为可汗，遣御寇患，则国家有继绝之美，荒外无转输之役。如臣所见，请捐四镇以肥中国，罢安东以实辽西，省军费于远方，并甲兵于塞上，则恒、代之镇重，而边州之备实矣。况绥抚夷狄，盖防其越逸，无侵侮之患则可矣，何必穷其窟穴，与蝼蚁计校长短哉！

且王者外宁必有内忧，盖为不勤修政故也。伏惟陛下弃之度外，无以绝域未平为念。但当敕边兵谨守备，蓄锐以待敌，待其自至，然后击之，此李牧所以制匈奴也。当今所要者，莫若令边城警守备，远斥候，聚军实，蓄威武。以逸待劳，则战士力倍；以主御客，则我得其便；坚壁清野，则寇无所得。自然贼深入必有颠踬之虑，浅入必无虏获之益。如此数年，可使二虏不击而服矣。

仁杰又请废安东，复高氏为君长，停江南之转输，慰河北之劳弊，数年之后，可以安人富国。事虽不行，识者是之。寻检校纳言，兼右肃政台御史大夫。

圣历初，突厥侵掠赵、定等州，命仁杰为河北道元帅，以便宜从事。突厥尽杀所掠男女万余人，从五回道而去。仁杰总兵十万追之不及。便制仁杰河北道安抚大使。时河朔人庶，多为突厥逼胁，贼退后惧诛，又多逃匿。仁杰上疏曰：

臣闻朝廷议者，以为契丹作梗，始明人之逆顺，或因迫胁，或有愿从，或受伪官，或为招慰，或兼外贼，或是土人，迹虽不同，心则无别。诚以山东雄猛，由来重气，一顾之势，至死不回。近缘军机，调发伤重，家道悉破，或至逃亡，剔屋卖田，人不为售，内顾生计，四壁皆空。重以官典侵渔，因事而起，取其髓脑，曾无心愧。修筑池城，缮造兵甲，州县役使，十倍军机。官司不矜，期之必取，枷杖之下，痛切肌肤。事迫情危，不循礼义，愁苦之地，不乐其生。有利则归，且图赊死，此乃君子之愧辱，小人之常行。人犹水也，壅之则为泉，疏之则为川，通塞随流，岂有常性。昔董卓之乱，神器播迁，及卓被诛，部曲无赦，事穷变起，毒害生人，京室丘墟，化为禾黍。此由恩不普洽，失在机先。臣一读此书，未尝不废卷叹息。今以负罪之伍，必不在家，露宿草行，潜窜山泽。赦之则出，不赦则狂，山东群盗，缘兹聚结。臣以边尘暂起，不足为忧，中土不安，以此为事。臣闻持大国者不可以小道，理事广者不可以细分。人主恢弘，不拘常法，罪之则众情恐惧，恕之则反侧自安。伏愿曲赦河北诸州，一无所问。自然人神道畅，率土欢心，诸军凯旋，得无侵扰。

制从之。军还，授内史。

圣历三年，则天幸三阳宫，王公百僚咸经侍从，唯仁杰特赐宅一区，当时恩宠无比。是岁六月，左玉钤卫大将军李楷固、右武威卫将军骆务整讨契丹余众，擒之，献俘于含枢殿。则天大悦，特赐楷固姓武氏。楷固、务整，并契丹李尽忠之别帅也。初，尽忠之作乱，楷固等屡率兵以陷官军，后兵败来降，有司断以极法。仁杰议以为楷固等并有骁将之才，若恕其死，必能感恩效节。又奏请授其官爵，委以专征。制并从之。及楷固等凯旋，则天召仁杰预宴，因举觞亲劝，归赏于仁杰。授楷固左玉钤卫大将军，赐爵燕国公。

则天又将造大像，用功数百万，令天下僧尼每日人出一钱，以助成之。仁杰上疏谏曰：

臣闻为政之本，必先人事。陛下矜群生迷谬，溺丧无归，欲令像教兼行，睹相生善。非为塔庙必欲崇奢，岂令僧尼皆须檀施？得筏尚舍，而况其余。今之伽蓝，制过宫阙，穷奢极壮，画缋尽工，宝珠殚于缀饰，瑰材竭于轮奂。工不使鬼，止在役人，物不天来，终须地出，不损百姓，将何以求？生之有时，用之无度，编户所奉，常若不充，痛切肌肤，不辞箠楚。游僧一说，矫陈祸福，剪发解衣，仍惭其少。亦有离间骨肉，事均路人，身自纳妻，谓无彼我。皆托佛法，诖误生人。里陌动有经坊，阛阓亦立精舍。化诱倍急，切于官徵；法事所须，严于制敕。膏腴美业，倍取其多；水碾庄园，数亦非少。逃丁避罪，并集法门，无名之僧，凡有几万，都下检括，已得数千。且一夫不耕，犹受其弊，浮食者众，又劫人财。臣每思惟，实所悲痛。

往在江表，像法盛兴，梁武、简文，舍施无限。及其三淮沸浪，五岭腾烟。列刹盈衢，无救危亡之祸；缁衣蔽路，岂有勤王之师！比年已来，风尘屡扰，水旱不节，征役稍繁。家业先空，疮痍未复，此时兴役，力所未堪。伏惟圣朝，功德无量，何必要营大像，而以劳费为名。虽敛僧钱，百未支一。尊容既广，不可露居，覆以百层，尚忧未遍，自余廊庑，不得全无。又云不损国财，不伤百姓，以此事主，可谓尽忠？臣今思惟，兼采众议，咸以为如来设教，以慈悲为主，下济群品，应是本心，岂欲劳人，以存虚饰？当今有事，边境未宁，宜宽征镇之徭，省不急之费。设令雇作，皆以利趋，既失田时，自然弃本。今不树稼，来岁必饥，役在其中，难以取给。况无官助，义无得成，若费官财，又尽人力，一隅有难，将何救之！

则天乃罢其役。是岁九月，病卒，则天为之举哀，废朝三日，赠文昌右相，谥曰文惠。

仁杰常以举贤为意，其所引拔桓彦范、敬晖、窦怀贞、姚崇等，至公卿者数十人。初，则天尝问仁杰曰："朕要一好汉任使，有乎？"仁杰曰："陛下作何任使？"则天曰："朕欲待以将相。"对曰："臣料陛下若求文章资历，则今之宰臣李峤、苏味道亦足为文吏矣。岂非文士龌龊，思得奇才用之，以成天下之务者乎？"则天悦曰："此朕心也。"仁杰曰："荆州长史张柬之，其人虽老，真宰相才也。且久不遇，若用之，必尽节于国家矣。"则天乃召拜洛州司马。他日，又求贤，仁杰曰："臣前言张柬之，犹未用也。"则天曰："已迁之矣。"对曰："臣荐之为相，今为洛州司马，非用之也。"又迁为秋官待郎，后竟召为相。柬之果能兴复中宗，盖仁杰之推荐也。

仁杰尝为魏州刺史，人吏为立生祠。及去职，其子景晖为魏州司功参军，颇贪暴，为人所恶，乃毁仁杰之祠。长子光嗣，圣历初为司府丞，则天令宰相各举尚书郎一人，仁杰乃荐光嗣。拜地官员外郎，莅事称职，则天喜而言曰："祁奚内举，果得其人。"开元七年，自汴州刺史转扬州大都督府长史，坐赃贬歙州别驾卒。

初，中宗在房陵，而吉顼、李昭德皆有匡复谠言，则天无复辟意。唯仁杰每从容奏对，无不以子母恩情为言，则天亦渐省悟，竟召还中宗，复为储贰。初，中宗自房陵还宫，则天匿之帐中，召仁杰以庐陵为言。仁杰慷慨敷奏，言发涕流，遽出中宗谓仁杰曰："还卿储君。"仁杰降阶泣贺，既已，奏曰："太子还宫，人无知者，物议安审是非？"则天以为然，乃复置中宗于龙门，具礼迎归，人情感悦。仁杰前后匡复奏对，凡数万言，开元中，北海太守李邕撰为《梁公别传》，备载其辞。中宗返正，追赠司空；睿宗追封梁国公。仁杰族曾孙兼谟。

注释

①刘昫等：《旧唐书》，北京：中华书局，1975 年版。

《新唐书》卷一一五《狄仁杰传》[①]

狄仁杰字怀英，并州太原人。为儿时，门人有被害者，吏就诘，众争辨对，仁杰诵书不置，吏让之，答曰："黄卷中方与圣贤对，何暇偶俗吏语耶？"举明经，调汴州参军。为吏诬诉，黜陟使阎立本召讯，异其才，谢曰："仲尼称观过知仁，君可谓沧海遗珠矣。"荐授并州法曹参军。亲在河阳，仁杰登太行山，反顾，见白云孤飞，谓左右曰："吾亲舍其下。"瞻怅久之，云移乃得去。同府参军郑崇质母老且疾，当使绝域。仁杰谓曰："君可贻亲万里忧乎？"诣长史蔺仁基请代行。仁基咨美其谊，时方与司马李孝廉不平，相语曰："吾等可少愧矣！"则相待如初，每曰："狄公之贤，北斗以南，一人而已。"

稍迁大理丞，岁中断久狱万七千人，时称平恕。左威卫大将军权善才、右监门中郎将范怀义坐误斧昭陵柏，罪当免，高宗诏诛之。仁杰奏不应死，帝怒曰："是使我为不孝子，必杀之。"仁杰曰："汉有盗高庙玉环，文帝欲当之族，张释之廷诤曰：'假令取长陵一抔土，何以加其法？'于是罪止弃市。陛下之法在象魏，固有差等。犯不至死而致之死，何哉？今误伐一柏，杀二臣，后世谓陛下为何如主？"帝意解，遂免死。数日，授侍御史。左司郎中王本立怙宠自肆，仁杰劾奏其恶，有诏原之。仁杰曰："朝廷借乏贤，如本立者不鲜。陛下惜有罪，亏成法，奈何？臣愿先斥，为群臣戒。"本立抵罪。繇是朝廷肃然。使岐州，亡卒数百剽行人，道不通。官捕系盗党穷讯，而余曹纷纷不能制。仁杰曰："是其计穷，且为患。"乃明开首原格，出系者，禀而纵之，使相晓，皆自缚归。帝叹其达权宜。

迁度支郎中。帝幸汾阳宫，为知顿使。并州长史李冲玄以道出妒女祠，俗言盛服过者，致风雷之变，更发卒数万改驰道。仁杰曰："天子之行，风伯清尘，雨师洒道，何妒女避邪？"止其役。帝壮之，曰："真丈夫哉！"出为宁州刺史，抚和戎落，得其欢心，郡人勒碑以颂。入拜冬官侍郎、持节江南巡抚使。吴、楚俗多淫祠，仁杰一禁止，凡毁千七百房，止留夏禹、吴太伯、季札、伍员四祠而已。

转文昌右丞，出豫州刺史。时越王兵败，支党余二千人论死。仁杰释其械，密疏曰："臣欲有所陈，似为逆人申理；不言，且累陛下钦恤意。表成复毁，自不能定。然此皆非本恶，诖误至此。"有诏悉谪戍边。囚出宁州，父老迎劳曰："狄使君活汝耶！"因相与哭碑下。囚斋三日乃去。至流所，亦为立碑。初，宰相张光辅讨越王，军中恃功，多暴索，仁杰拒之。光辅怒曰："州将轻元帅邪？"仁杰曰："乱河南者一越王，公董士三十万以平乱，纵使暴横，使无辜之人咸坠涂炭，是一越王死，百越王生也。且王师之至，民归顺以万计，自缒而下，四面成蹊。

奈何纵邀赏之人杀降以为功，冤痛彻天？如得上方斩马剑加君颈，虽死不恨！”光辅还，奏仁杰不逊，左授复州刺史。徙洛州司马。

天授二年，以地官侍郎同凤阁鸾台平章事。武后谓曰：“卿在汝南有善政，然有谮卿者，欲知之乎？”谢曰：“陛下以为过，臣当改之；以为无过，臣之幸也。谮者乃不愿知。”后叹其长者。时太学生谒急，后亦报可。仁杰曰：“人君惟生杀柄不以假人，至簿书期会，宜责有司。尚书省决事，左、右丞不句杖，左、右丞相不判徒，况天子乎？学徒取告，丞、簿职耳，若为报可，则胄子数千，凡几诏耶？为定令示之而已。”后纳其言。

会为来俊臣所构，捕送制狱。于时，讯反者一问即承，听减死。俊臣引仁杰置对，答曰：“有周革命，我乃唐臣，反固实。”俊臣乃挺系。其属王德寿以情谓曰：“我意求少迁，公为我引杨执柔为党，公且免死。”仁杰叹曰：“皇天后土，使仁杰为此乎！”即以首触柱，血流沬面。德寿惧而谢。守者浸弛，即丐笔书帛，置褚衣中，好谓吏曰：“方暑，请付家彻絮。”仁杰子光远得书上变，后遣使案视。俊臣命仁杰冠带见使者，私令德寿作谢死表，附使以闻。后乃召见仁杰，谓曰：“承反何耶？”对曰：“不承反，死笞掠矣。”示其表，曰：“无之。”后知代署，因免死。武承嗣屡请诛之，后曰：“命已行，不可返。”时同被诬者凤阁侍郎任知古等七族悉得贷。御史霍献可以首叩殿陛苦争，欲必杀仁杰等，乃贬仁杰彭泽令，邑人为置生祠。

万岁通天中，契丹陷冀州，河北震动，擢仁杰为魏州刺史。前刺史惧贼至，驱民保城，修守具。仁杰至，曰：“贼在远，何自疲民？万一虏来，吾自办之，何预若辈？”悉纵就田。虏闻，亦引去，民爱仰之，复为立祠。俄转幽州都督，赐紫袍、龟带，后自制金字十二于袍，以旌其忠。

召拜鸾台侍郎，复同凤阁鸾台平章事。时发兵戍疏勒四镇，百姓怨苦。仁杰谏曰：

> 天生四夷，皆在先王封域之外。东距沧海，西隔流沙，北横大漠，南阻五岭，天所以限中外也。自典籍所纪，声教所暨，三代不能至者，国家既已兼之。诗人矜薄伐于太原，化行于江、汉，前代之遐裔，而我之域中，过夏、商远矣。今乃用武荒外，邀功绝域，竭府库之实，以争硗确不毛之地，得其人不足以增赋，获其土不可以耕织。苟求冠带远夷，不务固本安人，此秦皇、汉武之所行也。传曰：“与覆车同轨者未尝安。”此言虽小，可以喻大。
>
> 臣伏见国家师旅岁出，调度之费狃以浸广，右戍四镇，左屯安东，杼轴空匮，转输不绝，行役既久，怨旷者多。上不是恤，则政不行；

政不行，则害气作；害气作，则虫螟生，水旱起矣。方今关东荐饥，蜀汉流亡，江、淮而南，赋敛不息。人不复本，则相率为盗，本根一摇，忧患非浅。所以然者，皆贪功方外，耗竭中国也。昔汉元帝纳贾捐之之谋而罢珠崖，宣帝用魏相之策而弃车师田。贞观中，克平九姓，册拜李思摩为可汗，使统诸部，夷狄叛则伐，降则抚，得推亡固存之义，无远戍劳人之役。今阿史那斛瑟罗，皆阴山贵种，代雄沙漠，若委之四镇，以统诸蕃，建为可汗，遣御寇患，则国家有继绝之美，无转输之苦。损四镇，肥中国，罢安东，实辽西，省军费于远方，并甲兵于要塞，恒、代之镇重，而边州之备丰矣。

且王者外宁，容有内危。陛下姑敕边兵谨守备，以逸待劳，则战士力倍；以主御客，则我得其便；坚壁清野，寇无所得。自然深入有颠踬之虑，浅入无虏获之益。不数年，二虏不讨而服矣。

又请废安东，复高姓为君长，省江南转饷以息民，不见纳。

张易之尝从容问自安计，仁杰曰："惟劝迎庐陵王可以免祸。"会后欲以武三思为太子，以问宰相，众莫敢对。仁杰曰："臣观天人未厌唐德。比匈奴犯边，陛下使梁王三思募勇士于市，逾月不及千人。庐陵王代之，不浃日，辄五万。今欲继统，非庐陵王莫可。"后怒，罢议。久之，召谓曰："朕数梦双陆不胜，何也？"于是，仁杰与王方庆俱在，二人同辞对曰："双陆不胜，无子也。天其意者以儆陛下乎！且太子，天下本，本一摇，天下危矣。文皇帝身蹈锋镝，勤劳而有天下，传之子孙。先帝寝疾，诏陛下监国。陛下掩神器而取之，十有余年，又欲以三思为后。且姑侄与母子孰亲？陛下立庐陵王，则千秋万岁后常享宗庙；三思立，庙不祔姑。"后感悟，即日遣徐彦伯迎庐陵王于房州。王至，后匿王帐中，召见仁杰语庐陵事。仁杰敷请切至，涕下不能止。后乃使王出，曰："还尔太子！"仁杰降拜顿首，曰："太子归，未有知者，人言纷纷，何所信？"后然之。更令太子舍龙门，具礼迎还，中外大悦。初，吉顼、李昭德数请还太子，而后意不回，唯仁杰每以母子天性为言，后虽忮忍，不能无感，故卒复唐嗣。

寻拜纳言，兼右肃政御史大夫。突厥入赵、定，杀掠甚众，诏仁杰为河北道行军元帅，假以便宜。突厥尽杀所得男女万计，由五回道去，仁杰追不能逮。更拜河北安抚大使。时民多胁从于贼，贼已去，惧诛，逃匿。仁杰上疏曰："议者以为虏入寇，如明人之逆顺，或迫胁，或愿从，或受伪官，或为招慰。诚以山东之人重气，一往死不为悔。比缘军兴，调发烦重，伤破家产，剔屋卖田，人不为售。又官吏侵渔，州县科役，督趣鞭笞，情危事迫，不循礼义，投迹犬羊，以图赊死，此君子所愧，而小人之常。民犹水也，壅则为渊，疏则为川，通塞随流，岂有常性。

昔董卓之乱，神器播越，卓已诛禽，部曲无赦，故事穷变生，流毒京室。此由恩不溥洽，失在机先。今负罪之伍，潜窜山泽，赦之则出，不赦则狂。山东群盗，缘兹聚结。故臣以为边鄙暂警不足忧，中土不宁可为虑也。夫持大国者不可以小治，事广者不可以细分。人主所务，弗检常法。愿曲赦河北，一不问罪。”诏可。

还，除内史。后幸三阳宫，王公皆从，独赐仁杰第一区，眷礼卓异，时无辈者。是时李楷固、骆务整讨契丹，克之，献俘含枢殿，后大悦。二人者，本契丹李尽忠部将，尽忠入寇，楷固等数挫王师，后降，有司请论如法。仁杰称其骁勇可任，若贷死，必感恩纳节，可以责功。至是凯旋，后举酒属仁杰，赏其知人。授楷固左玉钤卫大将军、燕国公，赐姓武；务整右武威卫将军。

后将造浮屠大像，度费数百万，官不能足，更诏天下僧日施一钱助之。仁杰谏曰：“工不役鬼，必在役人；物不天降，终由地出。不损百姓，且将何求？今边垂未宁，宜宽征镇之徭，省不急之务。就令顾作，以济穷人，既失农时，是为弃本。且无官助，理不得成。既费官财，又竭人力，一方有难，何以救之？”后由是罢役。

圣历三年卒，年七十一。赠文昌右相，谥曰文惠。仁杰所荐进，若张柬之、桓彦范、敬晖、姚崇等，皆为中兴名臣。始居母丧，有白鹊驯扰之祥。中宗即位，追赠司空。睿宗又封梁国公。子光嗣、景晖。

光嗣，圣历初，为司府丞。武后诏宰相各举尚书郎一人，仁杰荐光嗣，由是拜地官员外郎，以称职闻。后曰：“祁奚内举，果得人。”历淄、许、贝三州刺史。母丧，夺为太府少卿，固让，睿宗嘉其诚，许之。累迁扬州长史，以罪贬歙州别驾，卒。

景晖，官魏州司功参军，贪暴为虐，民苦之，因共毁其父生祠，不复奉。至元和中，田弘正镇魏博，始奏葺之，血食不绝。族孙兼谟。

……

赞曰：武后乘唐中衰，操杀生柄，劫制天下而攘神器。仁杰蒙耻奋忠，以权大谋，引张柬之等，卒复唐室，功盖一时，人不及知。故唐吕温颂之曰：“取日虞渊，洗光咸池。潜授五龙，夹之以飞。”世以为名言。方高宗举天下将以禅后，处俊固争，不使妻乘夫，阴反阳，至奸人衔怨，仇啖以逞。盖所谓谊形于主耶。敬则一谏，而罗织之狱衰，时而后言者欤!

注释

①欧阳修、宋祁：《新唐书》，北京：中华书局，1975年版。

狄仁杰生平大事记

630 贞观四年	1岁	出生于长安。父亲狄知逊，母亲卢氏。
636 贞观十年	7岁	随父母移居郑州(治今河南郑州)。
637—655 贞观十一年— 永徽六年	8—26岁	随父亲官游。读万卷书，行万里路。
656—674 显庆元年 上元元年	27—45岁	由明经科及第，任汴州（治今河南开封）判佐。上任不久即被地方小吏诬告，因遇阎立本而化险为夷。经阎立本推荐，升任并州（治今山西太原西南）都督府法曹参军。
675 上元二年	46岁	调入京师任大理寺丞，一年审理卷宗17800起，无一人申诉称冤。
676 仪凤元年	47岁	九月，权善才、范怀义误伐昭陵柏树。经狄仁杰巧妙说服高宗，二人得以免死。狄仁杰因能公正执法，得高宗赏识，升任侍御史。
679 调露元年	50岁	弹劾司农卿韦弘机大兴土木，狄仁杰认为他诱导皇帝追求奢侈生活，虚耗国力，将他弹劾，最终韦弘机被朝廷免官。 左司郎中王本立恃宠弄权，经狄仁杰弹劾后治罪，由此朝廷肃然。

年份	年龄	事迹
680—685 永隆元年—垂拱元年	51—56岁	683年转任宁州（治今甘肃宁县）刺史，政绩显著，百姓立碑以颂其德。
686 垂拱二年	57岁	经监察御史郭翰推荐，升任冬官（工部）侍郎。
688 垂拱四年	59岁	二月，与司属卿王及善、司府卿欧阳通为安抚使，分赴山东、河南赈济饥民。 六月，任江南道巡抚大使，移风易俗。返回洛阳后，任文昌右丞。 九月，转任豫州（治今河南汝南）刺史，奏请赦免了受宗室叛乱牵连的数千人的死罪。后因反对官军统帅张光辅滥杀无辜、索取无度而被诬以下犯上，贬为复州（治今湖北沔阳西南）刺史。
689 永昌元年	60岁	任洛州（治今河南洛阳东）司马，为下一步复出返回中央做铺垫。
691 天授二年	62岁	九月，第一次入相。
692 长寿元年	63岁	一月，因酷吏来俊臣诬告"谋反"被捕入狱。同时被捕的还有宰相任知古等六人。入狱后未经酷刑便假意认罪，通过绵衣向家人传递冤情。儿子狄光远替父申诉，加之"谋反"证据不足，侥幸免死，被贬为彭泽（治今江西彭泽县）县令。
693—695 长寿二年—证圣元年	64—66岁	任彭泽县令期间兢兢业业，深得当地百姓爱戴。百姓建造生祠以颂其德。
696 万岁通天元年	67岁	五月，契丹叛乱，攻陷冀州（治今河北冀州）、攻打瀛州（治今河北河间）。狄仁杰被任命为魏州（治今河北大名东北）刺史，到任后立即安抚人心，恢复生产，整顿军务，阻止了契丹的进犯。

697 神功元年	68岁	六月，调任河北安抚使，与娄师德、武懿宗分赴河北各地，抚慰遭受战争摧残的百姓，招纳流亡，恢复生产。不久，又调任幽州（治今北京西南）都督，负责安抚人心，恢复生产，整顿军备。 闰十月，再登相位。奏请撤销安西四镇，并且扶植突厥贵族，以夷治夷。未被武则天采纳。
698 圣历元年	69岁	二月，经狄仁杰与吉顼等大臣的屡次劝谏，武则天终于决定接回庐陵王李显。 三月，武则天举行了盛大的仪式迎接庐陵王回都。 八月，武则天命宰相各举一人为尚书郎，狄仁杰举荐其子狄光嗣，称职，受到武则天赞扬。 九月，武则天立庐陵王为皇太子，以狄仁杰为行军元帅，辅助李显率领大军抗击进犯河北的突厥。突厥退出河北。 十月，任河北道安抚大使，采取减轻赋税、徭役，赈济贫民，恢复生产，严禁军队骚扰百姓的措施，稳定了动荡的局势。
699 圣历二年	70岁	二月，随武则天巡幸嵩山。 八月，上表请求罢废安东都督府，扶持散落在中国的高丽王室后裔，恢复高丽政权。未被武则天接受。
700 久视元年	71岁	四月，武则天因病幸三阳宫避暑，狄仁杰随行，奏请太子李显监国。谏止胡僧邀车驾观舍利的行动。 闰七月，武则天欲在洛阳造大佛像，狄仁杰上书坚决反对，武则天暂停了营造大佛的工作。 九月,病故于洛阳私宅。武则天废朝三日，赠文昌右相，谥曰文惠。
705 神龙元年	去世五年	武则天82岁，病重。 正月二十二日，张柬之、桓彦范、袁恕己等人发动神龙政变，武则天被逼退位，并传位于太子。参加这次政变的主谋都是由狄仁杰提拔上来的。

注：本表由本书编辑征得杜文玉先生的同意后，参考其《狄仁杰评传》制成。在此对杜文玉先生的支持表示感谢。

李氏武氏家族关系略图

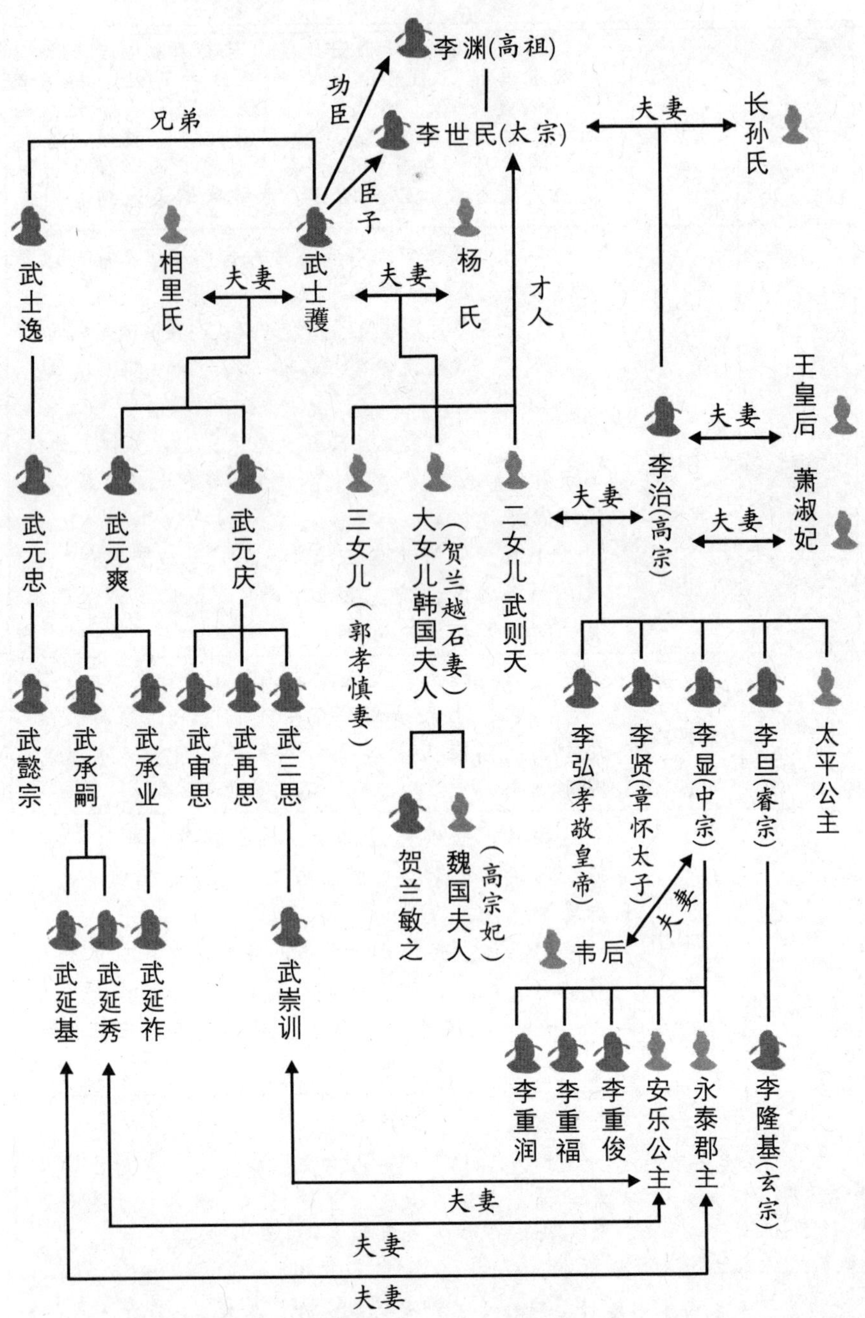

注：李氏、武氏家族成员仅为本书涉及的人物。